KB262586

원샷원킬

원샷 원킬

이남석 지음

ONE SHOT
신의 한 수를 둬라
ONE KILL

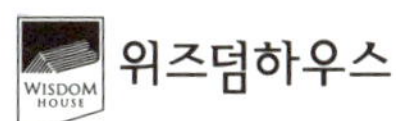

위즈덤하우스

2부 결정적 순간, 성공으로 이끄는 원샷원킬 솔루션

1만 시간의 법칙을 뛰어넘는 확실한 성공 비법

1만 시간의 법칙이 덮었던 진실

성공하기 위해서 무엇이 가장 필요할까? 많은 사람들이 성공의 핵심 요소로 재능을 꼽는다. 그러나 지난 수십 년간 연구자들이 찾은 결론은 이와 정반대다. 어떤 분야에서 전문가로 성공하기 위해서는 재능보다 '경험'이 더 중요하다. 이것은 행동경제학의 탄생에 지대한 영향을 준 노벨경제학상 수상자인 허버트 사이먼(Herbert A. Simon) 교수가 내린 결론이었다. 그는 1970년대 초반부터 예술, 스포츠, 학문 등의 분야에서 활동하는 전문가들을 연구했다. 그 결과 각 분야를 아우르는 전문가들의 공통적인 특징을 발견했다. 즉 자신의 분야에서 전문성을 얻기 위해서는 최소 10년의 경험이 필수적임을 알게 된 것이다. 이렇게 1970년대에 이른바 '10년의 법칙'이 만들어졌다.

　1990년대 초반부터 전문가에 대한 연구를 활발하게 벌이고 있는 미국 플로리다주립대학교 심리학과의 앤더스 에릭슨(K. Anders Ericsson) 교수도 경험의 중요성을 인정한다. 하지만 에릭슨 교수는 단순히 10년이라는 기간 동안 특정 분야에 매달린다고 해서 탁월한 전문성이 생기지는 않는다는 사실에 주목했다. 그는 여러 분야의 영재와 전문가를 추적·조사한 결과 "신중하게 계획된 수련(deliberate practice)"이 성공의 비법임을 찾아냈다.

　말콤 글래드웰(Malcolm Gladwell)의 《아웃라이어(Outlier)》에 소개된 '1만 시간의 법칙'은 바로 에릭슨 교수의 연구에 바탕을 두고 있다. 대략 하루 3시간, 일주일에 20시간씩 몰입해서 10년 이상 연습한다면 1만 시간 이상의 경험을 쌓을 수 있고, 그렇게 수련한다면 어떤 분야에서든 최고의 수준에 도달해서 성공할 수 있다는 것이 1만 시간의 법칙의 핵심 내용이다.

　말콤 글래드웰은 모차르트가 단지 재능이 있어서가 아니라 10년 이상의 꾸준한 연습을 통해 전문성을 인정받았다는 이야기로 많은 사람들을 감동시켰다. "역사상 최고의 재능을 가진 모짜르트도 1만 시간의 법칙의 예외가 아니라니……. 이제 내가 기꺼이 몰입할 수 있는 분야만 찾으면 나도 성공할 수 있을지 몰라." 자신에게는 재능이 없다고 생각하며 성공의 길에서 멀찍이 떨어진 듯한 소외감을 느꼈던 사람들에게 말콤 글래드웰은 용기를 불어넣어 주었다.

　그러나 사람들은 1만 시간의 법칙에 너무 마음을 빼앗겨 다른 중요한 성공의 비법에 주목하지 못했다. 예를 들어 빌 게이츠의 성공 사례 속에 숨어 있는 행운과 같은 요소 말이다. 이 책 제6장에서 자세히 살펴보겠지만 빌 게이츠(William H. Gates)가 잡은 성공의 끈은 1만 시간의 법칙만으로 설명되지는 않는다. 빌 게이츠는 소프트웨어 회사의 경영인이 되기 위해 하루 3시간씩 '신중하게 계획된 수련'을 한 것이 아니다. 십대부터 컴퓨터 프로그래밍을 직접 할 수 있을 정도의 실력을 갖췄지만 정작 창업 당시의 빌 게이츠는 프로그래머로서 어떤 업적을 만들지 못했다. IBM과 협상을 할 때조차 마이크로소프트(Microsoft) 사 안의 그 어떤 사람도 경쟁력이 될 만한 핵심기술을 갖고 있지 않았다. 빌 게이츠를 성공으로 안내한 것은 1만 시간의 수련으로 갈고닦은 전문성이 아니다. 자신이 갖고 있는 역량을 총동원해서 결정적 순간에 최상의 선택을 할 수 있는 문제해결법이 그를 탁월한 성공으로 안내했다. 그리고 빌 게이츠는 전 세계 최고의 부자가 될 수 있었다.

또한 1만 시간의 법칙이 맞는다면, 심리학·경제학·경영학·행정학·컴퓨터 과학 등 다양한 분야에서 혁혁한 업적을 세운 허버트 사이먼과 같은 인물이 나올 수 있겠는가? 각 분야에서 최고 수준에 이르는 데만도 10년이 걸릴 텐데 말이다. 물론 다양한 분야에서 성공할 수 있는 것은 각 분야마다 공통적인 요소가 있기 때문이라고 반박할 수 있겠지만, 전공서를 보면 공통적인 부분보다 그렇지 않은 부분이 훨씬 많은 것을 확인할 수 있다. 그래서 박사들이 저마다 다른 주제와 접근방법으로 밥벌이를 하고 사는 것이 아니겠는가. 다양한 분야에서 제각각 위대한 성공을 거두는 인물을 추적해 보면 '계획된 수련' 이상의 원샷원킬 요소가 있음을 깨닫게 된다.

해당 분야에 1만 시간을 투자하지 않았어도 남다른 성공의 길에 들어선 사람들이 세상에는 많이 있다. 군대 매점에 배치되어 졸지에 경영 수업을 하게 된 래플리(A. G. Lafley)가 향후 P&G 회장이 될 수 있는 성공의 발판을 마련하는 데까지는 얼마 걸리지 않았다. 파산 가능성이 높은 기업을 인수해 단번에 흑자 기업으로 바꿔놓는 턴어라운드 스페셜리스트인 에릭 클로스(Eric Claus), 디자인경영의 바이블을 쓰고 있는 척 존스(Chuck Jones), 17세에 IKEA를 창업한 잉그바르 캄프라드(Ingvar Kamprad), 도전의 아이콘 소프트뱅크의 손정의 회장, 애플사의 스티브 잡스(Steve Jobs), IBM의 루이스 거스너(Louis Gerstner), FeDex 회장인 프레드릭 스미스(Fredrick Smith), GE의 잭 웰치(Jack Welch), 부동산 재벌 도널드 트럼프(Donald Trump), 디자이너 토미 힐피거(Tommy Hilfiger), 라이트 형제, 일본 전국시대의 무장 오다 노부나가, 영국 절대주의의 전성기를 이룬 엘리자베스 1세 등 다른 사람들도 마찬가지이다. 그들은 단순히 운이 좋았던 것이 아니다. 모두 우연한 기회도 위대한 성공으로 만들 수밖에 없는 원샷원킬(one-shot-one-kill)의 문제해결법을 갖고 있었다. 우연히 전장에 나가 골리앗을 대적해서 성공한 다윗처럼 말이다.

다윗은 양치기였다. 당연히 전사가 되기 위한 1만 시간의 수련도 없었다. 하지만 다윗은 더 강력한 성공 비법을 갖고 있었다. 그것은 위기를 기회로 반전시킬 만큼 확실한 문제해결법이었다.

다윗이 결전 직전에 했던 결정을 잘 살펴보자. 다윗은 자신이 갖고 있지 못한 능력을 갖춘다며 얼마 남지 않은 시간을 낭비하지 않았다. 변변치 않더라도 자신이 이미 갖고 있는 능력에서부터 문제해결을 시작했다. 그리고 자신이 처한 상황의 특정 변수 중에서 자신의 능력과 맞아떨어지는 것이 무엇인지를 찾는 데 더 집중했다. 그 결과 아무도 예상하지 못한 성공을 이루어냈다. 단 한 번의 시도로 평범한 양치기에서 영웅으로 등극했다. 다윗은 그 뒤로도 계속 승승장구했다.

다윗이 전사로서만 성공을 거둔 것은 아니다. 사울 왕과의 정치적 암투, 아말렉의 침략 등 각종 위기에 대적해야 했다. 이처럼 양치기로 살아온 다윗이 처리해야 했던 문제들은 골리앗과의 대전과는 양상이 아주 달랐다. 만약 해당 분야에 대한 꾸준한 준비가 성공의 최고 비법이라면 다윗은 한 번의 우연한 성공 이후 실패했어야 했다. 하지만 다윗은 1만 시간의 법칙이 아닌, 줄곧 원샷원킬의 문제해결법에 자신의 모든 것을 걸었다. 그리고 계속 탁월한 성공을 거두었다.

독일 속담에는 이런 말이 있다. "한 번 성공했다면 그것은 우연이다. 두 번 성공했다면 그것은 행운이다. 그러나 세 번 성공했다면 그것은 전략이다." 다윗뿐만 아니라 이 책에 나오는 많은 사람들은 확실한 성공 전략을 갖고 있었다. 그들은 모두 자신의 역량을 상황에 최대한 맞춰 구체적으로 적용하는 원샷원킬의 문제해결법으로 백발백중 성공을 거뒀다.

그들은 자신의 상황에 대한 정확한 인식과 함께 과제의 특성에 대한 통찰을 갖고 있었다. 그 통찰이 바로 탁월한 성공의 발판을 만들어주었다. 중요한 것은 그 통찰이 꼭 해당 분야에 대한 무수한 경험을 바탕으로 얻을 수 있는 것만은 아니라는 것이다.

하버드대학교 경영대학원 마이클 포터(Michel Poter) 교수는 다양한 기업을 자문하는 것으로 유명하다. 그런데 그는 약 20시간 정도 집중해서 자료를 탐독하면 해당 사업 분야에 대해 CEO보다 더 많은 것을 알게 된다고 밝혔다. 중요한 것은 경험 그 자체가 아니라 효율적인 대처법이다. 마이클 포터 교수는 자신이 갖고 있는 자료분석법을 통해 자문을 의뢰한 CEO도 고려하지 못했던 전략을 제안해서 성공을 거두었다. 심지어는 이 책 제3장에 소개될 인지 훈련 사례처럼 효율적 문제해결법만 쓴다면 단 30분 만에 일반 병사가 30년 이상 된 지뢰 탐지 전문가와 같은 성과를 낼 수도 있다.

물론 성공적인 문제해결에도 효율적인 연습 방법이 필요하다. 하지만 1만 시간을 투자하는 것과 다른, 결정적 순간에 단 한 번으로 성공의 발판을 딛고 도약할 수 있는 원샷원킬에 대한 훈련이다. 현대 사회는 빛의 속도로 경쟁하고 있다. 그래서 자신이 예상하지 못한 낯선 문제 상황에 던져지는 경우가 더 많아졌다. 매뉴얼에 따른 문제해결을 강조하는 기업조차 때로는 구체적 지침도 없이 팀을 구성해 조직 구성원들에게 프로젝트를 맡길 정도이다. 그리고 10년 동안의 차분한 준비는 고사하고, 몇 달 만에 전문가적인 문제해결력을 발휘해서 성공하기를 바란다. 그런 프로젝트에서 어떤 수행 결과를 보이느냐에 따라 평가가 달라진다.

또한 마흔이 되기 전에 조기 퇴직을 걱정해야 하는 현실에서 1만 시간의 수련에만 신경 쓰기는 힘들다. 당장 평가를 받을 과제에서의 수행도 좋아야 한다. 나중이 아니라 바로 지금 여기에서 내가 가진 능력을 최대한 발휘해서 성공의 발판을 만드는 것이 더 시급하다.

야구에서 타자는 10번 중에 4번만 공을 맞춰도 역사에 남을 정도로 크게 인정을 받는다. 미국의 메이저리그에서도 1941년 테드 윌리엄스(Ted Williams)가 0.406의 타격률로 턱걸이한 이후 지금까지 70년간 아무도 4할 대 기록을 낸 사람이 없다. 70년이 넘는 역사를 자랑하는 일본 프로야구에서도 4할 타자가 한 명도 나오지 않았다. 이런 상황이 벌어지는 것은 기본적으로 다양한 구질을 가진 투수가 어떤 공을 던질지 타자가 알 수 없기 때문이다. 투수가 시속 150킬로미터로 공을 던질 경우 0.44초 만에 공이 타석에 도착한다. 시각 정보를 바탕으로 인간의 뇌가 어떤 판단을 내려 행동을 하는 데 보통 2초의 시간이 걸린다. 그렇기 때문에 0.5초도 안 되어 타석으로 달려드는 공을 눈으로 보고 판단한 뒤 칠 수는 없다.

한 방을 노리는 타자에게는 다른 문제해결법이 필요하다. 프로야구 선수들은 투수가 공을 글러브에 넣고 그립을 잡기 전부터 특정 공을 노린다. 하지만 투수와 포수는 타자의 뒤통수를 치기 위해 구질을 절묘하게 배합한다. 운동선수로서의 기본 체력과 기본 기술을 이미 철저히 다진 프로의 세계에 있는 투수와 타자는 근육에서 나오는 힘이 아니라 불확실성에 대처하는 생각의 힘으로 싸우는 셈이다.

쌍방의 머릿속에서 나오는 다양한 경우의 수 조합에 의해 문제해결의 불확실성은 상상을 초월할 정도로 커진다. 타자가 3할 대의 타격을 보여도 인정을 얻게 되는 것은, 오직 직감에 의존해 미래를 예측해서 한순간에 자신의 모든 역량을 집중시켜 성공한다는 게 얼마나 힘든지를 사람들이 알고 있기 때문이다.

야구 경기와 마찬가지로 시장에도 다양한 불확실성이 있다. 비즈니스 세계에서는 오히려 불확실성마저도 활용해서 이른바 대박을 터뜨리기를 바란다. 몸이 제대로 풀리지 않은 상태에서 타석에 배치되었어도 상황 역전의 홈런까지 칠 수 있어야 생존할 수 있다. 그런데 이렇게 되기 위해 엄청나게 많은 전략이 필요한 것은 아니다. 문제해결의 핵심을 관통하여 난관을 돌파할 수 있는 확실한 필살기, 바로 신의 한 수만 있으면 된다. 메이저리그의 마지막 4할 타자인 테드 윌리엄스가 오로지 끌어치기 기술, 그 필살기 하나만으로 불멸의 대기록을 수립했다는 사실은 결코 우연이 아니다.

세계적인 경영 컨설턴트 브라이언 트레이시(Brian Tracy)는 저서《크런치 포인트(Crunch point)》를 통해 "성공하기 위해 모든 사항들을 알아야 하는 시대는 지났다"고 못 박았다. '적어도 이것만 있으면 어느 정도 상황 정리가 돼'라는 말이 나올 수 있는 믿을 만한 요소, 즉 결정적인 순간에 최상의 선택을 할 수 있도록 돕는 분명한 기준만 있으면 된다고 역설했다.

이 책에서 소개할 여러 사람들은 자신이 믿는 문제해결의 핵심 요소를 간단하게 조합해서 결정적인 순간에 쓸 수 있는 그들만의 필살기를 만들었다. 그리고 그것을 바탕으로 탁월한 성공을 거두었다. 엄청난 준비와 지식, 정보가 필요한 것이 아니다. 순간적으로 자신의 역량을 쏟아 부을 세부적 전략 포인트가 있으면 된다.

또한 이 책에 나온 내용은 모두 세계적인 석학들의 연구와 비즈니스 실전에서 체득한 통찰을 바탕으로 하고 있다. 단지 익숙하지 않다는 이유만으로 가장 강력한 성공 비법을 가볍게 봐서는 안 될 것이다. 당신은 1만 시간의 법칙을 뛰어넘는 원샷원킬의 법칙으로 단숨에 성공과 행복을 거머쥘 수 있다.

　프랑스 작가인 앙드레 지드가 말했듯이 "익숙한 해변을 벗어날 용기가 없다면 새로운 대륙을 발견할 수 없다". 많은 사람들이 잘못된 성공 비법을 실행하느라 헛수고를 하고 있을 때 올바른 성공 비법을 익힌다면 다른 사람들보다 더 빨리, 더 크게 성공을 거둘 수 있다. 어쩌면 10년 뒤가 아니라 지금 이 순간부터 당신만의 역사를 만들 수 있을 것이다.

ONE SHOT ONE KILL

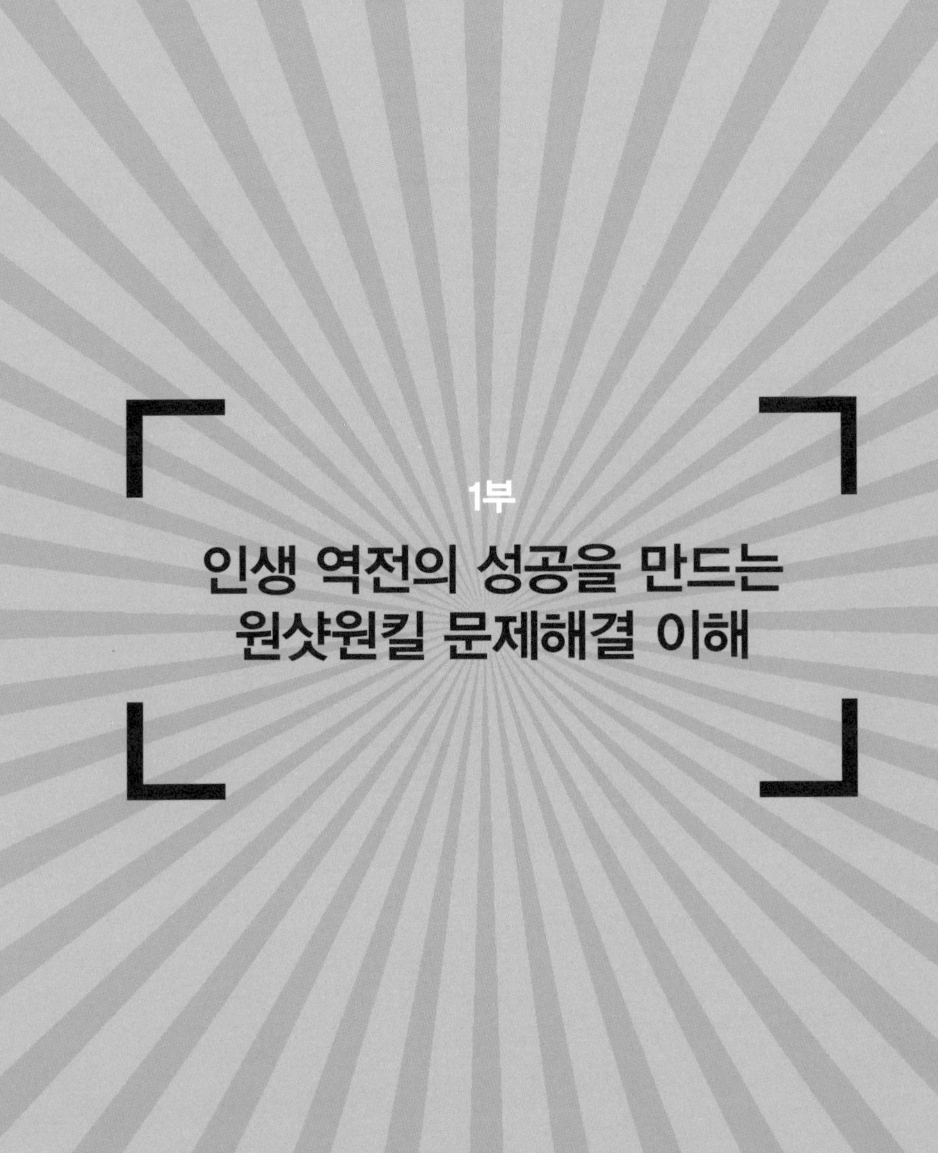
1부
인생 역전의 성공을 만드는
원샷원킬 문제해결 이해

성공의 저격수, 원샷원킬

우리의 결정은 우리의 인식보다 뛰어나다.
－임마누엘 칸트(Immanuel Kant, 독일 철학자, 1724~1804)

살리느냐 죽이느냐, 그것이 문제로다

1972년 당시 24세였던 앨런 래플리는 신참 해군 장교였다. 래플리는 일본 도쿄 남쪽에 주둔한 미군 해군기지의 NEX라는 군용 매점에 배치되었다. 그런데 배치된 후 얼마 지나지 않아 돌발 변수를 만났다. 총괄 책임자가 심장발작을 일으켜 공석이 생긴 것이다. 설상가상으로 부책임자마저 더 좋은 곳으로 전출을 가버렸다. 경영은 고사하고 사회 경험도 제대로 해보지 못한 청년이 갑자기 수천 명이 이용하는 매점을 책임지게 되었다. 홀로 모든 문제를 해결해야 하는 상황에 직면하게 된 것이다.

당신이 래플리라고 하면 어떤 생각이 들까? 자신의 가치를 증명할 좋은 기회가 왔다며 속으로 쾌재를 부를 수 있다. 아니면 왜 하필 나에게 이런 엄청난 일들이 생기냐며 불평할 수 있다. 조직의 인사 담당자에게 상사를 빨리 보내달라고 요청하며, 좀 더 효과적으로 설득하기 위해 자신이 얼마나 준비가 안 된 인재인지를 강조할 수도 있다. 실적이 나쁘게 나와도 자신의 탓은 아니라는 것을 주변 사람에게 못 박으며 그냥 저냥 업무를 때울 수도 있다. 아예 상황 자체를 피할 수도 있다. 사직서를 내고 이직하거나, 적당한 구실을 찾아 휴직할 수도 있다. 그리고 새 직장의 의자나 집의 소파에 기대어 마치 재난 속에서 살아나온 생존자처럼 안도의 숨을 길게 내쉴 수도 있다. 어떤 선택을 하느냐에 따라 결과가 달라질 수 있다지만 객관적으로 보기에 래플리가 처한 상황은 막막했다. 성공에 대한 기대보다는 실패에 대한 두려움을 갖게 하는 상황이었다.

그러나 래플리는 자신에게 닥친 문제 상황에 적극적으로 달려들었다. 전임자의 퇴사나 이직 등에 의한 혼란은 분명히 래플리의 책임이 아니다. 그러나 문제 상황에서 어떤 결정을 내리느냐는 자기 책임이라고 생각했다. 그래서 그는 실패했을 때 둘러댈 수 있는 좋은 핑계거리를 가급적 많이 찾아 그것을 보호막으로 삼기보다는, 불확실한 문제 상황 앞으로 힘차게 발을 내딛었다.

그런데 래플리에게는 당돌한 열정만 있었던 것은 아니다. 위기를 기회로 역전시킬 필살기, 즉 원샷원킬의 문제해결력이 있었다. 그는 패턴을 관찰하고 가설을 세워서 자신의 이론을 적용시키는 문제해결법을 갖고 있었다.

NEX는 군대 매점이었기 때문에 군인의 가족들도 군인 신분증을 제시해야 했다. 래플리는 그것을 바탕으로 고객의 구매 패턴을 조사했다. 지금은 당연한 수순 같지만, 당시에는 아무도 그런 데이터를 수집하려고 하지 않았다. 1970년대는 좋은 물건을 내놓으면 필요한 사람이 알아서 사갈 것이라는 공급자 중심의 마케팅이 팽배하던 시대였다. 그러나 래플리는 달랐다. 남다른 관찰력 덕분에 얼마 되지 않은 판매 경험을 통해서도 사람들의 소비에는 일정한 습관이 있음을 알게 되었다. 장사를 하기 위해 자신을 훈련시킨 적은 없었지만 단번에 성공을 만들 실마리를 잡은 것이다.

래플리는 판매자가 말로 잘 꼬드기면, 소비자가 매점을 찾았을 때 생각했던 것 이외의 다른 물건도 산다는 사실도 알게 되었다. 예를 들어 긴 항해 끝에 휴가 나온 해군 승무원들은 주로 카메라와 스테레오 라디오를 구매하고 싶어했다. 그래서 매점에 들어서자마자 우르르 전자제품 매대 쪽으로 몰려갔다. 하지만 나중에 판매원이 가족 선물로 향수를 추천하면 승무원들은 자신을 위해서 산 전자제품 무더기 사이에 슬쩍 향수를 집어넣었다. 소비자가 직접 밝히는 명시적 욕구뿐만 아니라 암묵적 욕구까지 자극해서 상품을 끼워 팔 수 있음을 래플리는 깨달은 것이다. 또한 래플리는 해군기지 상주원은 일상용품을 산 다음에 사치품을 돌아보지만, 배에서 내린 지 얼마 안 되는 승무원이나 방문객은 고가의 제품을 먼저 본다는 것도 알게 되었다. 각 고객의 특성에 맞게 안내하자 고객 만족도는 높아졌고, 그것은 곧 매출 상승으로 이어졌다.

매출 상승은 그만큼 판매 제품의 양이 많아졌음을 말한다. 그리고 제품 판매량이 많다는 것은 그만큼 고객의 소비 데이터도 많아진다는 것을 의미한다. 데이터가 모일수록 래플리는 나름의 가설로 계획을 세웠다. 큰 배가 들어올 때면 승무원들이 좋아할 수 있는 물건을 미리 비치해 두었다. 거기에 가격 촉진 전략으로 단기간의 매출 급증 효과도 직접 확인했다. 풋내기였던 청년이 어느덧 시장과 고객에 대한 통찰력이 생긴 것이다.

그 이후 래플리는 자신의 경험을 더욱 정교화하기 시작했다. 그는 매점 책임자로서의 자신의 재량권을 적극 활용해서 도쿄가 아닌 극동 아시아까지 판매망 및 물류망을 확장시켰다. 덕분에 래플리의 매점을 찾은 고객은 도쿄에서도 베트남 코끼리 도자기 인형을 살 수 있었다. 래플리가 설득한 조종사들은 필요할 때마다 아시아 지역 곳곳에서 물건을 실어다 주었다. 그렇게 가져온 물건은 매대 진열 몇 분 만에 매진되었다.

변화된 상황에 적응 여부조차 불투명했던 풋내기가 일 년 만에 미군 아시아 해군기지들의 물류를 주무르는 인물이 된 것이다. 그러던 중 1973년 래플리는 중요한 전기를 맞는다. 동료 매점 관리자로부터 OPEC의 제1차 석유파동으로 유가가 천정부지로 치솟을 거라는 이야기를 듣게 된 것이다. 래플리는 일단 석유 저장 탱크 단지의 모든 예비 탱크를 끌어 모았다. 그리고 맥주 탱크까지 쓰기 위해서 공병대원들에게 공짜로 맥주를 나눠주었다. 그 대신 그들에게 청소를 시켰다. 래플리는 탱크를 확보하자마자 닥치는 대로 석유를 사들여서 탱크를 채웠다. 얼마 지나지 않아 유가가 치솟자 시중보다 낮은 가격으로 석유를 팔았다. 투자한 것보다는 훨씬 높은 가격에 파는 것임에도 고객들은 래플리에게 감사해 하며 줄을 서서 석유를 샀다. 고객에게 좋은 평판도 얻고 실익도 챙기는 탁월한 사업을 한 것이다.

래플리가 태어날 때부터 매점 관리자였거나 석유 판매상이었던 것은 아니다. 그는 자신에게 온 우연한 기회를 100퍼센트 활용할 수 있는, 자신이 가진 능력을 적절하게 활용할 수 있는 필살기를 가지고 있었을 뿐이다. 그 필살기는 바로 주변의 미세한 정보를 취합해서 가설을 세워 적용하는 실험 정신이었다. 그는 매점 관리를 할 때나 석유를 판매할 때 모두 가설을 세우고 적극적으로 실천했다. 석유 값이 오를 것이라는 가설에 따라 과감하게 투자를 하고 수익을 창출했으며, 고객의 소비 패턴이 각 계층마다 다르다는 가설에 따라 다른 서비스를 제공해서 매출 상승을 이끌었다.

계속되는 성공을 통해 자신감을 얻게 된 래플리는 더 큰 도약을 위해서는 자신의 문제해결법을 좀 더 체계적으로 정리할 필요가 있다고 생각했다. 그는 하버드대학교 경영대학원에 입학해서 1977년에 졸업했다. 그리고 곧장 P&G에 입사했다. 래플리는 주방세제 사업부 등을 거치며 차근히 경험을 쌓았다. 그리고 또 우연히 찾아온 기회를 놓치지 않고 액상세제 브랜드 '조이(Joy)' 런칭에 관여했다. 그것을 통해 그는 사내에서 위치를 공고히 할 수 있었다. 현재 미국의 액상세제 시장 규모는 전통적인 분말세제 시장의 세 배이다. 그에게는 미래를 내다보는 통찰력이 있었다. 래플리는 1994년 P&G의 아시아 태평양 지역 총괄 사장으로 승진했다. 그곳에서도 래플리는 혁혁한 성과를 일궈냈다.

래플리는 2000년에는 최고의 CEO의 자리에 올랐다. 그의 취임 후 P&G의 매출은 390억 달러에서 760억 달러로 거의 두 배 증가했다. 또한 매년 10억 달러 이상의 매출을 기록하는 10억 달러 브랜드도 10개에서 23개로 두 배 이상 늘었으며, 5억~10억 달러 브랜드도 4개에서 18개로 네 배 이상 증가했다. 신제품 성공률이 25퍼센트에서 50퍼센트로 상승했으며, 시가 총액이 2천억 달러로 두 배 이상 증가했다. 2010년 현재에도 래플리는 세계 15대 기업 중의 하나인 P&G의 회장이자 CEO로 탁월한 문제해결력을 보여주고 있다.

래플리는 문제를 창의적으로 해결하는 탁월한 문제해결자(problem solver)일 뿐만 아니라, 고객만족 분야에 있어서의 진정한 문제해결자(trouble shooter)이기도 하다. 그는 문제해결책을 고객에게 묻지 않는다. 자신이 제시한다. 즉 "어떻게 해드리면 될까요?"라고 친절하게 묻는 것으로 고객만족을 실행하기보다는, 자신의 가설에 따라 "이렇게 하는 게 어떻겠습니까?"라고 묻는다. 이렇듯 남과 다른 가설 기반의 문제해결이 바로 래플리의 원샷원킬 방식이다.

래플리가 운이 좋아서 성공한 것이라고 생각할 수도 있다. 그러나 앞에서도 이야기했듯이 똑같은 기회라고 해도 래플리처럼 살리지 못하는 경우가 대부분이다. 오히려 스트레스의 원천으로만 보고 책임 회피, 전직, 퇴사 등을 하면서 기회를 죽인다. 그리고 '최악의 상황'을 피한 무용담을 꾸며대기에 바쁘다. 당신이 어떤 문제해결력을 갖고 있느냐에 따라 위기는 기회가 되기도 하고, 기회는 덧없이 사라지거나 오히려 위기가 되기도 한다.

미래학자인 존 나이스비트(John Naisbitt)는 기회와 문제해결력의 관계에 대해서 놀라운 통찰을 보여주는 말을 했다.

"기회란 폭풍우가 불어닥친 날의 창문과 같다. 어느 순간 활짝 열렸다가 갑자기 덜컹 닫힌다. 그러므로 우리는 언제나 민첩하게 그 기회를 잡을 준비가 되어 있어야 한다."

기회는 자주 오지 않는다. 그 기회를, 미리 준비했던 내 힘으로 꽉 붙잡아서 잘 살려야 성공할 수 있다.

사람들은 이른바 잘나가는 사람에게 더 후하다. 기회 또한 빈익빈 부익부의 원리로 주어진다. 한 번 성공을 거둔 사람에게는 계속 성공의 고속도로를 내어주는 반면, 실패를 한 사람에게는 발을 푹푹 빠지게 하는 진창만 허락한다. 하지만 모든 법칙에는 예외가 있는 법. 진창을 뚫고 성공을 할 수 있다. 그러나 그것은 신문기사나 위인전, 자기계발서 등에서 다룰 만큼 아주 흔치 않으며 극심한 고통을 이겨내야 하는 길이다. 고속도로를 타며 더 빨리 행복과 성공의 길을 갈 수 있는데, 굳이 쓰린 삶의 교훈을 체험하겠다며 고행의 길을 선택할 필요는 없지 않겠는가.

애송이 래플리의 원샷원킬

NEX를 처음 맡게 되었던 시절 래플리는 경험이 많지 않았다. 그런 그가 눈앞에 산적한 문제를 해결할 단서를 찾겠다며 경영 매뉴얼을 보았다면 어땠을까? 래플리의 상황은 매뉴얼이나 경영학 책에 소개되는 사례에도 실려 있지 않을 만큼 아주 특별한 예외 상황이었다. 그런데도 만약 이론적 지식을 얻는 데 시간을 투자했다면 아마 실전에서 부딪히는 문제 속에서 질식해버렸을 것이다. 그리고 시간이 지날수록 청년의 열정은 꺾여 자신의 적성과 능력 부족을 탓하며 꿈을 접게 되었을지도 모른다. 어쩌면 조직에 불평을 늘어놓거나 전직을 신청한 뒤 주절주절 과장된 무용담을 늘어놓는 인물이 되었을 수도 있다.

하지만 래플리에게는 통찰력이 있었다. 해당 분야에 종사하던 직장 선배도 포기하고 떠난 위기 상황을 직시했다. 그런 상황에서는 그 어떤 책이나 그 누구로부터도 단시간에 문제를 해결할 지식과 정보를 얻지 못할 것임을 깨달았다. 그래서 그는 지식이 아닌 자신이 믿는 가설에 의해 문제에 접근하는 방법을 택했다.

래플리가 시도한 문제해결 방식은 나중에 매킨지컨설팅(McKinsey)사가 정리한 "가설 추론적 문제해결법(Hypothesis-Driven method)"과 연결되는 개념이다. 그래서 비즈니스의 천재는 역시 다르다며 요란법석을 떨 수 있다. 하지만 사실 래플리는 대단한 결심을 통해 그 방법을 실천한 것은 아니다. 그저 감각적으로 자신도 모르는 사이에 '발견법(heuristic)'에 의존해서 문제를 해결한 것이다. 발견법은 '간편추론법', '편의법', '추단법', '어림법' 등으로도 국내에 번역이 되고 있는 개념이다. 발견법을 쉽게 이해하려면 주먹구구법(rule of thumb)과 연결시키는 것이 좋다. 17세기 영국의 목수들은 어떤 사물의 치수를 잴 때 그들의 엄지손가락(thumb)을 사용했다고 한다. 그런데 21세기인 지금도 그때 지은 많은 건물들이 온전히 남아 있을 정도로 주먹구구의 측량은 비교적 정확했다. 목수의 입장에서는 이미 어느 정도 정확한 결과를 내놓는, 더구나 어디에서든지 휴대 가능한 손가락을 놔두고 필요 이상으로 정확성을 따지려고 번거롭게 자를 챙길 필요는 없었다. 발견법도 이렇듯 이론적으로는 정확하지 않지만, 실용적 측면에서는 적합한 문제해결과 연결되는 개념이다.

발견법은 1978년 노벨경제학상을 수상한 심리학자이자 인지과학자인 허버트 사이먼 박사가 처음 학문적으로 제안했다. 그리고 2002년 심리학자이자 인지과학자인 다니엘 카네만(Daniel Kahnemann) 박사가 발전시켜 노벨경제학상을 수상했다. 심리학자이자 인지과학자인 두 사람이 경제학자도 받기 힘든 노벨경제학상을 어떻게 받을 수 있었을까? 그것은 기존에 주류로 자리 잡은 신고전주의 경제학에 대한 대안적 관점을 제공한 공로를 인정받았기 때문이다.

신고전주의 경제학은 몇 가지 기본 가정을 전제로 하고 있다. 하나는 '인간은 (완벽하게) 합리적이다'라는 가정이다. 그리고 소비자는 자신에게 가장 큰 이익이 되는 대안을 결정한다는 기본 가정도 갖고 있다. 신고전주의 경제학 이론에 따르면 자유로운 시장은 합리적 결정을 내릴 수 있는 정보를 (완벽하게) 제공한다. 그러기에 합리적으로 완벽한 시장에 정확한 합리적 이성 이외에 다른 요소가 개입하는 것을 반대한다. 자칫하면 비합리적인 결과가 나올 수 있기 때문이다. 그런데 정말 사람들은 자유로운 상태에서 합리적인 결정을 내릴까?

신고전주의에서 가정하는 것처럼 인간이 합리적이라면 언제나 합리적인 선택을 할 것이다. 그리고 처음에 내린 결정이 '정확한 답'인 셈이니 극단적인 조건이 추가되지 않는 한 결정을 번복할 이유가 없다. 하지만 우리는 몇 달 만에 자신이 절대적으로 지지했던 그 이유로 해당 정치인을 반대하고, 서둘러 물건을 사놓고 집에 와서는 별 필요 없는 것을 샀다며 후회하기도 한다. 즉 실제 현실을 들여다보면 사람들의 행동은 신고전주의 경제학의 가정과 다르다. 왜 이런 현상이 벌어지는 것일까? 그것은 바로 인간은 불완전한 합리성을 갖고 있기 때문이다. 사이먼 박사는 불완전한 합리성을 "제한된 합리성(bounded rationality)”이라고 표현한다. 제한된 합리성은 인간의 인지적 한계 때문에 나온다. 방금 친구가 말한 전화번호 7자리도 헷갈려 하고, 쇼핑센터에 자신이 무엇을 사려고 왔는지 기억이 나지 않아 낑낑대고, 시험에 나온다고 선생님이 강조한 내용도 제대로 기억하지 못해 발을 동동 구르는 것도 인지적 한계가 있기 때문이다.

신고전주의 경제학 이론에 맞는 합리적인 선택을 하려면 최대의 성과를 완벽하게 계산해야 한다. 그런데 인간은 전지전능한 신처럼 모든 정보를 가져다가 분석하고 계산해서 판단을 내릴 수 없다. 인지적 한계로 한꺼번에 많은 정보를 다룰 수 없다. 결국 인간은 모든 정보를 고려한 최적의(optimal) 대안이 아니라, 여러 조건의 제약하에서 적당히 희생할 것은 희생하고 취할 것은 취하는 “대충 때우기(satisfice)”가 가능한 대안을 찾는다(satisfice는 사이먼 박사가 만든 용어로 희생sacrifice과 만족satisfy의 합성어이다). 카네만 박사의 발견법(heuristic) 연구에서처럼 간편하게 추론하는 식으로 말이다.

래플리는 문제 상황을 해결하기 위해서 모든 정보를 모으려 하지 않았다. 다만 어느 정도 정보를 얻게 되었으면 간편하게 결론을 내리고 문제 상황에 적용해 보았을 뿐이다. 래플리의 발견법적 문제해결 방식은 해병대의 ‘70퍼센트 해법’과도 통한다. 해병대는 70퍼센트 분석을 마치고, 올바르다는 확신이 70퍼센트 정도 되면 바로 행동해야 한다고 배운다. 분석이나 확신에서 행동으로 이르는 모든 과정에서 모두 100퍼센트가 아니라 70퍼센트임에 주의해야 한다. 완벽이 아니라 신속한 처리가 문제해결의 목표이다. 어차피 미래의 일은 불확실한 것이며 인간은 완전 정보를 가질 수도 없다. 그러므로 직접 경험하는 실행 이외에 그 어떤 방법으로 결과가 확실해질 수 없는 일이다. 이런 상황에서는 개략적 정보 탐색을 마친 다음에 바로 문제해결을 시작하여 성공 확률을 높이는 것이 가장 좋은 전략이다. 불확실성이 가득한 상황에서 한순간에 적을 타격해야 하는 군사 전술을 긴급하게 실행하는 해병대에서 70퍼센트 법칙이 적용되는 것은 결코 우연이 아니다. 그것이 가장 효율적으로, 단숨에 성공에 이르는 길임을 수많은 전투와 다양한 사건을 통해 경험적으로 깨달았기 때문이다.

발견법은 컴퓨터의 안티바이러스 프로그램에서도 활용된다. 안티바이러스 프로그램은 컴퓨터 안에 있는 수많은 파일을 완전한 정보를 갖고 정확히 분석해서 문제를 해결하지 않는다. 바이러스 프로그램이 가질 수 있는 특정 속성을 찾아 치료를 한다. 그래서 어떤 때는 엉뚱한 프로그램까지 바이러스라고 진단하는 경우도 있지만, 대부분의 경우에는 문제가 없다. 무엇보다도 가장 빠르게 문제를 해결할 수 있는 장점이 있다. 그 파일들이 정말 바이러스인지 아닌지 일일이 대조하느라 컴퓨터가 완전히 망가지게 놔두기보다는 약간의 오류가 있더라도 과감하게 결정을 내리는 것이다.

사이먼 박사와 카네만 박사가 밝혔듯이 발견법은 인간이라면 누구나 갖고 있는 사고방식이다. 즉 래플리만 갖고 있는 특별한 능력이 아니다. 그런데도 왜 래플리는 남다르게 성공을 했을까? 그는 자신의 특성을 알고 발견법을 문제 상황에 맞게 효율적으로 쓰는 법을 알고 있었기 때문이다. 이 이야기는 제2장에서 본격적으로 다루기로 한다.

세상에는 곧바로 지식을 적용하기보다는 감각에 의존해서 문제를 해결해야 하는 순간이 더 많다. 만약 당신이 다음과 같은 질문을 받았다고 가정해 보자. "전 세계에 축구공은 몇 개나 있을까?" 축구공을 생산하는 메이저 회사의 생산 자료를 모으면 된다고 생각할 수 있다. 그러나 그 자료에는 폐기 처분된 공의 개수나 기존에 있던 공의 숫자까지 포함되어 있지는 않다. 또한 중국과 인도 등에서 메이저 브랜드가 아닌 자체 브랜드로 생산되는 축구공의 숫자도 포함되어 있지 않다. 동네에 있는 스포츠용품점의 공의 숫자나 대형 쇼핑 매장에 있는 축구공 숫자를 센다고 해서 정확한 통계를 얻을 수도 없다. 정확한 통계를 얻겠다고 시간을 쓸수록 문제해결은 그만큼 미뤄진다. 문제는 아무리 여러 국가와 기관들을 통해서 정보를 모아도 특정 시점의 정확한 축구공 숫자를 완벽하게 파악하는 것이 애초에 불가능하다는 데 있다. 이처럼 파악하기 힘든 수량에 대해서는 추정논법을 사용할 수밖에 없다. 완전 정보에 대한 환상만 버리면 언제든 현실에 도움이 되는 문제해결 방식을 찾을 수 있다. 완전 정보를 포기하고 발견법에 의지한 래플리처럼 말이다.

발견법과 연관된 간편 추론적 문제해결 방식이 큰 힘을 발휘하는 상황은 많다. 특히 비즈니스에서는 신규 사업에서 시장 규모를 계산해 결정해야 할 때가 있다. 이때는 참고할 자료도 희박하다. 기획자 나름대로 현실에 있지도 않은 사업을 시뮬레이션해 가며 산출 근거를 대지만 결과치는 어떤 변수를 넣느냐에 따라 크게 요동친다. 이와 관련해서 카네만과 트버스키(Amos Tversky) 박사는 "시뮬레이션 발견법(Simulation heuristic)"을 제안한다. A라는 조건에서 B를 예측해야 하는 경우를 예로 들어보자. A로부터 시작하는 여러 사건을 상상한 다음 B

와의 연결 가능성을 판단한다. 그리고 가장 그럴싸한 것을 답으로 선택한다. 이것이 바로 시뮬레이션 발견법이다.

시뮬레이션 발견법에서는 자신이 변화시킬 수 있는 요인에 더 주목하게 되는 경향이 있다. 천재지변에 의해서 A와 B의 연결이 이뤄지지 않을 수도 있다. 하지만 그렇게 통상적으로 잘 일어나지 않는 사건은 생략된다.

래플리는 석유 판매업에 대한 시뮬레이션을 할 때 자신이 통제할 수 있는 부분에 대해 집중해서 문제해결 방안을 생각했다. 혹시 일어날지도 모르는 제3차 세계대전을 고심하기보다는, 석유를 확보하기 위해 적정한 석유 매매가격을 설정하고 탱크를 비웠다. 다른 정치적 요소나 다른 행위 주체의 변화는 고려하지 않았다. 물론 정보를 간단히 취합해서 결정을 내린 만큼 위험 부담은 더 컸다. 하지만 다른 사람보다 더 간편하고 빠르게 결단을 내린 덕분에 귀중한 자원을 선점해서 성공을 거둘 수 있었다.

특히 숫자와 관련해서 단시간에 대략적인 결과를 산출해내는 방법으로 "페르미 추정(Fermi Estimation)"이 있다. 페르미 추정은 1942년 세계 최초의 원자로 개발에 성공하여 원자력의 아버지로 불리며 노벨 물리학상을 수상한 에리코 페르미(Erico Fermi)의 이름에서 따왔다. 페르미는 앞서 예를 든 것과 같은 물리량 추정에 뛰어났는데, 교편을 잡았던 시카고대학교에서 강의 시간마다 학생들에게 이러한 과제를 냈다고 한다. 페르미는 병상에 누워서도 링거액이 떨어지는 간격을 측정해 유속을 계산했다고 한다.

세계 최초로 핵실험이 이루어진 1945년 7월 뉴멕시코 주 앨라모고도 사막의 베이스캠프에 있었던 페르미는 폭발이 느껴짐과 동시에 미리 준비해둔 노트를 찢은 종잇조각을 공중에 뿌려 자유낙하시켰다. 그리고 폭발의 충격파로 이리저리 날린 종잇조각의 움직임을 통해 실험에 사용된 핵폭탄의 폭발력을 추정했다. 그리고 이후 실제 폭발력의 규모와 비교했다. 그런데 그 결과의 정확함에 동료들도 놀랐다. 페르미 추정은 '봉투의 뒷면' 계산이라고도 한다. 계산을 근처에 있는 봉투 뒷면에 간단히 해본다는 의미이다. 즉 페르미 추정은 정확한 수치를 예측하기보다는 본격적인 수치 산출에 앞서 대략적인 자릿수를 산출한다는 데 무게를 둔다.

페르미 추정이나 시뮬레이션 발견법은 처음에는 오차가 크지만 계속 경험이 쌓일수록 정확도가 높아지는 것이 특징이다. 그러다 결국 페르미나 래플리처럼 원샷에 정확한 결과치를 내는 경지까지 가는 것이다.

처음부터 완벽할 수는 없다. 아니, 세계적 의사결정 연구자인 데이비드 A. 웰치(David A. Welch)가 저서《의사결정 불변의 법칙(Decisions: The Art of Effective Decision Making)》에서 주장한 것처럼 "인간은 완벽하지 않다. 그리고 애초에 연습을 통해 완벽해질 수 없다. 연습을 해서 탁월함을 만들 수 있을 뿐"이다. 완벽함을 쫓아 불필요한 논의로 열심히 일하는 사람보다 명쾌한 결단으로 제대로 일하는 사람이 되자. 완벽주의를 버리면 오히려 탁월한 성공의 지름길로 갈 수 있다.

양치기 다윗의 원샷원킬

미켈란젤로 부오나로티(Michelangelo Buonarroti)의 조각상 〈다비드 (David)〉를 보면 다윗이 특정한 지점에 얼마나 집중하고 있는지를 알 수 있다. 적을 눈앞에 두고 두려움에 떠는 것이 아니라, 운명의 깔대기 가 모든 시간과 공간을 하나로 모은 듯 오직 한 곳을 바라보고 있다. 그 긴장감은 작품을 감상하는 사람조차도 숨을 멈추게 한다. 다비드 조각상을 정면 한가운데서 감상하면 어깨 위에 올린 다윗의 왼손이 조그만 주머니 같은 것을 잡고 있는 것이 눈에 들어온다. 성서의 이야 기를 모른다면 그 주머니 속에 무엇이 들었으며, 왜 다윗이 그것을 잡 고 있는 것인지 알기 힘들 정도이다. 조각상의 뒤로 돌아가면 그 주머

▼미켈란젤로 부오나로타의 조각상 〈다비드〉

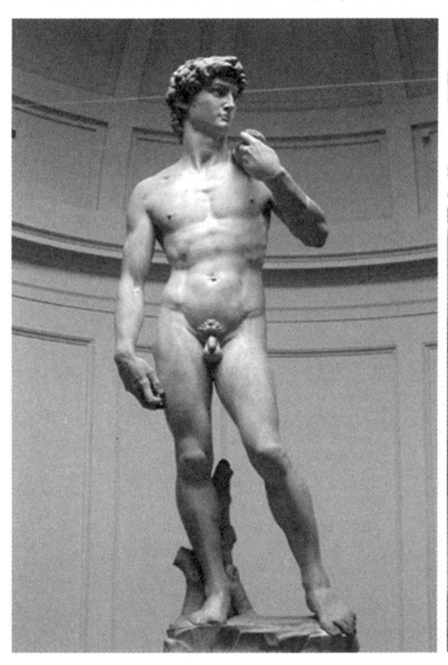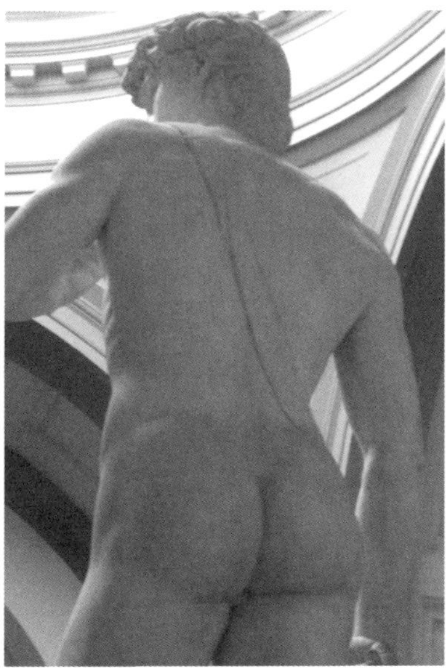

니의 긴 주둥이가 다윗의 오른쪽 엉덩이 위까지 흘러 내려오고 있음을 확인할 수 있다. 그 주머니의 이름이 '물맷돌(sling)'이라는 사실을 알아도, 그것이 거인 골리앗을 쓰러뜨린 도구라고 믿기 힘든 것은 여전하다. 다윗을 처음 본 골리앗도 그랬을 것이다. 전장에서 갑옷도 입지 않은 소년이 블레셋(Phillistin) 최고 장수인 자신을 상대로 대체 무엇을 하려는지 도통 감을 잡지 못했을 것이다. 골리앗이 머뭇거린 그 순간 다윗은 재빨리 몸을 움직였다.

다윗은 먼저 행동함으로써 게임의 흐름을 자기의 것으로 만들었다. 다윗은 축구 경기에서 으레 그렇듯이 약자로서 강자의 공격을 방어하며 상대의 빈틈을 노리는 전략을 쓰지 않았다. 오히려 자신의 약점이 드러나기 전에 과감하게 작전을 개시했다. 왜? 다윗에게는 말 그대로 원샷원킬의 전략이 있었다. 다윗은 신장 차이를 극복하기 위해 골리앗의 다리를 공격하거나, 유리하게 싸움을 진행시킬 요량으로 눈을 공격하지 않았다. 처음 한 방으로 완전히 상황을 제압해야겠다고 생각했다. 다윗은 발에 굴러다니던 돌멩이 다섯 개만 챙겼다. 양치기 소년의 손에 잡힐 정도이니 그 크기는 크지 않았다. 그리고 그 돌멩이를 골리앗의 이마에 정확히 맞췄다. 의외의 일격을 당한 골리앗은 결국 쓰러졌다. 다윗은 골리앗의 머리를 자른 후 자기 발로 밟아 승리를 만끽했다. 그때까지도 유대인이거나 블레셋 인 모두 눈앞에 벌어진 일을 도저히 믿을 수 없었다. 환호성이 터져 나온 것은 다윗의 거친 숨이 잦아들기 시작한 다음이었다.

사울 왕은 다윗을 불러서 어떻게 싸워서 이겼느냐고 물었다. 뜻밖의 승리에 흥분해서 사람들이 깜박 잊고 있던 것이 있었다. 다윗은 원래 양치기 소년이었다. 다윗은 전장에서 칼을 휘두르며 싸우는 정규전에 대한 지식이나 경험이 아예 없었다. 골리앗이 엄청난 우위에 있던 그런 지식과 경험 말이다. 대신 다윗은 맹수가 양을 잡아채서 도망갈 때 어떻게 해야 하는지에 대한 지식과 경험은 많이 갖고 있었다. 다윗은 맹수를 빠른 발로 쫓아가 돌팔매질로 쫓아 양을 구했다. 그래서 자세를 잡고 칼을 휘두르는 대신 전혀 예기치 못했던 방식으로 골리앗에게 달려들어 머리에 돌을 명중시킬 수 있었던 것이다.

그렇게 다윗은 자신에게 주어진 문제 상황에서 가장 중요한 정수(精髓)를 꿰뚫었다. 자신이 가장 자신 있어 하는 경험과 지식을 한 순간에 온 힘을 다해 쏟아 부었다. 그리고 놀라운 성공을 거두었다. 그런 원샷 원킬의 문제해결력을 갖고 있는 다윗은 깜짝 영웅에 머문 것이 아니라, 승승장구를 거듭해 현명한 통치로 이름 높은 왕이 되었다.

보스턴대학교의 국제관계학과 교수인 정치학자 이반 아렌귄토프트 (Ivan Arreguin-Toft)가 2005년 저술한 《약자가 전쟁에서 승리하는 법 (How the Weak Win Wars: A Theory of Asymmetric Conflict)》에는 다윗과 골리앗 이외에도 재미있는 사례가 많이 나온다. 아렌귄토프트 교수는 적어도 10배 정도 무력과 인구 수가 차이 나는 상대방과 싸운 약자들을 중점적으로 분석했다. 그 결과 강자는 71.5퍼센트의 승률을 기록했음을 확인할 수 있다. 하지만 통계의 의미를 뒤집어보면 다른 해석을 할 수 있다. 약 세 번 중 한 번은 그런 엄청난 강자와 맞붙어 약자가 이겼다는 말이 된다. 즉 다윗이 골리앗을 이길 확률은 28.5퍼센트였던 것이다. 적어도 네 번 중의 한 번은 이길 수 있는 확률.

아렌귄토프트 교수는 약자가 이긴 사례들을 좀 더 세밀하게 분석했다. 약자가 자신의 약점을 인정하고 기존의 방식이 아닌 창의적인 전략을 짠 경우에는 승률이 63.6퍼센트로 치솟았다. 두 번 중의 한 번은 확실히 이길 수 있는 확률 이상이 된 것이다. 다른 분야도 아닌 전쟁은 무력이 중요 요소로 작용할 수밖에 없다. 그런데 전력이 10배 이상 차이가 나는 상황에서 어떤 전략을 선택하느냐에 따라 이런 수치가 나온 것은 정말 놀라운 일이다. 이것이 바로 자신의 특성을 알아서 문제 상황에 맞게 적용하는 원샷원킬의 문제해결력이 가진 위력이기도 하다. 약자는 강자와 똑같은 방식으로 문제를 해결할 수 없다. 더 유연하게 다른 문제해결법을 생각해서 단기간에 승부를 걸어야 자신의 약점의 영향력을 최소화하며 최고의 성과를 거둘 수 있는 것이다.

그런데 반대의 해석도 가능하다. 강자의 입장에 서 있다면 새로운 전략에 휘말리지 않고, 자신의 방식으로 게임을 계속해서 71.5퍼센트의 승률을 지키는 것이 중요하다. 골리앗은 당당히 두 발로 서서 칼을 휘두르며 자신의 기술을 쓰기도 전에, 다윗의 전략에 휘말려 바로 땅에 고꾸라졌다. 만약 골리앗이 낯선 외양의 다윗을 깔보지 않았다면, 혹은 상대방이 달려 나오는 순간 몸을 뒤로 빼고 전열을 가다듬어 다음 기회를 노렸다면 대반전 드라마는 일어나지 않았을 것이다. 오히려 골리앗이 필살기로 연마한 검술에 의해 다윗의 숨통은 허망하게 끊어졌을 것이다. 하지만 골리앗은 자신이 갖고 있는 역량을 통해 확실하게 성공할 수 있는 문제 상황이 무엇인지를 깨닫지 못했다. 승전을 계속하며 그만의 성공 매뉴얼은 완벽한 듯 보였기에 결국 타성에 젖었던 것이다. 정체를 모르는 적의 능력, 실체를 알지 못하는 적의 전략, 낯선 움직임 등 불확실성이 가득한 상황이었음에도 골리앗은 상황을 충분히 제어할 수 있다는 자만심으로 다윗을 자신의 전투 매뉴얼에 따라 밀어붙였다. 반대로 다윗은 기본적 전투 매뉴얼부터 거부했다. 갑옷과 무기를 거부하며 불확실성을 증가시켜 의외의 필살기를 작렬시켰다.

원샷원킬의 문제해결력은 청년을 세계적 부호의 대열에 올려놓거나, 양치기 소년을 영웅에서 왕으로 만들기도 한다. 하지만 분명히 해야 할 것이 있다. 래플리가 군용 매점 운영에 뜻이 있어 해군에 지원한 것이 아니듯, 다윗도 뜻한 바 있어서 전장에 나간 것이 아니다. 군대에 간 아들들을 걱정한 아버지가 막내인 다윗에게 형들의 안위를 살피고 형제와 주변 사람들에게 먹을 것을 주고 오라고 심부름을 시켜서 길을 떠났던 것이다. 결과만 놓고 보면 자신의 진가를 발휘할 기회를 잡은 것이라고 할 수 있지만, 어린 소년에게 전장은 큰 위험이기도 했다. 절체절명의 위기를 기회로 만든 것은 자신에게 닥친 낯선 상황을 두려워하지 않은 자세가 기본적으로 있었기 때문이었음도 잊지 말아야 한다. 이것은 새로운 문제해결법을 익혀야 하는 당신에게도 필요한 자세이다.

펩시와 코카콜라의 원샷원킬 대결

만약 골리앗이 다윗의 필살기를 썼다면 어떻게 되었을까? 약자를 성공시키는 필살기라면, 강자가 쓸 경우 그 파괴력이 더 커질 수 있지 않을까? 이 질문에 대한 답은 펩시콜라와 코카콜라의 마케팅 사례에서 찾을 수 있다. 펩시콜라는 오랜 시간 동안 패기와 열정으로 밀어붙였지만 어떤 전략을 세워도 코카콜라의 판매량을 쫓아가지 못했다. 그러던 중 1977년 거대한 변화가 생겼다. 다윗이 자신이 타고난 전사가 아님을 인정했던 것처럼 펩시콜라는 후발 주자로서 자신이 약자임을 인정했다. 그리고 약자로서 강자에게 도전할 수 있는 방법을 찾았다. 즉 소비자들이 코카콜라를 선호하는 것을 단번에 바꿀 수 있는 원샷원킬의 문제해결법을 생각해냈다. 그것은 바로 무료 시음회였다. 강자를 이기겠다고 강자보다 더 엄청난 물량의 광고를 배포하거나 품질에 대한 여러 자료를 제공한 것이 아니라 소비자에게 눈을 가리고 직접 코카콜라와 펩시콜라를 구별해 보라고 한 것이다. 단순하지만 가장 적확한 문제해결책으로, 후에 마케팅 관련서에 고전으로 실리게 된 사건이 생기는 순간이었다.

그때까지만 해도 소비자들은 자신들이 코카콜라를 선택하는 이유가 차별화된 품질 때문이라고 생각했다. 하지만 상대적으로 더 많이 마셔보았고 더 맛있다고 생각해서 코카콜라라고 믿어 의심치 않고 뽑은 것이 펩시콜라라는 사실에 큰 충격에 빠졌다. 시음회의 결과는 소문으로 퍼져 나갔다. 시음회를 찍어 광고를 내자 큰 반향을 일으켰다. 곧 펩시콜라의 매출은 급증했다. 상황이 이렇게 되자 절대 강자였던 코카콜라가 움찔했다.

펩시콜라의 필살기가 적중한 것이다. 당황한 코카콜라 역시 무료 시음회를 열어 더 많은 사람들이 펩시콜라보다는 코카콜라를 선호한다는 사실을 선전했다. 이게 문제였다. 시장에서 절대 우위를 점하고 있는 코카콜라가 스스로 펩시콜라와 동등한 비교 대상임을 인정한 것이다. 코카콜라의 브랜드 가치는 급격하게 떨어졌다. 반대로 펩시콜라의 브랜드 가치는 일순간에 높아졌다. 강자인 코카콜라가 약자인 펩시콜라의 필살기를 쓴 것이 독이 되었다.

브랜드 가치가 낮아지자 코카콜라는 문제를 해결하겠다며 '뉴 코크(New Coke)'라는 브랜드를 새롭게 출시했다. 펩시콜라를 단번에 공격하기 위함이었다. 하지만 사실은 코카콜라 자신을 공격한 결과가 되고 말았다. 시장 점유율은 계속 나빠졌다. 브랜드 후광 효과가 없는 펩시콜라가 선택한 새로운 전략에 놀라 자신들도 참신한 전략을 만들어야 한다는 강박관념이 문제였다. 새로운 브랜드는 기존에 쌓아온 브랜드 후광 효과를 없애는 치명타를 안겼다. 다른 경쟁사가 수십 년간 시도해도 절대 성공하지 못했던 공격을 자신에게 감행한 것이다. 뒤늦게 잘못을 깨달은 코카콜라의 경영진은 뉴 코크를 신속하게 시장에서 없앴다. 그리고 옛날 코카콜라를 '코크 클래식(coke classic)'이라는 이름으로 런칭해서 시장 점유율을 곧바로 되찾았다. 역시 원샷원킬로 말이다.

약자의 필살기는 약자에게 최적화되어 있는 것이다. 강자는 강자가 써야 하는 필살기가 따로 있다. 강자와 약자 각자의 위치에 따라 문제 상황이 다르고, 실행해야 하는 과제가 다르다. 그것을 구별하는 것부터가 원샷원킬 문제해결법의 시작이다. 원샷원킬 문제해결법은 자신이 처한 문제 상황과 자신의 특성이 구조적으로 맞아떨어졌을 때 힘을 발휘한다. 기존의 문제해결 매뉴얼과 다른 점도 여기에 있다. 부디 자신에게 맞는 것을 선택해서 활용해야 한다.

그런데 우리는 약자일까, 강자일까? 바로크 시대 초기 대표 화가인

▲미켈란젤로 다 카라바조의 유화 〈다비드〉

미켈란젤로 다 카라바조(Michelangelo da Caravaggio)의 유화 〈다비드〉
를 보면 그 둘 다 될 수 있음을 알 수 있다. 카라바조는 르네상스의 전
통에 따라 작품 속에 자신의 얼굴을 그렸지만, 골리앗의 얼굴과 다윗
의 얼굴 모두 자신의 모습을 본떠서 그리는 파격을 감행했다. 그가 드
러내려고 했던 것처럼 우리는 약자이자 강자이다. 그리고 시간의 흐
름에 따라 어떤 때는 승자가 될 수도 있고, 패자가 될 수도 있다.

흔히 사회 속의 생존 경쟁을 전쟁에 비유한다. 저마다 갈고닦은 필
살기를 가지고 자신이 원하는 것을 얻기 위해 고군분투하는 모습은,
무기를 들고 전쟁터를 누비는 병사들을 떠올리게 한다. 외형뿐만 아
니다. 전쟁터에서의 우연한 조합처럼, 일을 하거나 생활을 하면서 어
떤 경우에는 자기 자신보다 약한 상대를 만나기도 하고, 더 강한 상대

를 만나기도 한다. 즉 강자가 되기도 하고, 약자가 되기도 한다. 그런데 우리가 쓰는 전략은 상대에 따라 달라지지 않고 고정되어 있다. 그래서 어떤 때는 운이 좋아 성공하지만, 어떤 때는 실패한다. 그리고 진짜 무엇이 잘못되었는지 알지 못한 채 세상을 원망한다.

필살기를 연마하는 것은 힘든 일이다. 하지만 필살기를 갖고 있다고 해서 반드시 성공하는 것은 아니다. 전쟁에서처럼 상대방의 필살기에 대한 대비책도 갖고 있어야 목숨을 보전할 수 있다. 이왕이면 여러 필살기를 갖는 것이 더욱 생존 확률이 높아진다. 비즈니스 환경과 일상생활에서도 이 법칙은 그대로 적용된다.

정말 진지하게 성공을 바란다면 자신은 강자로서, 약자로서 어떤 원샷원킬의 필살기를 갖고 있는지 살펴야 할 것이다. 지금 갖춰진 필살기가 좀 부족하다고 해서 좌절할 필요는 없다. 자신에게 주어진 문제 상황의 정수를 꿰뚫는 순간 바로 원샷원킬의 문제해결력을 만들 수 있기 때문이다.

전략의 본질은 행하지 말아야 하는 것들을 선별하는 것이다.
－마이클 유진 포터(Michael Eugene Porter, 하버드 경영대학원 교수, 1947~)

구조적 어울림에 의해 성공이 좌우된다

래플리는 많은 사람을 상대하며 물건을 파는 일을 통해, 다윗은 혼자서 강한 상대와 대적하는 기회를 통해 단숨에 성공의 발판을 닦았다. 래플리는 군대를 지원하고 사람과 잘 어울리는 외향적인 사람이었다. 반면 다윗은 혼자서 양을 돌보며 다른 사람과의 교류가 별로 없는 내향적인 사람이었다. 이렇게 원샷원킬의 문제해결로 성공한 사람들도 성격과 같은 개인의 특성만으로 설명할 수는 없다. 또한 위기라는 공통점을 빼고는 세부적인 상황도 전혀 달라 환경적인 요인만으로도 성공의 원리를 설명할 수 없다.

래플리는 극심한 스트레스를 받는 처지에 놓였지만, 다윗처럼 물리적으로 생명을 빼앗길 수도 있는 상황에 몰린 것은 아니었다. 래플리의 문제 상황은 고객의 행동 패턴을 파악해야 하는 것이었던 반면에, 다윗은 적과는 다른 자신이 갖고 있는 장점을 정확히 파악해야 하는 것이 핵심이었다.

이처럼 단숨에 성공의 대안을 내놓은 문제해결자들은 성향이나 문제해결 상황, 문제의 구조가 모두 다르다. 그런데 어떻게 모두 아울러서 '원샷원킬의 문제해결법'이라고 할 수 있을까?

원샷원킬의 문제해결법을 이해하려면 '단숨에 성공한다'는 것 외에 다른 키워드를 이해해야 한다. 그것은 바로 '구조적 어울림'이다. 다양한 개인적 성향과 문제 특성이 조각 퍼즐처럼 서로 딱 들어맞는 구조를 갖고 있어야 한 번에 문제를 해결할 수 있다. 구조적인 어울림이 이뤄지면 행성조차 다른 천체의 힘에 의해 자기의 궤도를 벗어나기까지 한다. 이를 천문학에서는 '섭동(攝動, pertubation)'이라고 한다. 단숨에 탁월한 결과를 발휘하려면 그만큼 강력한 힘이 필요하다. 그 힘은 바로 문제와 문제해결자 사이의 최적의 상호작용, 즉 구조적 어울림에서 나온다.

원하는 대로 술술 문제해결이 되는 것은 구조적 어울림이 있었기 때문이다. 기존 자기계발서를 보면 성공을 위해 주로 개인적 특성을 강조한다. 예를 들어 "1만 시간을 버틸 열정만 있으면 무엇이든 이루어진다"와 같은 주장을 한다. 이것은 학문적인 연구를 통해서도 증명된 주장이기는 하다. 카네기멜론대학교 존 헤이스(John Hayse) 교수에 따르면 시인 66명 중 55명이 훌륭한 작품을 내놓기까지 10년 이상 걸렸다. 그렇지만 이런 연구 결과는 단시간에 성공을 이룬 사람들을 설명하기에는 부족하다. 글로벌 기업 컨설턴트이자 노스웨스턴대학교

켈로그 경영대학원 교수인 앤드류 라제기(Andrew Razeghi)는 그의 저서 《리들(The Riddle)》에서 "1만 시간의 법칙은 스포츠나 예술과 같은 기술 습득이나, 과학적 발견을 설명하기 위해서는 적절한 이론이지만 독창적인 성공을 이룬 사람들을 설명하는 데는 적합하지 않은 이론"이라고 비판했다.

생각해 보자. 다윗은 일생일대의 일전에 쓰기 위해 1만 시간의 열정으로 양을 돌보지 않았다. 래플리도 경영자가 되기 위해서 1만 시간을 준비한 뒤 군대에 가서 성공의 발판을 마련했다고 보기 힘들다. 비즈니스의 천재라는 MS 사의 빌 게이츠가 성공한 것은 어릴 적부터 만지작거린 컴퓨터 프로그래밍 기술이 아니다. 다른 업체의 기술을 조합해서라도 고객의 요구에 맞출 수 있는 감각 덕분이었다. 은퇴한 GE의 수장 잭 웰치는 메사추세츠대학교에서 화학 공학을 전공했으며, 이십대까지 경영자로서의 성공은 고사하고 자기 자리도 지키기 힘들 것이라 평가받던 인물이었다. 본인도 자신의 진로를 정하지 못하고 시러큐스대학교와 웨스트버지니아대학교의 화학 교수 자리를 지원하기도 했다. 사정이 여의치 않아 GE에 입사할 때도 경영과 가까운 분야가 아닌 화학개발 부서에 입사했다. 해당 분야에서 철저히 준비한 사람이 성공한다는 1만 시간의 법칙은 최고의 성공을 거둔 사람들을 설명하기 위한 출발점부터 현실과 맞지 않아 삐걱거린다.

모든 분야에서 성공의 자물쇠를 척척 열어줄 것만 같은 1만 시간의 법칙에는 전제 조건이 있다. 몰입을 해서 연습을 해야 한다는 것이다. 연습의 양(量) 이전에 연습의 질(質), 강도(强度)가 중요하다는 것이다. 바로 이 점에 주목할 필요가 있다. 그런데 몰입은 개인 성향 차원에서 다룰 수 있는 사항이 아니다. 몰입은 몰입할 수 있는 대상과 행위 주체인 문제해결자의 관계를 동시에 고려해서 이해해야만 하는 사항이다. 즉 몰입에 의한 성공이 가능한 이유는 애초에 뭐든지 몰입을 잘하는 성향이 개인에게 있기 때문이 아니라, 특정 몰입 대상에 대해 개인이 특별한 관계를 갖고 있기 때문이라고 이해하는 것이 더 적절하다.

성공적인 문제해결의 비법도 마찬가지다. 개인이 어떤 문제해결에 실패하는 것은 단지 의지력이 부족해서가 아니다. 당대 최고의 전사인 골리앗이 승리를 향한 의지력 부족으로 실패한 것일까? 구조적 어울림을 고려하지 않고 자신에게 맞지 않는 문제해결 방식으로 도전했거나, 자신에게 맞는다고 믿는 문제해결 방식을 계속 고집했기 때문에 실패한 것이다. 심리학자이자 경영 컨설턴트인 닉 테슬러(Nick Tasler)는 저서 《스프링 : 기회를 낚아채는 충동의 힘(The Impulse Factor)》을 통해 문제해결자의 성향과 그가 처한 상황의 주요 변수 간의 상호작용에 의해 성공이 좌우됨을 강조하고 있다.

잭 웰치도 화학보다는 경영이 더 적성에 맞았을지 모르지만 이십대까지 그 자신도 비즈니스적인 재능을 발견하지 못하는 상황에 있었다. 그래서 화학 공학을 전공했다. 고등학교 시절 하키부와 골프부에서 주장을 맡으며 공부도 잘했지만, 그의 자서전에 나와 있는 것처럼 이십대까지는 "그 누구나 똑똑하다고 나를 비난할 사람은 없을" 정도로 평범에 더 가까운 사람이었다. 아니 자기가 수년간 공부해서 도전한 화학공학 교수직도 제대로 얻지 못했으니 실패자에 더 가까운 사람이었다.

여기에서 생각해 볼 것이 있다. 《포춘》지가 선정한 '20세기 최고의 경영자'에 포함된 잭 웰치가 청춘시절에 겪은 좌절은 순전히 잭 웰치의 탓일까? 그는 자신의 특성에 대한 통찰이 부족해서 고생을 자처한 것은 아닐까? 구조적으로 자신과 과제의 특성이 잘 어울리지 않아 계속 부딪히다 보니 안 좋은 성과만 얻은 것일 수도 있다. 위대한 경영자였던 잭 웰치도 그러한데도 사람들은 자신에게만 문제가 있는 것은 아닌지 탓을 하곤 한다. 이러한 좌절로 고통받는 것보다 더 불행한 것은, 그렇게 시간을 허비하느라 정작 쉽게 성공할 길을 보지 못하고 지쳐간다는 것이다. 절체절명의 순간, 온 힘을 다해 한 지점을 향해 자신의 것을 모두 던질 순간이 와도, 축 늘어진 몸에 멍하게 원망 섞인 눈으로 바라만 본다는 것은 생각만 해도 끔찍한 일이다. 다행히 잭 웰치에게는 반전의 기회가 왔고 멋진 성공을 이뤄냈다. 잭 웰치는 최고의 결정을 가장 빠르게 내리는 능력으로 GE를 최고의 기업으로 이끌었다. 자기 인생의 방향도 잘 잡지 못하던 청년이 말이다.

비글 호에 승선하기 전 찰스 다윈(Charles R. Darwin)도 인류를 포함한 전체 생명체의 진행 방향은 고사하고 제 앞길 하나 제대로 헤쳐 나가지 못하는 불쌍한 청춘이었다. 16세에 에든버러대학교 의학부에 입학하였으나 흥미를 느끼지 못하고 박물학과 지질학에 열중했다. 아버지는 아들이 공부는 안 하고 망나니처럼 살다 집안을 망신시킬 것이 걱정이었다. 그래서 다윈을 불러 목사가 되기를 권유했다. 결국 1827년 찰스 다윈은 18세에 케임브리지대학교 신학부로 전학했다. 그 이후 1831년 신학대를 졸업했지만 아버지가 보기에 찰스 다윈은 늠름한 청년과는 거리가 멀었다. 여전히 딱정벌레와 새를 쫓아다니는 철부지였다. 아버지는 그런 아들이 영 미덥지 않아 비글 호의 승선도 반대했다. 하지만 출항 직전에 외삼촌의 설득과 교수의 도움, 거기에 여러 우연한 기회까지 받쳐주어 무보수 박물학자로 비글 호에 겨우 승선할 수 있었다.

비글 호는 학문적 목적과 거리가 먼 해군의 측량선이었다. 다윈의 업무는 비글 호 사람들에게는 어떤 가치도 없었다. 하지만 찰스 다윈은 비글 호를 타고 갈라파고스 섬에서 관찰을 하고 돌아온 뒤 완전히 다른 사람이 되었다. 인류 역사에 큰 영향을 주는 위대한 연구자가 된 것이다. 그때도 다윈의 기본적 성향은 출항 전 그대로였다. 다윈을 남다른 성공으로 인도한 것에는 자신과 비슷한 결론을 가진 스펜서와의 교류 등 외부 요인이 더 컸다.

하지만 뭐니 뭐니 해도 비글 호 항해가 가장 큰 영향을 주었다. 이것을 신이 준 행운이라고 말할 수도 있다. 그러나 사실은 다르다. 그러한 외적 요인이 모든 사람을 문제해결의 최상의 경지로 올려놓지는 않는다. 비글 호에 다윈과 함께 승선했던 그 누구도 진화론에 대한 통찰력을 발휘하지 않았다. 외적 요인만이 아니라 유서 깊은 학자 가문에서 태어난 다윈의 배경과 그의 직관적 사고방식 같은 내적 요인을 함께 고려해야 그의 성공이 제대로 설명된다.

마찬가지로 타이거 우즈의 성공은 타이거 우즈의 재능만으로 설명할 수 없다. 타이거 우즈의 노력만으로도 설명할 수 없다. 타이거 우즈가 어렸을 때 골프채를 쥐게 해준 외적 요인, 즉 아버지와의 관계에서부터 이야기가 시작되어야 한다. 결국 내적 요인과 외적 요인 사이의 구조적 어울림이 '단숨에 인생 역전의 성공을 만드는 행운'의 본모습라고 결론 내릴 수밖에 없다.

결론적으로 말해 그동안 성공하지 못한 것은 '자기 탓도' 있을 수 있다. 하지만 절대로 '자기 탓만' 있는 것은 아니다. 만약 자기 탓이라는 생각이 든다면 그런 실패를 거듭하는 특성을 가진 자신에게 맞는 새로운 일을 찾아 성공을 향해 나아가면 된다. 바로 다윈처럼, 그리고 앞으로 다룰 원샷원킬의 구조적 어울림으로 감동적인 성공을 이룬 많은 인물들처럼 말이다.

모든 문제는 특성에 맞는 해결 방법이 있다

인지 심리학 연구에 따르면 세상의 문제들은 '잘 정의된 문제(well-defined problem)'와 '잘 정의되지 않은 문제(ill-defined problem)'로 나뉜다. 잘 정의된 문제는 기존 지식을 단순히 적용하는 과정을 거쳐 해결할 수 있는 문제다. 마치 정해진 공식으로 풀 수 있는 수학 방정식처럼 말이다. 잘 정의된 문제는 어떤 지식을 활용해야 하는 문제인지 알고, 어떤 공식을 어떤 절차로 써서 해결해야 하는지의 과정을 명확히 보여줄 수 있는 문제이다. 이런 문제는 이미 알고 있는 지식을 이용해 해답을 분석적으로 찾으면 된다. 주로 교과서를 통해 가르치고 시험에 나오는 것이 '잘 정의된 문제'이다. 즉 잘 정의된 문제는 일반적 지식을 단순히 적용하면 되는 문제라고 할 수 있다. 그래서 엉뚱한 것을 잘 생각해내는 직관형 사람들보다는 기존의 지식에 바탕을 두고 문제를 해결하는 분석형 사람들에게 더 적합한 문제이다.

그러나 세상에는 잘 정의된 문제보다는 자신이 알고 있는 지식이나 공식으로 해결되지 않는 문제가 훨씬 더 많다. 이런 문제를 '잘 정의되지 않은 문제'라고 한다. 어떤 여행을 어디로 언제 할지, 어떤 친구를 만나 사귀거나 헤어질지, 집은 어디에 사서 어떻게 꾸밀지, 몸이 아플 때 약을 먹을지 병원에 갈지, 자기소개서를 어떻게 작성해야 할지, 어떤 사업 전략을 세울지, 사랑한다고 고백할 때는 어떤 말을 해야 할지 등의 문제는 특정 정답이 없다.

한마디로 잘 정의되지 않은 문제는 불확실성이 크다. 그리고 잘 정의되지 않은 문제는 우리가 갖고 있는 지식을 난순 적용하는 수준을 넘어서 더 많은 인지적 노력을 필요로 한다. 문제해결의 실마리를 찾기 위해 우선 '생각'할 것을 요구한다. 때로는 무엇이 문제인지도 모르는 애매한 상태에서 문제해결을 시작하게 되며, 문제해결 과정 곳곳에서 창의성을 발휘해야 풀리는 구조를 갖고 있다. 문제 구조를 분석해서 바로 특정 일반적 지식(know-what)과 절차적 지식(know-how)를 적용하는 것이 아니라, 직관을 더 많이 사용해야 하는 것이 잘 정의되지 않은 문제의 특징이다. 그래서 분석적인 사람들보다는 직관적 사람들이 더 잘 해결하는 문제이다.

예를 들어 다음과 같은 문제가 있다고 하자.

"안구 운동과 같이 의식적인 감각이 없는 상태에서 신속하게 고도로 훈련된 행동을 수행하는 감각운동계를 무엇이라고 하는가?"

답을 찾기 위해 거울 앞으로 다가가 눈알을 굴리며 직접 움직임을 관찰한다고 해서 어떤 용어가 떠오르지는 않는다. 기억을 계속 더듬어도 전문적인 생물학 공부를 하지 않았다면 정확한 용어를 찾지 못할 것이다. 그런데 만약 창의적으로 답을 찾겠다고 머리를 쥐어짜다

‘지맘대로 운동계’ ‘자동감각 운동계’ 따위를 답안으로 내놓는다면 어떨까? 역시 오답이다. 앞에서 살펴보았듯이 이 문제는 직관과 창의성을 사용해야 하는 문제가 아니라, 단순하게 지식을 적용하는 것이 더 유용한 잘 정의된 문제이기 때문이다. 앞에서 예로 들은 문제의 답은 ‘좀비 작동체(zombie agent)’이다. 좀비 작동체는 해당 생물학 분야의 지식이 있다면 창의적이지 않다고 해도 쉽게 맞출 수 있는 문제이다. 또한 해당 분야에 대한 지식이 없다면 아무리 창의적이어도 맞출 수 없는 문제이다. 이렇듯 모든 문제는 그 특성에 맞는 해결 방법이 따로 있다. 즉 그 문제의 구조에 맞는 해결 방법을 써야 문제해결에 성공할 수 있다.

문제해결 과정을 좌우하는 또 다른 요소로는 시간이 있다. 긴급하게 문제를 처리해야 하는 경우와 그렇지 않은 경우에 따라 다른 양상의 결과가 나온다. 그냥 쇼핑을 할 때는 꼼꼼히 제품을 따져보던 사람도 마감 임박이라는 사인을 보면 충동적으로 변한다. 반대로 업무 마감 시간이 다 되면 어쩔 줄 모르고 손에서 일을 놓아버리는 사람도 있다. 시험을 볼 때도 마감 종료를 듣기 전과 들은 이후의 마음상태가 완전히 달라진다. 게리 클라인(Gary Klein), 윌리엄 더건(William Durgan), 게르트 기거렌저(Gerd Giggerenza) 등의 직관 연구자들은 긴급한 상황이나 마감 상황에서 직관이 긍정적으로 발휘된다고 주장한다. 이것은 긴급한 상황의 경우 분석을 사용할 환경 자체가 안 되기 때문일 수도 있다.

앨런 액셀로드(Alan Axelrod)는 저서 《위대한 결정(Great Decisions and How They Were Made)》에서 여러 위인들의 엄청난 성공의 배경에

는 이른바 '루비콘 요소(Rubicon Factor)'가 있다고 주장했다. 루비콘 요소는 줄리어스 시저가 폼페이우스에 반기를 들고 로마제국을 접수하기 위해 건넌 강의 이름에서 따왔다. 앨런 액셀로드는 위기의 상황에서 리더가 통찰력 있는 결단을 내려 성공을 이뤄낸다고 보았고, 리더의 주요 자질로 루비콘 요소라는 개념을 소개하고 있다. 그러나 이 개인적 자질 역시 위기라고 하는 외부 요인이 없었다면 나타나지 않았을 요소라는 것에 주목해야 한다. 급박한 문제 상황과 개인적 성향이 구조적으로 어울릴 수 있었기 때문에 역사에 남을 큰 성공을 얻을 수 있었던 것이다.

성향에 대한 부분은 다음 내용에서 살펴보기로 하고, 여기에서는 일단 문제의 구조에 대해 집중해서 살펴보기로 하자.

하버드 경영대학원과 행정대학원의 의사결정 분야 교수인 하워드 라이파(Howard Raiffa)는 올바른 문제해결의 출발점인 제1단계를 "문제의 구조화(Structuring the problem)"로 정했다. **구조화 단계에는 불확실성, 기간 등 문제와 관련된 속성들을 정의하는 과정이 포함된다.** 앞서 살펴본 잘 정의되지 않은 문제는 불확실성이 큰 문제로 정의할 수 있으며, 기간은 문제해결의 기한이 어느 정도인가로 정의할 수 있다. 앞서 살펴보았듯이 잘 정의된 문제를 불확실성이 큰 문제로 정의한다면 문제해결에 성공할 수 없을 것이다. 긴급한 문제를 여유롭게 처리해도 되는 문제로 정의한 경우에도 마찬가지로 성공하지 못할 것이다. 그 반대의 경우도 마찬가지다. 결국 문제해결의 성공에서 중요한 것은 문제해결자가 문제의 본질에 맞게 불확실성과 기간을 정의할 수 있느냐 여부이다.

그런데 여기에서 불확실성과 시간과의 관계도 생각해 봐야 한다. 확실성이 큰 문제는 문제해결 시한이 급박하다고 해도 그만큼 지식 탐색과 분석에 많은 자원을 투입하면 해결할 수 있다. 반면에 관련 정보가 희박한 경우라 하더라도 문제해결 기간을 길게 가져갈 수 있다면 시행착오를 통해 문제를 해결할 가능성을 높일 수 있다.

하지만 불확실성이 크면서도 긴급한 문제해결이 필요한 경우라면 이야기가 달라진다. 어떤 실마리를 찾아야 하는지 불확실한 상황에서 체계적인 분석만 고집하기는 힘들다. 그렇다고 직관력이 없는 사람이 섣불리 직관을 쓴다면 커다란 손실을 입을 수도 있다. 문제 특성과 개인적 성향이 구조적으로 충돌하기 때문이다. 직장생활을 하다 보면 다른 과제에서는 뛰어난 수행능력을 보이던 사람이 특정 프로젝트에서 수행력이 급격히 떨어지는 경우가 있다. 이런 상황에서 당사자에게 왜 그러냐고 물어보면 흔히 일의 아귀가 맞지 않았다고 한다. 그 사람의 능력 자체에 결함이 있어서가 아니다. 결함이 있었다면 다른 과제들을 어떻게 해낼 수 있었겠는가? 문제의 구조와 자신의 특성을 잘 알았다면 그는 분명 승승장구 성공할 수 있었을 것이다. 하지만 불행히도 그렇지 못했기에 실패하는 경우가 많다.

어떻게 하면 이런 불행을 막을 수 있을까?

첫째, 자신의 성향으로 성공할 수 있는 이상적인 상황이 무엇인지 알아야 한다. 즉 자신이 잘할 수 있는 과제를 선택하는 안목을 키워 성공 가능성을 높이는 것이다. 하지만 세상일은 약속 겨루기가 아니다. 의외의 변수들이 툭툭 튀어나오는 실전 격투기이다. 자신의 성향에 맞는 과제가 오기를 바란다고 해서 그대로 이뤄지기 힘들다.

둘째, 내게 배정된 과제를 놓고 그 이상적인 상황과 적용 법칙이 실제로 적용될 수 없다는 것을 깨달아 실패를 최소화하는 방법을 찾는 것이다. 이것은 방어적 대응법이다. 아주 잘만 하면 현상 유지는 할 수 있으나 성공을 기대하기는 힘들다.

이에 비해 세 번째 방법은 적극적 대응법이다. 앨런 액셀로드의 책에 나오는 역사적 위인들처럼 상황을 단숨에 반전시킬 수 있는 필살기가 있다면 어떨까? 어떤 문제 상황이 닥쳐도 열정적으로 해결할 수 있을 것이다. 그 결과 위기를 곧 큰 성공으로 이어지게 만들 것이다.

방어적 대응이 아니라 적극적으로 성공을 바란다면 우리가 선택할 수 있는 것은 두 가지 대안밖에 없다. 이상적인 구조적 어울림과 가장 유사한 것을 찾아 도전하거나, 현실의 상황에 맞아떨어지는 최적의 문제해결 방식을 적극 적용하는 것이다. 이러한 두 가지 방향으로 현실적인 성공 가능성을 극대화시키는 것이 바로 원샷원킬 문제해결 원리의 핵심이다.

문제해결자의 성향을 파악하라

사람의 성향을 나눈다면 어떻게 될까? 최근 심리학에서는 "5요인 성격 이론(Big 5 personality theory)"이 대세이다. 텍사스대학교 심리학과 교수인 샘 고슬링(Sam Gosling)의 베스트셀러 《스눕(Snoop)》도 5요인 이론에 바탕을 두고 있다. 5요인 이론은 사람 성격의 다양한 요소 중 상당부분 변하지 않고 지속되며, 대다수의 사람에게서 정도의 차이가 나타나는 5가지 요소가 있다고 주장한다. 그 5가지 요인은 외향성(Extraversion), 개방성(Openness), 친화성(Agreeableness), 신경증(Neuroticism), 성실성(Conscientiousness)이다.

외향성이 적은 사람은 내향적인 사람이며, 개방성이 적은 사람은 폐쇄적인 사람으로 판정하는 식으로 사람의 다양한 성격을 설명한다. 최근에는 성격의 5요인과 직무수행 간의 관계를 밝히는 연구들이 많이 나오고 있다. 그런 연구 결과는 다양한 현상을 예측하게 해준다. 예를 들어 대부분의 진단 검사에서 성실성 점수가 높게 나온 사람들이 그렇지 않은 사람보다 수행력이 더 좋았다. 그리고 사람들과의 상호작용이 빈번한 관리직과 영업직군에서는 내향적인 사람보다는 외향적인 사람들이 더 좋은 수행력을 보였다. 심지어 5요인 이론은 결근 횟수를 예측하는 데까지 쓰이기도 한다. 연구에 따르면 외향적인 사람들이 직장에서의 결근 회수가 많다.

5요인 중 특히 외향성은 그 역사가 가장 길고 타당성도 가장 높다. 외향성은 분석심리학을 창시한 칼 구스타프 융(Carl Gustav Jung)이 제안한 개념으로, 심리적 에너지가 주로 밖으로 향하는 성향을 말한다. 외향적인 사람은 자신의 감정을 솔직하게 표현할 수 있고, 다른 사람의 관심을 끌고 싶어하고, 사람 사귀기를 좋아하는 성격을 갖고 있다. 반대로 내향적인 사람은 심리적 에너지가 안으로 향해 있는 사람이다. 속으로 생각하기를 좋아하고, 대인관계를 힘들어 하고, 자신의 의견을 드러내는 데 소극적이다.

일반적으로 가장 잘 알려진 심리 검사 중 하나인 MBTI에서도 외향성 진단 항목은 포함되어 있다. 그리고 외향성 이외에 인식과정, 판단

과정, 생활양식 등 3가지 요소를 첨가시켜 사람들의 다양한 성향을 분류하고 있다.

구체적으로 MBTI에서는 인식과정을 감각(S : Sensing)과 직관(N : iNtuition)으로 구분하여 사람들이 사물, 다른 사람, 사건, 생각들을 인식할 때 나타나는 차이점을 이해할 수 있도록 해준다. 감각과 직관은 정보의 수집에 관한 문제이다. 감각형 사람은 주로 오감에 의존한다. 그에 비해 직관형 사람은 육감에 의존한다. 감각형 사람이 경험할 수 있는 과거와 현재를 중시한다면, 직관형은 미래를 중시한다. 그래서 직관형이 더 모험지향적인 선택을 하기도 한다. 감각형은 불확실하거나 애매한 것을 참지 못한다. 분석을 통해서 확실하게 그 실체를 파악해야 직성이 풀린다. 반대로 직관형은 애매모호한 것을 잘 받아들이는 대신 이미 알고 있는 것에 대해서 반복해서 듣거나 반복적인 과제를 싫어한다. 우리나라의 경우 감각형이 직관형에 비해 8 대 2 정도로 많은 것으로 알려져 있다. 재미있는 것은 높은 지적 능력이 필요한 학문이나 분야일수록 직관형의 비중이 더 높다는 것이다.

판단과정은 사고(T : Thinking)와 감정(F : Feeling)으로 구분하여 우리가 인식한 것을 바탕으로 어떻게 결론에 이르는지 그 차이점을 알 수 있도록 해준다. 한마디로 말하자면 사고와 감정은 의사결정에 관한 문제이다. MBTI의 분류에 따르면 사고형 사람들은 모든 결정을 내릴 때 원리, 원칙, 규정을 중시한다. 이 유형의 사람들에게는 매뉴얼이 아주 중요하다. 반대로 감정형 사람들은 의사결정과 관련된 상대방의 감정이나 가치 등 그 당시의 상황이 더 중요하다. 그래서 사고형 사람들은 감정형 사람들이 일처리가 무르고 부정확한 것으로 본다. 반대로 감정형 사람들은 사고형 사람들을 비인간적이고 냉정한 사람이라고 평가한다.

지금까지 살펴본 외향성, 인식과정, 판단과정은 모두 융의 심리학 이론에 바탕을 두고 있다. 그런데 MBTI를 만든 캐서린 브릭스(Catherine Briggs)와 그녀의 딸 아사벨 마이어스(Isabel Myers)는 좀 더 다양한 심리유형을 분류하고자 '생활양식' 요소를 추가했다.

MBTI 이론에 따르면 사람들을 판단형(J : Judging)과 인식형(P : Perceiving)으로 구분할 수 있다. 판단형 사람들은 계획을 중시한다. 만약 어떤 모임을 추진한다면 미리 초대할 인원을 정하고 당사자에게 해당 사실을 공지해서 허락을 받고 장소와 일정을 확정한 뒤, 먹을 것과 이동 수단 등 세부 사항과 돌발 변수에 대한 대책까지 꼼꼼히 챙겨야 직성이 풀리는 사람이다. 평소에 책상도 정리정돈을 잘 해놔야 마음이 편하다. 이에 비해 인식형 사람은 계획을 세부적으로 세우는 것이나 정리정돈 자체를 피곤해 한다. 때가 되어 일이 닥치면 어떻게든 해결이 될 것인데 미리 요란법석을 떨 필요가 있느냐는 생각을 많이 한다. 판단형이 자신이 정한 순서에 맞춰 일을 체계적으로 추진하는 것에 비해, 인식형은 약간 덤벙대지만 순간적으로 순발력을 발휘해서 일을 해결하는 특징이 있다.

MBTI 이론은 지금까지 살펴본 외향-내향, 감각-직관, 사고-감정, 판단-인식을 짝지워 16개의 성격 유형으로 사람들의 심리 상태와 행동 패턴을 설명한다. 세부 유형은 각 세부 성격 요소를 나타내는 알파벳 한 글자씩을 따서 네 글자로 표시한다. 예를 들어 INTJ(내향형, 직관형, 사고형, 판단형)형은 독립적이고 통찰력이 있으며 합리적이라고 설명하는 식이다. 그런데 지금까지의 MBTI 이론 내용을 살펴보면서 4가지 척도 중에 외향-내향 구분을 빼놓고 나머지 세 개의 짝이 서로 통하는 면이 있음을 느꼈을 것이다. 감각형·사고형·판단형이 합리성과 분석을 중시하는 성격이라면, 직관·감정·인식은 순간적인 직관을 더 중시하는 성격이라고 할 수 있다. 이러한 인간의 성향 분류는 현대의 인지심리학자와 사회심리학자, 행동경제학자, 의사결정 및 설득이론 연구가 등의 연구에서도 일관되게 살펴볼 수 있는 바이다.

이른바 "이중 인지과정(dual process) 이론"은 똑같은 구조를 가진 현상이 어떻게 다른 결과로 나오는지를 설명하기 위해 나왔다. 이론의 핵심 내용은 간단하다.

"인간은 이성과 분석을 중시하는 사고체계와 감성과 직관을 중시하는 사고체계를 갖고 있으며, 특정 상황에서 어떤 사고체계가 영향을 미치느냐에 따라 전혀 다른 결과를 낳는다."

외향성 개념을 제안한 융이 대륙에서 활동할 때 미국에서는 심리학자이자 철학자인 윌리엄 제임스(William James)도 이와 유사한 주장을 펼쳤다. 이처럼 이중 인지과정 이론의 이론적 뿌리는 아주 깊다. 요즘은 행동경제학에서 이 이론과 관련해서 많은 연구가 나오고 있다.

예를 들어 카네기멜론대학교 경제학과의 조지 뢰벤스타인(George Lowenstein) 교수는 이중 인지과정 이론과 관련해서 다음과 같은 실험을 했다. 특정한 날을 정해 놓고 실험 참가자들에게 많은 청중이 있는 무대에 나가서 음악에 맞추어 춤을 추면 평균적인 아르바이트 비용보다 후한 사례비를 주겠다고 공지를 했다. 그러자 지원자가 많이 나왔다. 하지만 시간이 다가오면서 사정은 달라졌다. 많은 지원자가 처음 약속과는 다르게 참가를 취소했다. 결정을 번복한 원인은 무엇일까? 뢰벤스타인 교수는 감정과 관련된 "뜨거운 사고과정(hot process)"이 이성 중심의 "냉정한 사고과정(cold process)"의 영향력보다 더 강해서 이런 결과가 나온 것으로 해석했다. 지원자는 공고를 보고 냉정한 상태에서 합리적으로 상황을 판단했다. 투입 대비 수익(시간당 급료)을 따져 이득이라는 생각이 들자 지원을 한 것이다. 하지만 약속했던 공연 날짜가 다가오면서 지원자는 두려운 감정을 느꼈다. 즉 처음에는 돈이 가장 중요한 고려 요인이었지만, 시간이 흐를수록 많은 사람들 앞에서 춤을 춰야 한다는 사실이 중요한 고려 요인이 된 것이다. 만약 인간이 정말 합리적이고 분석적이라면 처음부터 이런 사항을 종합적으로 고려해서 정확한 판단을 내려야 했다. 하지만 제1장에서 살펴봤듯이 인간은 현실 속에서는 그때그때 주먹구구로 생각하고 판단을 내린다. 처음과 달리 다른 기준이 머릿속에 더 강하게 떠오르자 결국 한 번 나가서 춤추는 것치고는 괜찮은 보수를 포기하고 만 것이다. 이렇듯 사람들이 냉정한 상태일 때 내리는 결정과 뜨거운 상태일 때 내리는 결정을 비교해 보면 그 차이가 현저하다. 위 실험의 지원자들처럼 마치 전혀 다른 사람이 각각 다른 결정을 한 것처럼 보인다. 지원과 포기는 전혀 다르다.

노벨경제학상 수상자인 다니엘 카네만은 기존의 이중 사고과정 이론 연구를 종합해서 직관을 제1체계(system 1)로, 이성을 제2체계(system 2)로 나누어 설명한다. 그의 연구에 따르면 직관이 자동적으로 활성화되고 빠른 처리과정이라면, 이성은 느리고 의식적인 처리과정을 갖고 있다. 즉 직관은 힘이 들지 않아 별다른 노력을 필요로 하지 않는다. 그에 비해 제2체계는 별도의 노력과 논리와 같은 형식이 필요하다. 카네만의 연구에 따르면 대부분의 사람들은 진화적으로 더 오래된 직관적 사고로 문제를 해결하는 것에 익숙하다. 하지만 어떤 사람들은 이성적 사고를 더 중시한다. 그리고 자신이 중시하는 방향으로 행동하려고 한다. 그런데 앞에서 살펴본 뢰벤스타인 교수의 연구처럼, 똑같은 사람이라고 할지라도 시간이라는 변수에 의해 생각과 행동은 뒤집어지기도 한다.

인간의 생각에 영향을 미치는 요소는 단지 시간만은 아니다. 공간, 과거의 경험, 미래의 가치, 정보, 인센티브, 다른 사람과의 관계, 자존감 등도 변수가 될 수 있다. 이상적인 상황에서라면 오로지 자기 안의 이성적 판단 기준에 따라 불변의 선택을 해야 하지만, 현실 속의 사람들은 그렇지 못하다. 제1체계가 자동적으로 활성화하기 때문이다. 그래서 스스로 이성적이라고 생각하는 사람이라고 할지라도 때로는 자기가 왜 그랬는지 이해할 수 없는 결정을 내리기도 한다. 아주 사소한 부분에 있어서도 자신이 모르는 사이에 직관을 끼워 넣어 문제를 해결하기도 한다.

예를 들어 당신이 퀴즈쇼에 나가 다음과 같은 질문을 받았다고 가정해 보자.

"야구방망이와 야구공을 사는 데 만 천 원이 들었다. 그리고 야구방망이와 야구공의 가격 차이는 만 원이었다. 그렇다면 야구공은 얼마였을까?"

대개의 사람들이 순발력 있게 부저를 누르고 천 원이라고 답할 것이다. 실제로 다니엘 카네만 교수의 실험에 참가한 미국 명문 프린스턴대학교의 학생들은 그랬다. 이것은 야구방망이가 만 원, 야구공은 천 원이라고 숫자를 구분하기 쉽도록 문제가 제시되었기 때문이었다. 그러나 이것이 함정이다. 만 원의 가격 차이가 나기 위해서는 야구방 망이가 1만 5백 원이어야 하고, 야구공은 5백 원이어야 한다. 각종 수 업을 통해 이성적인 사고과정을 훈련받는 명문대생들조차 제2사고체 계에 인지적 자원을 할당하지를 못하고 제1사고체계에 빠짐으로써 오 류를 범했다.

미국 MIT 슬론 경영대학원의 마르셰 타이어(Marcei Tyre) 교수 팀의 1995년 연구에 따르면 사람들은 문제해결에 필요한 적절한 정보를 뽑 는 일에서부터 오류를 일으키기 때문에 직관을 올바르게 활용하지 못 한다. 부적절한 정보에 바탕을 두어 가설을 세우다 보니 해결 가능한 대안을 찾는 데 실패하는 것이다. 타이어 교수 팀은 사람들이, 다른 사 람이 적절한 정보를 제시해도 익숙하지 않거나 기존의 자기 생각과 맞지 않는다는 이유만으로 무시하는 경향이 강함을 여러 사례 연구를 통해 밝혔다.

그렇다고 직관적 사고가 나쁜 것은 아니다. 직관은 오랜 진화의 과 정 속에서 더 강화된 이유가 있다. 이성적 교육을 통해서도 자동적으 로 활성화하는 정도가 수그러들지 않는 것은 그 유용성이 증명된 사 고방식이기 때문이다. 풀숲에서 뭔가 기분 나쁜 움직임이 느껴졌는데, 그래도 무엇인지 확실하게 분석해야 한다며 더 다가가 호랑이의 먹이 가 되었던 사람은 자손을 융성하게 남기지 못했다. 적들이 물밀 듯이 쳐들어오는데 좀 더 확실한 전략을 짜겠다며 책사처럼 전술서에 머리 를 박고 두문불출한 장수는 목숨을 건지지 못했다. 급변하는 상황에서 기존의 매뉴얼과 이론을 고집하던 CEO는 성과를 내지 못하고 퇴진해야 했다.《좋은 기업을 넘어 위대한 기업으로(Good to Great)》등의 베스트 셀러를 저술한 짐 콜린스(Jim Collins)는 "유능한 경영인은 결정이 아무리 힘들고 어렵더라도 결코 미루지 않는다. 실패한 결정 10개 중 8개는 판단을 잘못해서가 아니라 제때 결정을 내리지 못했기 때문이다"라고 말하고 있다.

반대로 제때에 신속하게 결정을 해서 성공한 사례가 있다. 인터넷이 아직 일반화되기 전인 1995년. 28세의 소프트웨어 엔지니어가 재미 삼아 부러진 레이저 포인터를 인터넷에 팔려고 광고를 내보았다. "이런 걸 누가 사려고." 취미로 온라인 경매를 실험하고 있었던 그는 그냥 시스템을 테스트한다는 생각에서 이 같은 광고를 낸 것이었다. 그러나 예상치 못한 일이 벌어졌다. 얼굴도 모르는 사람이 정확히 14달러 83센트를 주고 고장난 물건을 구입하겠다고 요청한 것이다. "세상에나!" 엔지니어는 놀라서 자기도 모르게 소리를 질렀다. 그가 바로 이베이(eBay) 창업자 피에르 오미디아르(Pierre Omidyar)였다. 그는 곧바로 지불 절차를 진행시켰고, 거래가 체결되자 택배를 이용해 구매자에게 상품을 보냈다. 이베이 역사상 최초의 처리과정은 현재 전자상거래의 기본 절차가 되었다.

피에르는 단돈 15달러로 사업 아이디어를 얻어 바로 전략을 실행한 덕분에 최고의 부자가 되었다. 현재 피에르의 개인 재산은 80억 달러로 추산되고 있다. 피에르는 서른 즈음에 신속하게 투자를 유치해 1998년 주식시장에서 기업 공개를 했다. 피에르는 기업 공개를 하자마자 그 자리에서 주가가 세 배로 치솟는 것을 보고 놀라 까무러칠 뻔했다. 하지만 몇 개월 뒤에는 더 놀라고 말했다. 초기에 이베이에 투자한 벤치마크캐피털(Benchmark Capital)은 1999년 초 5만 퍼센트라는, 실리콘밸리 역사상 최대 투자 수익률을 창출했다.

창업한 지 4년, 주식 공개한 지 1년도 채 지나지 않은 시점에서 이베이가 단숨에 이러한 성공을 거두리라고 예상한 사람은 많지 않았다. 그리고 닷컴 업계의 호황에 전성기를 충분히 누린 후 거품이 빠진 뒤에도 해외로 사업을 확장하며 이베이가 성장세를 지속해 나갈 것이라 생각한 사람은 더 많지 않았다. 의외의 수는 의외의 성공을 계속 만들어낸다. 2010년 현재 매일 7백만 개 이상의 새로운 물품이 이베이에 등록되고 있고, 1억 1천 2백만 개의 물품이 사이트에 게재되어 있다. 이베이가 인수한 세계 각국의 온라인 경매 사이트의 총계가 아닌, 이베이 도메인을 쓰는 사이트의 소계만 해도 이렇다.

기업 경영에서는 직관적으로 행동한 사람들이 큰 성과를 거두는 경우가 많다. 잭 웰치도 아주 직관적인 인물이었다. 그는 인사 문제를 아주 잠깐 사이에 결정했다. 그는 점심시간에 GE 재무 분야 인재 양성 프로그램의 일원이었던 존 라이스(John Rice)를 만났다. 라이스가 한 발표에 깊은 인상을 받아서 말 그대로 그 자리에서 그를 승진시켰다. 이후 존은 승승장구 업적을 쌓아 50세에 부회장으로 취임했다. 잭 웰치는 이력에 대한 검토나 깊은 대화 없이 단번에 존의 인사를 결정했다. 그리고 그 결정은 옳았다. 잭 웰치는 늘 직관을 통해 최상의 성과를 얻었는데, 그런 자신의 특성을 공표하듯 잭 웰치가 쓴 자서전의 원제목은《직관으로(Straight from the gut)》였다.

경영학 사례뿐만 아니라 심리학의 연구 결과에서도 직관은 긍정적인 역할을 많이 하는 것으로 나타났다. 인지심리학자 개리 클라인(Gary Klein)은 소방대원들이 위급 상황에서 직관적으로 판단해서 소중한 생명을 살리는 사고과정의 유용성을 연구했다. 소방대원들은 건물이 무너질지도 모르는 상황을 두고 진입할 것인지 포기할 것인지를 결정해야 한다. 소방대원들은 매뉴얼을 뒤적이거나 상황을 세심하게 분석하는 대신, 머릿속에 처음 떠오르는 대로 행동했다. 그런데 그들은 어떻게 최초의 선택이 최선의 것이라고 단번에 확신할 수 있었을까? 이것은 제8장에서 더 자세히 살펴보기로 하겠다.

다시 한 번 강조하지만 직관적 사고가 나쁜 것이 아니다. 무분별하게 직관적 사고를 적용하는 것이 나쁜 것이다. 심사숙고를 하며 정보를 모아 분석하는 것이 유리한 상황에서는 제2사고체계를 더 많이 발휘해야 한다. 하지만 위급한 상황에서 정보도 변변하지 않은 문제인데도 제2사고체계를 고집한다면, 그것은 소중한 선택의 기회마저 날리는 위험을 자초하는 것이다. 분석-직관의 성향 구분은 마치 외향-내향 구분 때처럼 지배적 성향에 대한 분류일 뿐이다. 지배적 성향은 때로는 각자 처한 상황에 따라 다르게 나타난다. 아니, 다르게 나타나야 효과적으로 문제를 해결할 수 있다. 분석을 좋아하는 사람도 잘 정의되지 않은 문제라면 일단 직관에 의지해야 한다. 그 이후 자신의 지배적 성향에 맞는 방식으로 문제를 처리해야 한다. 무조건 자신의 성향만 고집하면 문제와 구조적 어울림이 일어나지 않아 자신의 잠재성과 문제 속에 숨어 있는 여러 조건을 모두 활용할 수 없다.

문제 구조와 개인적 성향의 조합을 파악하라

지금까지 우리는 문제의 특성과 개인적 성향을 각각 살펴보았다. 문제의 특성은 '잘 정의된 문제'와 '잘 정의되지 않은 문제', 그리고 문제해결 시한이 '긴급한' 것과 '자유로운' 것으로 나눌 수 있다. 그리고 개인적 성향은 MBTI의 이론에 따라 외향-내향 지표와 이중 사고체계 이론에 따라 분석-직관으로 나눌 수 있다. 이 지표들을 서로 결합시키면 문제와 문제해결자를 아우르는 16개의 문제해결 유형을 얻을 수 있다.

모든 경우의 수를 구별하기 위해 MBTI의 성격 유형 분류처럼 각 단어의 머리글자를 따서 표기하자면 다음과 같다.

문제해결자의 개인적 성향 외향(Extroversion)-내향(Introversion)은 'E-I', 분석(Analysis)-직관(Intuition)은 'A-N' 지표로 각각 나눌 수 있다. 직관의 경우 내향성과 머리글자가 겹치기 때문에 MBTI에서 직관 지표를 분류할 때처럼 두 번째 철자인 'N'을 사용해서 구별하기로 한다. 문제의 특성에서도 잘 정의된 문제(well-defined problem)와 잘 정의되지 않은 문제(ill-defined problem)의 경우 W-I가 아니라 'W-L' 지표로 표기하기로 한다. 그리고 잘 정의된 문제는 문제해결 과정과 대안, 관련된 정보가 충분한 것에 비해, 잘 정의되지 않은 문제는 해당 정보가 희박한 특징도 있으므로 한글로는 정보의 불확실성을 강조하기 위해 '충분-희박'으로 표시하기로 한다. 문제해결 기한은 자유(Free)-긴급(Urgent)으로 'F-U' 지표로 표시할 수 있다. 이렇게 문제의 특성과 개인적 성향을 표시한 여러 지표를 결합시켜 얻을 수 있는 16개의 문제해결 유형은 다음과 같다.

문제조건 \ 성향	외향/분석	외향/직관	내향/분석	내향/직관
충분/자유	WFEA	WFEN	WFIA	WFIN
충분/긴급	WUEA	WUEN	WUIA	WUIN
희박/자유	LFEA	LFEN	LFIA	LFIN
희박/긴급	LUEA	LUEN	LUIA	LUIN

MBTI가 세상 사람들이 저마다 갖고 있는 다양한 성향을 16개의 유형으로 설명했던 것처럼 이 표에 나온 16개 유형으로 문제해결의 양식을 모두 설명할 수 있다.

예를 들어 다윗의 문제해결 양식은 어떤 유형에 해당될까? 다윗이 해결해야 했던 문제는 기본적으로 적을 쓰러뜨릴 수 있는 대안 정보가 희박하고, 당장 문제를 해결해야 하는 것이었다. 한편 다윗의 성향은 양치기로서 에너지의 흐름이 내향적이었다. 또한 전장에 나가서 무기가 아닌 돌멩이를 골랐을 정도로 직관적이었다. 이것을 종합해 보면 다윗은 LUIN의 문제해결 유형에 해당한다.

래플리의 경우에는 어떨까? 군대 매점에 배치되어 래플리가 해결해야 했던 문제 역시 불확실성이 크고 긴급한 것이었다. 한편 래플리는 자기 업무와 상관없는 조종사에게 말을 섞어 결국 자신이 원하는 물건 배송을 시킬 정도로 친화력이 대단한 외향적 성격의 소유자였다. 그리고 고객을 관찰해서 나름의 가설을 만든 뒤 바로 적용할 정도로 직관적인 성향도 갖고 있었다. 이것을 종합해 보면 래플리는 LUEN의 문제해결 유형에 해당한다.

문제해결 유형을 나눴다고 해서 모든 것이 끝난 것은 아니다. 구조적 어울림을 언급할 때 살펴보았듯이 해당 문제해결 유형에 맞는 전략을 써야만 한다. 즉 LUEN의 문제해결 상황에 놓인 사람은 그에 맞는 전략을, LUIN에 해당하는 사람은 그에 맞는 전략을 사용해야 한다. 다윗과 래플리처럼 말이다. 래플리가 다윗의 전략을, 혹은 다윗이 래플리의 전략을 썼다면 구조적 어울림이 일어나지 않아 그렇게 큰 성과를 내지는 못했을 것이다. 그렇다고 해서 자신의 유형만 익혀서는 안 된다. 세상에는 복잡한 만큼 다양한 유형의 문제가 있고, 당신은 각기 다른 성향의 사람들과 경쟁을 하면서 문제를 해결해야 하기 때문이다. 따라서 다른 사람의 필살기도 알아야 경쟁에서 뒤처지지 않을 수 있다. 손자(孫子)가 말했듯이 "적을 알고 나를 알면 백전불패"이다.

하지만 더 지혜로운 사람은 다른 용도로 이 책을 사용할 수 있다. 예를 들면 상생을 위한 협력관계를 구성하는 지침으로 이 책을 활용할 수도 있다. 다른 사람의 필살기를 잘 이해하면 관리자나 동료로서 그들의 능력을 극대화시킬 수 있는 과제를 주거나 자신의 부족한 부분을 보충할 수 있는 방향으로 프로젝트를 구성할 수 있다. 그 결과 탁월한 성과를 얻으면서도 계속 성공을 거둘 수 있는 사회적 관계를 구축할 수도 있을 것이다. 또한 여러 전략을 동시에 고려해서 추진할 수 있는 장점도 있다. 독일 기업 지몬-쿠허&파트너스(SK&P) 회장이자 저술가인 허먼 지몬(Hermann Simon)은 "전략에서의 정답은 '이거 아니면 저거'가 아니라, 대개 '이것뿐만 아니라 저것'도 이다"라고 말했다.

원샷원킬의 원리는 간단하다. 16개의 유형처럼 각자 지배적 성향에

▲**구조적 어울림** : 문제의 특성과 개인적 성향의 구조적 어울림을 만들어야 성과라는 톱니바퀴를 돌릴 수 있다.

맞는 문제해결 과정으로 탁월한 성과를 얻어 성공하는 구조를 만들자는 것이다. 그러나 개인적 성향과 문제 특성에 대한 이해가 없다면 '1만 시간의 노력'은 성공으로 이어지지 않고 1만 시간의 헛바퀴로 남을 것이다. 문제 특성을 적극적으로 활용하는 전략이 없다면 순전히 개인적 성향의 힘으로 성과의 큰 바퀴를 돌려야 할 것이다. 문제 특성과 개인적 성향의 구조적 어울림을 만들어야 단번에 성과라는 큰 톱니바퀴를 손쉽게 돌릴 수 있다. 만일 아귀가 맞지 않는다면 과제나 문제해결자 모두 실패하고 말 것이다.

성공이나 실패 모두 똑같은 원리로 이루어진다. 원샷에 결정이 난다. 적정한 기회 한 번에 말이다. 노벨문학상 수상자인 영국 작가 도리스 레싱(Doris Lessing)은 "어디에 있는 어느 누구라도 적정한 기회가 주어진다면 예상치 못한 수많은 재능과 능력을 꽃피울 수 있다"고 말했다. 그 적정한 기회는 바로 구조적 어울림에서 나온다.

나폴레옹은 신체적으로는 땅딸보로 보잘것없는 군인이었지만, 지략이 대단했다. 그래서 단번에 프랑스 군대를 유럽 최고로 만들었다. 그리고 그 자신도 최고의 권좌를 차지하는 성공을 얻었다. 지금까지도 나폴레옹의 전략은 연구 대상이며 다양한 책들이 쏟아지고 있다. 또한 많은 CEO들이 인용할 정도로 현대 사회의 문제해결과 관련된 통찰을 많이 갖고 있다.

그런데 나폴레옹의 참모로 활약하다 러시아로 망명한 군사전략가 조미니(Jomin, Autoine-Henri)는 자신의 전략서에서 나폴레옹의 전략을 한마디로 요약했다.

"결정적 지점에 병력을 집중하라."

나폴레옹 자신도 비슷한 말을 남겼다.

"전략은 요새 포위 공격과 마찬가지다. 단 한 지점에 집중하면 된다. 나머지는 필요 없다. 한 곳을 뚫으면 전체 요새는 이미 손아귀에 들어온 것이나 다름없다."

문제해결의 급소를 찾아서 자신의 역량을 집중하는 것이 얼마나 중요한지를 확인할 수 있는 대목이다. 성공적인 문제해결을 위해서는 문제의 급소와 역량 모두 중요하다. 하지만 당신의 성공을 가로막던 장벽을 한 방에 뚫기 위해서는 우선 포격할 수 있는 자원이 무엇인지를 알아야 한다. 요새의 한 지점을 발견했지만 물동이를 갖다 부어서는 요새를 허물어뜨릴 수 없다. 자신의 내적 자원, 즉 당신의 지배적 특성을 알아야 한다.

그런데 여기에 주의해야 할 것이 있다. 사람의 성향은 계속 고정되어 있는 것이 아니라 그 과제 상황에 맞게 수시로 바뀐다. 내향적인 사람도 자기 친구와 이야기하는 상황에서는 외향적인 사람 못지않게 활발하게 변하는 것처럼 말이다. 그렇기 때문에 상황에 따라 변하는 자신의 성향을 고려해서 문제해결 양식을 적극적으로 활용하려 노력해야 할 것이다. 고대의 철학자 아리스토텔레스가 말했듯이 우리는 "바람의 방향을 바꿀 수는 없지만 돛을 올바른 방향으로 향하게 할 수는 있다".

당신은 이미 원샷원킬의 준비가 되어 있다

당신은 볼 준비가 된 것, 특정한 시간에 당신의 마음을
비추는 것만을 볼 수 있다. - **조지 타이스**(George Tice, 사진작가, 1938~)

당신은 이미 충분히 똑똑하다

카네기멜론대학교 심리학과 교수인 짐 스타제프스키(Jim Staszewski)
는 2003년 미국 육군 병사들을 대상으로 한 지뢰 제거 교육 프로그램
을 만들었다. 스타제프스키의 교육 프로그램 덕분에 일부 공병들은 30
년 경력의 지뢰 제거 전문가와 같은 탁월한 수행력을 보여주었다. 단,
30분의 훈련으로 말이다. 30년의 노하우를 30분의 훈련으로 따라잡다
니, 어떻게 이런 일이 가능한 것일까?

　최신 기술을 장착한 탐지기라고 해도 고작 10~20퍼센트의 지뢰 탐
지 성공률을 보인다. 차라리 동전을 던져 운에 맡기는 편이 확률이 높
을 정도이다. 경험을 통해 지뢰 탐사 장비의 성능을 알고 있는 병사들
은 새로운 지뢰 탐지기가 나와도 별다른 기대를 갖고 있지 않았다. 그

래서 병사들은 자신들에게 지급된 휴대용 금속 탐지기인 AN/PSS-12
에 별로 의지하지 않았고, 아무데나 처박아둬서 제1차 이라크 전쟁 때
에는 탐지기의 분실율이 70퍼센트 이상이나 되었다고 한다. 병사들이
탐지기를 얼마나 불신하는지 드러내는 증거이다.

하지만 스타제프스키의 훈련법을 익히자 병사들의 지뢰 탐지 성공
률은 90퍼센트 이상으로 치솟았다. 스타제프스키에게 프로젝트를 의
뢰했던 미국육군연구원(Army Research Laboratory)의 센터장인 앨런
데이비슨(Alan Davison)은 애초 두 배의 성과 향상만 보여도 대단한 것
이라 예상했다. 하지만 군사 기술 전문가도 아닌 인지심리학자 스타
제프스키가 제안한 훈련법은 자그마치 네 배 이상의 성과 향상을 거
두었다. 더 신기한 사실은 최신 탐지기를 갖고 하건 구닥다리 탐지기
를 갖고 하건 간에 성공률은 모두 90퍼센트가 넘었다는 점이다. 성공
의 비결은 최신 기술의 전수가 아니라 인간의 수행력을 극대화시키는
인지 전략의 개발이었다. 바로 이 책에서 강조하는 원샷원킬의 훈련
법처럼 말이다.

스타제프스키는 효과적인 교육 프로그램을 만들기 위해 지뢰 탐지
전문가들을 찾았다. 그리고 그들은 일반 병사들과 어떤 점에서 다른
지를 연구했다. 전문가들의 지뢰 탐지 영상을 녹화하면서, 그들에게
자신의 생각을 겉으로 말하면서 작업하도록 부추겨서 녹음했다. 그
뒤 자료를 분석했다. 지뢰 탐지 분야에서 몇 십 년간 활동한 전문가들
의 자료를 연구한 결과 그들은 지뢰 탐지기를 정규 매뉴얼과 다르게
사용한다는 사실을 발견했다. 전문가들은 탐지기의 단점을 만회하기
위해 그들만의 방법을 고안했던 것이다. 예를 들어 금속 성분이 낮은

지뢰를 탐지할 때는 1초에 1미터씩 탐지기를 땅 위에서 휘휘 저었다. 매뉴얼에서는 너무 빠른 속도라고 금지했던 사항으로, 1초에 50센티미터가 최대 허용 폭이었다. 이밖에도 스타제프스키는 전문가들이 지뢰를 판단하는 데는 단순히 몇 가지 정해진 단서를 특정 기준에 꿰어 맞추는 것 이상의 복잡한 과정으로 되어 있다는 사실에 주의를 기울였다. 그리고 그는 이러한 전문가적 사고 패턴과 기법을 병사들이 적극 활용할 수 있도록 인지전략 훈련 프로그램을 만들었다. 덕분에 병사들은 금속탐지기로는 잘 잡히지 않는 플라스틱 대인 지뢰를 포함한 모든 종류의 지뢰를 찾는 능력이 놀라울 정도로 높아졌다.

스타제프스키는 뛰어난 지뢰 탐지 전문가가 되기 위해서 굳이 천재가 될 필요는 없다는 사실을 강조한다. 물론 병사들 모두가 지뢰 탐지 전문가로서의 특별한 적성이 있어서 이런 놀라운 성과가 나온 것은 아니다. 스타제프스키는 적절한 훈련과 경험만 있으면 누구나 전문가처럼 탁월한 수행력을 보일 수 있다고 주장한다. 이러한 주장은 노벨상 수상자인 허버트 사이먼 박사가 여러 분야 전문가를 대상으로 한 연구 결과와도 맥락을 같이 하는 것이다.

사이먼 박사는 1991년 저서 《내 인생의 모델들(Models of My Life)》을 통해 "전문가들은 특별한 어떤 과정이 아니라, 이전에 경험했던 것과 유사한 환경에서 어떤 것이 적절한 단서인가를 알아채어 성공적으로 문제를 해결한다"라고 밝혔다. 재능이나 창의성을 통해서가 아니라 유의미한 단서를 잘 포착하기만 하면 된다는 것이다. 스타제프스키는 그 단서를 다양하게 분류해서 병사들이 무엇을 더 분석해야 하는지, 무엇을 직관적으로 구별하면 되는지를 잘 가릴 수 있도록 훈련하는 30분의 프로그램을 짰고, 그 결과 병사들은 30년의 노하우를 단번에 따라잡을 수 있게 된 것이다.

스타제프스키가 지뢰 탐지 전문가들을 분석한 방법은 "인지적 과제 분석법(Cognitive Task Analsys)"이다. 이 분석법은 실험실에서의 이상적인 환경이 아니라 실제 현장에서 성공적이었던 사례를 가지고 연구하는 것이 특징이다. 해당 성공 사례 안에 숨어 있는 과제의 특성과 문제 해결자의 전략을 발견하는 것이 인지적 과제 분석법의 핵심 목표이다.

과거 1950년부터 1970년까지 창의성 연구자들은 탁월한 성과를 낸 천재들에게는 특별한 재능이나 성향이 있을 것이라고 생각했다. 창의성 검사를 만든 것으로 유명한 미국 남캘리포니아대학교 심리학과의 길포드(J. P. Guilford) 교수도 개인적 성향과 창의성의 관계를 찾으려고 했다. 덕분에 이와 같은 책이 많이 쏟아져 나왔고, 현재까지도 인기를 끌고 있다. 창의적인 성과를 낸 위인에 대해서 집중 탐구하는 책들은 그들의 성격을 드러내는 기행(奇行)을 주로 이야기한다. 주로 위인의 태도나 성격적인 면을 파고드는 것이 특징이다. 하지만 사실은 이와 전혀 다르다. 말콤 글래드웰의 저서 《아웃라이어》를 통해 많이 이야기되었듯이 그런 천재들조차 재능이나 특별한 성향이 아닌 꾸준한 연습으로 탁월한 성과를 얻었다.

현재의 대부분 심리학자와 인지과학들은 창의성과 성격의 관계를 믿지 않는다. 그리고 창의성을 만들어내는 전담 뇌 부위 같은 것은 없다고 생각한다. 대신에 인간의 두뇌뿐만 아니라 상황이나 개인적 경험, 창의성이 필요한 맥락, 평가자의 수준 등 아주 복합적인 원인이 생각의 형성에 영향을 미치고, 그것이 다양한 과정을 거쳐 창의성으로 발현되는 것으로 보고 있다. 길포드 교수를 비롯한 심리학자들이 강조한 "확산적 사고(divergent thinking)"도 창의성 그 자체라기보다는 수많은 창의성 중 하나의 특성일 뿐이다. 굳이 천재나 창의적 인재에게 공통되는 특성이 있다면, 시카고대학교의 미하이 칙센트미하이(Mihaly Csikszentmihalyi) 교수가 주장하는 것처럼 성격이 아니라 "몰입(flow)"이 있을 뿐이다.

다중지능이론으로 유명한 하버드대학교 심리학과 하워드 가드너(Howard Gardner) 교수나 스탠포드대학교 심리학과의 로버트 스턴버그(Robert J. Sternberg) 교수, 워싱턴대학교 교육심리학과 키스 소여(Keith Sawyer) 교수, 템플대학교 심리학과의 로버트 와이즈버그(Robert Weisberg) 교수 등 세계적 창의성 연구자들은 "누구나 창의적일 수 있다"고 이야기하고 있다.

그러나 사람들은 이것을 믿으려 하지 않는다. 창의성은 보통 사람이 평상시에 해내는 좋은 생각과 확실히 다를 것이고, 천재는 그의 생각이 금방 받아들여질 수밖에 없는 특성이 있다는 일종의 신화를 갖고 있다. 하지만 천재 화가의 유명하지 않은 작품을 화가 이름을 알려주지 않고 평가하게 한 경우에는 사람들이 낮게 평가하고, 유명하지 않은 화가의 작품을 천재 화가의 것으로 속여서 내놓은 경우에는 높게 평가한 일련의 심리 실험 결과가 말해주듯이 사람들은 창의성을 한눈에 알아채지 못한다. 그런데도 사람들은 창의성은 확실히 다르다고 믿는다.

천재도 보통 사람과 비슷한 구조와 크기의 두뇌를 갖고 태어났다. 아인슈타인의 경우에는 보통 사람보다 뇌의 크기와 무게가 오히려 더

작았다. 지식과 정보 역시 별로 차이가 나지 않았다. 천재라고 해도 자신이 열정을 바칠 분야를 만나기 전에는 평범하거나, 보통보다 못한 사고력을 보여주는 경우가 많다. 다만 자신이 몰입할 수 있는 분야에서 효과적인 학습을 통해 탁월한 수준으로 올라가는 것일 뿐이다. 마법 같은 것은 없다.

하지만 우리는 천재는 보통 사람과 확실히 다른 존재라고 믿고 싶어 한다. 이런 현상의 배경에는 심리적 비밀이 숨어 있다. 우리는 창의성을 아주 특별한 능력이라 여기고, 그래서 창의성은 우리보다 훨씬 뛰어난 능력을 가진 사람들이 발휘할 수 있다고 생각한다. '특별한' 천재의 '타고난' 능력을 창의성이라고 생각해야 '평범한' 우리의 자존심이 그나마 덜 상처받기 때문이다.

미국 오하이오대학교의 심리학과 마크 알리크(Mark D. Alicke) 교수는 이런 현상을 "천재 효과(genius effect)"라고 이름 붙였다. 즉 우리는 우리 자신보다 더 나은 업적을 보인 사람의 능력을 더욱 과장해서 아예 경쟁 상대도 아닌 상태로 만든다. 그렇게 다른 사람을 우러러 떠받드는 대신에 열등감을 덜 느끼는 보상을 얻는다. 반에서 그런 대로 성적이 나오는 아이가 전체 1등 하는 아이를 아주 특별하다고 믿으며 처신의 선을 명확히 하는 것이나, 운동선수가 그 분야 최고의 선수를 거의 신격화하는 것도 이 때문이다. 아예 사회적 비교선상에 서지 않음으로써 치열한 경쟁도 할 필요 없고, 그 결과에 의해 상처받을 일도 없게 된다. 이렇듯 천재 효과에 기대면 심리적 안정을 꾀할 수 있다.

여러 위인들의 성공 사례를 소개하는 책들의 내용을 잘 살펴보면 천재 효과를 부추기는 책이 대부분이다. 그래서 책을 읽을 때는 참 재미가 있고, 크게 영감을 받는 것 같지만 정작 얻고자 했던 성공 비결 중 실행할 만한 것은 거의 없음을 깨닫는다. 결국 성공에 한걸음도 가까이 가지 못하고 좌절감만 커진다.

그런데 만약 탁월한 성공을 거둔 인물들이 애초에 우리와 별반 다르지 않는 인지적 능력을 갖고 있는 사람이라고 하면 어떨까? 학창 시절의 교과목 성적처럼 노력 부족이나 잘못된 학습 방법 때문에 망친 것일 뿐, 적당한 방법과 그에 맞는 노력을 하면 얼마든지 성공할 수 있다고 하면 어떨까? 위인들에게서 공통적으로 보이는 특성이 나에게도 있는 것이며, 조금만 연습하면 내 것이 될 수 있다면 어떨까?

이런 이야기를 들으면 뭔가 불경한 기분이 들 수도 있다. 저 높은 곳에 있는 천재들을 끌어내려 비천한 곳에 뚝 떨어뜨려놓고 제멋대로 짓밟으려는 것 같아 보이는 것이 당연하다. 왜냐하면 (기분 나쁘게 들리겠지만) 당신은 여태까지 나온 책에 속아왔기 때문이다.

당신은 이미 충분히 똑똑하다. 30분 만에 30년 지뢰 전문가와 비슷한 수행력을 보일 수 있을 정도로. 그러므로 당신의 성공은 온전히 당신의 손에 달려 있다. 그럴듯한 구실을 붙여가며 게으름을 부리고, 다른 사람을 탓하고, 운명을 한스러워하더라도 사실 당신은 마음만 먹으면 단번에 성공할 힘을 갖고 있다.

실패와 성공의 경계선에서 반전의 기회를 잡아라

마이클 캐플런(Michael Kaplan)과 엘런 캐플런(Ellen Kaplan)이 공저한

《뇌의 거짓말(Bozo Sapiens : Why to Err is Human)》을 보면 순간적 판단 착오로 심각한 사고를 일으킨 조종사의 이야기가 나온다. 그런데 베스트 셀러 작가 조나 레러(Jonah Lehrer)가 쓴 《탁월한 결정의 비밀(How We Decide)》을 보면 순간적 판단으로 심각한 사고를 피한 레이더 탐지 장교의 이야기가 나온다. 왜 조종사는 순간적 판단으로 사고를 더 크게 만든 데 반해 레이더 탐지병은 사고를 막을 수 있었던 것일까? 우선 조종사의 실패 원인부터 찾아보자.

1989년 1월 8일, 한 항공사 소속 신형 보잉 737-400 여객기가 런던 히드로 공항에서 북아일랜드 벨파스트에 이르는 정기 왕복 노선을 따라 운항하고 있었다. 이륙 직후 왼쪽 엔진에서 터빈 날개가 파손되어 불꽃이 발생한 뒤 기체가 심하게 흔들리며 타는 냄새가 진동했다. 하지만 상황은 그리 심각해 보이지 않았다. 왜냐하면 최첨단 737기는 엔진 하나로도 어느 정도 날 수 있게 설계되었기 때문이다. 설령 문제가 심각해지더라도 영국 내에서의 운항이기 때문에 가까운 공항으로 선회해서 안전하게 착륙해도 될 일이었다. 다만 어떤 대안을 선택하든 일단은 파열된 한쪽 엔진에 연료 공급을 차단하고 불을 완전히 끄는 것이 중요했다.

조종사가 문제 확인을 위해 부조종사에게 어느 엔진에 결함이 있는지를 묻자 부조종사는 이렇게 대답했다. "외…… 오른쪽 엔진입니다." 사실은 왼쪽 엔진에 문제가 있었지만 조종사는 결함이 없는 오른쪽 엔진의 연료 공급을 차단했다. 때마침 타는 냄새가 줄어들었다. 그리고 파열된 한쪽 엔진으로 이스트미들랜드 공항을 향해 날았다. 하지만 행운은 거기까지였다. 활주로에서 불과 5킬로미터 떨어진 곳에서

737기는 큰 불길에 휩싸이기 시작했다. 조종사들은 오른쪽 엔진을 재가동하려고 했지만, 비행 속도가 너무 느려 불가능했다. 결국 여객기는 고속도로에 추락했고, 118명의 승객 중 47명이 사망했다.

당시 계기판에는 왼쪽 엔진 경고등이 켜졌다. 그런데 어째서 부조종사는 그렇게 대답했을까? 그는 관찰한 사항보다는 자신의 지식에 더 의존했다. 부조종사는 기존 737기 모델의 공기 조절 시스템에서 공기 흡입구가 오른쪽 엔진 압축기에 있다는 것을 알고 있었다. 그래서 조종실 안에서 타는 냄새가 나는 것은 오른쪽에 불이 붙었기 때문일 거라고 가정했다. 그러나 그들이 조종하고 있던 그 새로운 모델은 오른쪽뿐 아니라 왼쪽에서도 똑같은 양의 공기를 빨아들이게 설계되어 있었다. 그 사실을 몰랐던 부조종사는 자신의 잘못된 가설에 따라 순간적으로 판단을 했다. 그리고 이후 타는 냄새가 잦아들자 자신이 맞았다고 생각하며 마음을 놓았다. 객관적 지식에 바탕을 둔 합리적 판단이라며 확신하는 바로 그 순간에 자신의 눈과 코를 통해 들어오는 감각 정보를 바탕으로 다시 생각했어야 했는데도 말이다. '잘 정의되지 않은 문제'를 '잘 정의된 문제'라고 생각해서 안이하게 지식을 적용한 경우의 위험을 이 사례를 통해 알 수 있다.

1912년 4월 침몰한 타이타닉 호 참사도 대서양 횡단 여객선 간의 속도 경쟁에서 이겨야만 한다는 선장의 이성적 판단이 여러 감각 정보를 무시한 데서 비롯된 사고였다. 영화에서보면 타이타닉 호가 갑자기 빙산에 부딪히는 장면이 나온다. 하지만 사실은 타이타닉 호보다 32킬로미터 정도의 간격을 두고 앞서 항해 중이던 캘리포니안 호로부터 이미 빙산에 대한 경고를 여러 번 받고 있었다. 하지만 선장은 처녀

항해에서부터 연착을 하는 불명예를 얻고 싶지 않았다. 경험이 풍부했던 그는 빙산 정도는 이미 잘 알고 있으며, 자신의 지식으로 충분히 해결할 수 있으리라 생각했다. 그는 예정된 시간에 목적지에 돛을 내려야 한다는 생각으로 최고 속도를 계속 유지했다. 역사적 실패로 더 빨리 돌진한 것이다. 결국 빙산에 부딪힌 타이타닉 호는 손쓸 사이도 없이 승객 1,515명과 함께 바다 속으로 가라앉고 말았다.

이제 순간적 판단이 성공을 얻게 한 반대의 경우를 살펴보자.

이라크가 쿠웨이트를 침공하였던 1991년, 영국 해군 소령 라일리는 구축함 글로스터 호에서 레이더 탐지기를 감시하고 있었다. 새벽 5시 1분경, 쿠웨이트 해안 근처에서 깜박이는 레이더 신호가 그의 눈에 잡혔다. 그곳은 미국 구축함 미주리 호가 있는 곳이었다. 만약 그 신호가 미사일이 구축함으로 서서히 접근하고 있는 모습을 포착한 것이라면 라일리는 즉각적인 조치를 취해야만 했다. 그런데 문제는 그 신호가 구축함으로 귀환하는 아군 전투기와 구별이 거의 불가능하다는 것이었다. 잠시 고민하던 라일리는 공격 명령을 내렸다. 지대공 미사일 2대가 발사되어 비행 물체를 격추시켰다. 조사 결과 그 비행 물체는 이라크의 미사일로 밝혀졌다. 하지만 라일리 당사자조차 문제의 신호를 위험했다고 판단했던 이유를 설명하지 못했다. 심층적인 추가 연구 끝에 라일리가 감지했던 미사일 신호는 비행기의 비행 궤도와 아주 미묘한 차이가 있다는 것이 밝혀졌다. 하지만 그것이 명시적으로 매뉴얼화되어 지급될 수 있는 수준의 것은 아니었다. 라일리는 반복되는 업무 경험을 통해 감각을 통해 들어온 정보의 미세한 패턴을 읽는 능력을 갖게 된 것이었다. 지뢰 탐지기를 가지고 매뉴얼에도 없는 방식으로 탐지율을 높인 베테랑처럼 말이다.

전문가라고 하면 흔히 문제를 자신의 지식으로 해결하는 데 도통한 사람이라는 선입견을 갖는다. 하지만 그들은 문제를 분석하기보다는 '느끼는 것'으로 더 신속하고 정확하게 판단을 내린다. 그래서 경험이 많은 전문가들조차 자신의 지식과 경험에 대해 과신했을 때 큰 실수를 하고 만다.

2005년 뉴올리언스를 강타한 태풍 카트리나가 왔을 때 당시 이 지역을 끔찍한 재난 지역으로 만든 장본인은 미국 국토안보부 통제센터 매튜 브로데릭 국장이었다. 그는 재난 대처 관련 분야에서는 가장 경험이 많은 사람이었다. 하지만 그는 자신의 과거 지식에 바탕을 두고 카트리나가 플로리다의 다른 태풍들과 크게 다르지 않을 것이라고 판단을 내렸다. 그리고 그 다음부터는 자신의 눈과 귀로 들어오는 정보를 자신의 '합리적 판단'에 맞게 왜곡시켰다. 그는 나중에 의회 청문회에서 증언하기를, 자신은 뉴올리언스의 유명 관광지 프렌치 쿼터에서 파티를 하고 있는 사람들이 나온 CNN의 보도를 보면서, 위기를 피해 간 것인 줄만 알았다고 말했다. CNN은 뉴올리언스가 완전히 물에 잠겨 쑥대밭이 된 장면을 줄곧 방영했지만 말이다.

재난과 관련해서 이른바 "1 대 29 대 300의 법칙"이 있다. 한 번의 대형사고가 발생한 경우 이미 그 전에 유사한 29회의 경미한 사고가 있었고, 그 주변에서는 300회의 이상 징후가 감지됐다는 법칙이다. 이 법칙을 매튜 브로데릭 국장이 몰랐을 리가 없다. 다만 그는 너무도 전문가적이었다. 그래서 해당 분야의 초보자도 아는 기본법칙과 맞아떨어지는 여러 징후들을 무시하고 자신의 이성이 지시하는 바를 더 믿었다.

그 이성이 지시하는 바도 완전한 정보를 바탕으로 한 것이 아니라, 제1장에서 살펴본 것처럼 그때그때 가용한 정보를 바탕으로 판단을 내린 것에 불과한데도 그는 자신의 결정을 확신했다. 만약 자신 앞에 놓인 문제에 대해서 이성이 아닌 감성으로, 좀 더 열린 감각으로 접근했다면 실패와 성공의 경계선에서 반전의 기회를 잡을 수 있었을 것이다.

UCLA의 심리학과 매튜 리버만(Matthew Lieberman) 교수는 2009년 사회심리학 수업 시간에 학생들에게 여러 장의 흑백 사진을 보여주었다. 그 중에는 팔씨름대회에 참가한 남자 두 명이 서 있는 사진도 있었다. 리버만은 학생들에게 두 사람 중 누가 대회에서 이겼을 것 같느냐는 질문을 했다. 학생들은 황당한 질문에 와아 하고 웃었지만 곧 교수의 지시대로 어느 한쪽을 택했다. 학생들의 선택은 애초 연구자가 했던 실험 결과와 비슷했다. 체구가 비슷한 두 청년이 함께 포즈를 취한 사진만 보고서도 참가자의 82퍼센트가 오른쪽 청년이 이길 것을 정확히 맞췄다.

남녀 사진을 놓고도 낯선 사람이 친한 척 포즈를 취한 것인지 실제 연인인지를 참가자들은 잘 맞췄다. 만약 합리적으로 분석을 한다며 불확실한 상태에서 지식을 먼저 들이대었다면 틀렸을지도 모른다. 하지만 사람들은 온전히 감각에 바탕을 두고 순간적으로 판단을 하는 경우 대부분 결과가 옳았다. 책 표지만 보고서도 그 내용을 안다는 말이 괜히 있는 것은 아니다. 우리의 뇌는 순간적으로도 환경에 맞는 정확한 판단을 하도록 진화되었기 때문이다.

《스피노자의 뇌》,《착각하는 뇌》,《생각의 출현, 뇌》등 최근 뇌과학 관련 책들에서 많이 강조된 바대로 우리의 뇌는 우리가 생각하는 것이상으로 많은 것을 알고 있다. 신경생리학자 와일더 펜필드(Wilder Penfield)의 뇌 연구에 따르면 인간은 모든 경험을 기억으로 저장한다. 뇌 수술할 때 전기 자극을 주면 환자가 스스로 기억하지 못하던 유행가나 특정 정보를 떠올린다. 장기 기억의 용량은 무제한이기 때문에 우리의 뇌에는 우리가 알고 있는 것이 모두 저장되어 있다. 그러나 기억이 필요할 때 적절하게 밖으로 끄집어낼 단서를 만들지 못하는 것이 문제이다. 직감이 정확한 판단을 내릴 수 있는 이유도 스스로 인식조차 못하는 정보를 처리해서 결론을 내릴 수 있기 때문이다. 이중 사고체계 이론처럼 우리는 이성적 사고체계뿐만 아니라 직관적 사고체계도 갖고 있다. 한쪽 엔진만으로는 성공을 향해 올바르게 비행할 수 없다. 이성으로 억눌렀던 직관을 조금 더 열면 실패의 경계선을 넘어 성공의 활주로에 안착할 수 있다.

인지심리학자 게리 클라인의 저서 《이기는 결정의 제1원칙(Streetlights and Shadows)》을 보면 직관에 기대어 목숨을 구한 조종사와 승무원의 이야기가 나온다. 1989년 7월 19일 유나이티드 항공 232편 더글라스DC-10 여객기가 덴버에서 필라델피아로 가던 중 엔진의 냉각용 시스템이 둘로 쪼개지는 사고가 발생했다. 파편이 세 개의 유압 시스템의 유류관을 절단해 유압유가 전부 새버렸다. 그때부터 조종관이 말을 듣지 않았다. 10억 분의 1의 확률인 상황이 생긴 것이다. 완벽한 상황대처 노하우를 갖고 있다는 항공 매뉴얼을 숙지한 조종사와 승무원들이라도 이런 상황에 준비되었을 것 같지 않았다. 그대로 손 한 번 쓰지 못하고 추락할 것 같을 때, 조종사와 승무원들은 양쪽 날개 엔진의 추진력을 조정함으로써 비행기를 조종할 수 있다는 사실을 발견했다. 조종사 훈련은 전혀 받지 않은 승무원조차 비행기를 완전 다른 방식으로 조종하는 법을 빠르게 습득한 덕분에 비행기는 아이오와 주의 수시티에 있는 활주로에 불시착할 수 있었다. 그렇게 그들은 직관적 문제해결로 185명의 목숨을 구할 수 있었다.

뇌는 이미 성공을 준비하고 있다

2003년 MIT의 진 뱀버거(Jeanne Bamberger) 교수는 음악에 문외한인 공대 학생들을 대상으로 실험을 했다. 뱀버거 교수는 악기를 다룰 줄 모르는 학생들에게 컴퓨터 프로그램을 통해 작곡을 하도록 가르쳤다. 학생들은 처음에는 기본 화음도 제대로 만들지 못했다. 하지만 몇 주 만에 자신의 곡을 전문 작곡가와 비슷한 수준으로 화음을 맞춰가며 편곡을 할 수 있었다.

연구자는 어떻게 이런 결과를 얻은 것일까? 실험 참가자가 똑똑한 MIT 학생이라서? 아니다. 뱀버거 교수는 모든 사람에게는 직관이 있기에 작곡이라는 복잡한 문제도 적절한 훈련을 통해서 금방 해결할 수 있다고 주장했다. 이것은 복잡한 지뢰 탐지 과제를 연구한 카네기멜론대학교의 스타제프스키 교수의 결론과도 일치한다.

인간은 경험이 없는 문제도 잘 해결할 수 있도록 준비되어 있다. 심지어 인간의 뇌는 문제를 보기도 전에 직관을 써서 문제를 해결할 수 있는 준비를 한다. 존 코우니오스(John Konious) 박사 등 미국 주요 대학교의 인지과학 연합 연구팀은 2006년 EEG(뇌전도)와 fMRI(기능성

자기공명영상)를 써서 이러한 사실을 밝혀냈다.

첫 번째 실험에서 참가자들은 EEG를 쓰고 총 186문제를 풀어야 했다. 각 문제는 세 개의 단어를 주고 해당 단어들과 공통적으로 연결될 수 있는 단어를 선택하는 것이다. 예를 들어 pine, crab, sauce라는 단어가 나오면 답으로 apple을 정할 수 있다. apple은 pineapple, crabapple, applesauce 등으로 제시어와 어울릴 수 있기 때문이다. 이 문제는 직관력을 사용해서 빨리 해결할 수도 있고, 분석을 통해 천천히 해결할 수도 있는 성질의 문제이다. 참가자들은 답이 머릿속에 떠오른 순간 버튼을 누르고 답을 소리 내어 말했다. 그때 연구자들은 답이 머릿속에 떠오른 순간의 시간과 뇌파를 측정했다. 그리고 참가자들에게 해당 답을 직관을 써서 찾았는지 분석을 통해서 찾았는지를 구별해서 말하도록 했다.

fMRI를 사용한 두 번째 실험은 기계의 특성상 버튼을 누르게 하는 과정이 불필요해서 생략한 것을 제외하고는 첫 번째 실험과 동일한 절차로 진행되었다. 두 실험 결과 직관을 사용해서 문제를 해결할 때는 문제를 보기 전에 인지적 통제와 관련된 전두엽이 활성화하고, 의미적 처리와 관련된 측두엽이 동시에 활성화하는 것이 밝혀졌다. 이에 비해 직관을 사용하지 않은 경우에는 시각 자극과 관련된 후두엽이 활성화하는 것으로 나타났다. 즉 뇌가 어떤 준비를 먼저 하느냐에 따라 문제해결 양식이 바뀌는 셈이다.

그런데 뇌는 우리의 마음을 만들기도 하지만, 우리의 마음에 따라 상태가 달라지는 특성을 갖고 있다. 만약 새로운 가능성을 탐색하고자 마음을 먹는다면 계획이나 판단 등 인지적 통제 영역인 전두엽이 활성화하여 직관을 효과적으로 활용할 수 있다.

인지신경학자인 안토니오 다마시오(Antonio Damasio)는 직관과 몸의 반응 관계를 규명하기 위한 다양한 실험을 했다. 그 중에서 가장 유명한 것이 1994년 행한 일명 '아이오와 도박 과제'이다. 당시 다마시오가 아이오와 의과대학의 신경과 과장으로 있을 때 처음 시행되었기에 이런 이름이 붙었다.

실험에서 다마시오는 실험 참가자들을 네 벌의 카드가 놓인 탁자에 앉혔다. 그리고 신체적 변화를 확인하기 위해 흔히 '거짓말 탐지기'로 알려진 피부 전도와 심장박동 수 등을 측정하는 감정반응기록계를 연결했다. 그는 실험 참가자에게 카드를 뽑을 때마다 무슨 생각을 하고 있는지 밖으로 말을 하라고 요청했다.

각 참가자에게는 2천 달러의 판돈을 주고 카드 게임을 하도록 했다. 실험에 사용된 카드 게임의 목표는 여느 도박이 그렇듯이 돈을 많이 따는 것이었다. 게임의 규칙은 간단했다. 네 개의 카드 더미 중에서 자기가 마음에 드는 것을 선택해서 계속 카드를 뽑는 것이다. 카드를 잘 뽑으면 최대 100달러까지 챙길 수 있지만, 잘못 뽑으면 수백 달러에 달하는 벌금도 물 수 있다고 참가자들에게 말을 하자 사람들은 순간 긴장했다.

그런데 여기에 실험 참가자가 모르는 비밀이 몇 가지 더 있었다. 네 벌의 카드 더미에서 두 벌의 카드는 '불리한 카드 더미'였다. 즉 득실을 최종적으로 합치면 마이너스가 되도록 세팅이 되어 있는 카드 더미였다. 그리고 나머지 두 벌의 카드 더미는 '유리한 카드 더미'로 최종적으로는 이득을 볼 수 있도록 조작되어 있었다. 상금과 벌금도 차이가 있었다. 불리한 카드 더미는 상금이 평균적으로 많았지만, 벌금은 그보다 훨씬 더 많았다. 유리한 카드 더미는 이와 반대였다.

예를 들어 참가자가 불리한 카드 더미에서 연속으로 10장의 카드를 뽑으면 받을 수 있는 기대 상금은 1천 달러이지만 벌금은 1,250달러로 250달러의 순손실을 보는 구조였다. 유리한 카드 더미에서 10장을 뽑을 경우에는 평균 기대 상금이 5백 달러이지만 벌금도 250달러로 줄어 250달러의 순이익이 되도록 만들어놓았다.

참가자들은 처음에 무작위로 카드를 뽑았을 때에는 별다른 감정 변화를 보이지 않았다. 하지만 '불리한 카드 더미'에서 벌금을 내야 하는 카드를 뽑기 시작하면서부터는 감정반응기록계의 그래프가 요동치기 시작했다. 물론 참가자는 그 카드 더미가 불리한 더미라는 것을 모르고 있는 상태였다. 그러나 몇 번 더 카드를 뽑고 나자, 참가자들은 불리한 더미에서 카드를 선택하려 할 때 감정 변화를 보였다. 비록 겉으로는 설명을 하지 못해도 신체적 반응에서는 변화가 나왔다.

대략 10번쯤 카드를 뽑고 나자 참가자들은 불리한 더미에 있는 카드를 피하기 시작했다. 그리고 유리한 더미를 선호하기 시작했다. 카드를 선택할 때 그 이유를 말하라고 했으므로 참가자들은 자신이 왜 그 카드를 선택했는지 설명해야 했지만 명확하게 말하지 못했다. 하지만 20장 정도 카드를 뽑고 나자 왜 그런 행동을 했는지 스스로 설명할 수 있었다. 그리고 50번쯤 게임이 진행되었을 때에야 비로소 그들은 자신들이 '느낌상' 위험한 카드를 뽑지 않는다는 사실을 이야기할 수 있었다. 그 이후 80번째쯤 게임이 진행되었을 때 그들은 자신들의 육감에 근거해서 게임의 법칙을 설명할 수 있었다.

아이오와 도박 과제 실험의 시사점은 명확하다. 사람들은 이미 카드 몇 장을 뒤집으면서부터 육감적으로 뭔가 이상한 낌새를 눈치챘다. 그리고 10번째 정도부터 자신에게 유리한 판단을 정확하게 내렸다. 비록 그것을 말로 하지 못했지만 신체 반응을 통해 감정적 변화는 계속 보였다. 감정이 초기 문제해결 과정에 관여해서 정확한 판단을 내리게 했다는 것이다. 그리고 특별한 분석력을 갖고 있지 않아도 일반적인 사람들이 놀라운 통찰력을 발휘했다는 것이다.

다마시오는 이런 현상에 큰 호기심이 생겨 일반인과 비교하고자 다양한 뇌 손상 환자에 대해서 추가 실험을 했다. 그런데 뇌 손상 환자들은 카드 더미에 숨어 있는 비밀을 알아채지 못했다. 어떤 때는 실패하고 어떤 때는 성공하며 운에 모든 것을 맡겼다. 그 안에 성공 전략 열쇠가 숨어 있었지만 그 사실을 알아채지 못했다. 이에 비해 정상적 뇌를 가진 일반인은 모두 문제해결 초기에서부터 성공적인 대안을 내놓았다. 즉 우리는 이미 성공할 준비가 되어 있는 것이다.

문제해결 타깃을 정조준하라

원샷원킬의 문제해결력을 갖추기 위해서는 우선 자신의 성향을 정확히 알아야 한다. 그래야 과제에 적합한 문제해결 전략에 모든 역량을 쏟아 탁월한 성과를 낼 수 있다.

자신의 성향을 확인하고 싶다면 다음 설문지에 솔직하게 답을 하기만 하면 된다. 각 설문 문항은 옳고 그름을 나누는 내용으로 되어 있지 않다. 단지 당신의 성향을 알아보기 위한 설문일 뿐이다. 그러니 너무 깊게 생각하거나 평가에 대한 부담을 갖지 말고 머릿속에서 떠오르는 바를 바탕으로 왜곡되지 않게 답을 적기를 부탁한다. 본 설문지는 MBTI 성격 검사와 이중 사고체계 이론에 바탕을 둔 REI 설문 등을 이 책의 내용에 맞게 재구성한 것이다.

[나의 문제해결 성향 알아보기]

※응답 전 주의사항

① 응답 시간은 15분에서 20분이 적당하고, 최대 30분이 넘지 않도록 한다.

② 가급적 중간에 중단할 위험이 없는 시간과 조용한 장소를 골라 응답에 임한다.

③ 응답 전에 채점방법을 미리 보아서는 안 된다. 자연스럽게 응답할수록 더 정확한 진단

　이 가능하다.

다음 각 문항에 대해서 동의하는 바를 아래에 서술된 내용에서 찾아 평가한다. 점수는 각 문항 번호 앞의 빈 칸에 적는다.

1	2	3	4	5
절대 그렇지 않다	그렇지 않은 편이다	보통이다	약간 그렇다	확실히 그렇다

예) '절대 그렇지 않다'의 경우 1점, '확실히 그렇다'의 경우 5점

___4___ 1. 나는 먼저 행동한 후에 생각한다.

____ 1. 나는 먼저 행동한 후에 생각한다.

____ 2. 나는 속으로 생각하기를 좋아한다.

____ 3. 나는 다른 사람과 함께 시간을 보내는 것이 불편하다.

____ 4. 나는 다른 사람과 직접 얼굴을 맞대고 대화하는 것을 좋아한다.

____ 5. 나는 판단을 할 때 직관에 의존한다.

____ 6. 나는 판단을 하기 전에 사실 여부와 정보 출처를 반드시 확인한다.

____ 7. 나는 논리적이고 체계적인 방법으로 결정한다.

____ 8. 나는 합리적 이유보다 그 결정이 옳다고 느껴지는 것이 더 중요하다
고 생각한다.

____ 9. 나는 다양한 일을 하는 것을 좋아한다.

____ 10. 나는 한 가지 일에 집중하는 것이 좋다.

____ 11. 나는 다른 사람들로부터 '대하기 어려운 사람'이라는 말을 듣는다.

____ 12. 나는 다른 사람들로부터 '항상 바쁜 사람'이라는 말을 듣는다.

____ 13. 나는 신중하게 계획을 세운다.

____ 14. 나는 충동적으로 구매한다.

____ 15. 나는 여행을 가도 아침에 홀로 조용히 산책하며 이것저것 생각하는
게 좋다.

____ 16. 나는 여행을 가면 사람들과 부지런히 어울리며 즐거운 시간을 가지
려 노력한다.

____ 17. 나는 큰 흐름은 잘 보지만 세세한 것은 잘 챙기지 못한다.

____ 18. 나는 세세한 것은 잘 보지만 큰 흐름은 잘 보지는 못한다.

____ 19. 나는 내가 알고 있는 지식을 실제로 적용해 보는 게 좋다.

____ 20. 나는 문제를 해결할 때 기존의 방법과 다른 새로운 가능성을 탐색
해 본다.

각 성향별 문항은 다음 표의 내용과 같이 분류될 수 있다. 각 성향에 해당하는 문항의 점수를 합해서 각 지표에서 더 높은 점수를 받은 성향이 당신의 지배적 성향이다. 단, 이것은 세밀한 통계처리를 통해 분류한 것은 아니므로 절대적으로 생각해서는 안 된다. 만약 총점 차이가 1~2점밖에 나지 않는다면 당신 자신이 믿고 있는 당신의 성향이 더 옳을 수 있다. 반대로 총점 차이가 많이 난다면 굳이 통계처리를 하지 않더라도 당신의 주된 성향이 점수가 높은 항목인 것으로 이해해도 큰 무리가 없다.

1. 에너지 원천 선호 성향

구분	외향성	내향성
문항번호	1, 4, 9, 12, 16	2, 3, 10, 11, 15

앞서 설명한 것처럼 사람들은 성격에 따라 에너지의 발산과 수집의 원천이 다르다. 외향적인 사람은 밖에서 에너지를 발산하고, 내향적인 사람은 내면세계를 탐색하는 등 자기 안에서 해결을 하려고 한다. 각 문항 내용을 자세히 비교하면 이런 특성이 반영되어 있는 것을 확인할 수 있을 것이다. 지배적 성향을 알기 위해서는 각 지표의 총점을 비교하면 된다. 예를 들어 외향성의 각 문항에 해당하는 점수를 합친 값이 10점이고, 내향성 문항의 점수를 합친 값이 16점이라면 당신의 성향은 내향적이라고 할 수 있다.

2. 사고 성향

구분	직관	분석
문항번호	5, 7, 14, 17, 20	6, 8, 13, 18, 19

각 문항의 내용을 통해 직관과 분석적 사고 성향의 차이를 좀 더 자세히 확인할 수 있었을 것이다. 채점은 앞에서 했던 외향-내향 구분 요령과 동일하다. 예를 들어 직관의 각 문항에 해당하는 점수를 합친 값이 12점이고, 분석 문항의 점수를 합친 값이 18점이라면 당신의 사고 성향은 분석적 성향이라고 할 수 있다.

에너지 선호 성향과 사고 성향을 조합하면 총 네 가지의 문제해결자 성향이 나온다.

(1) 외향적이면서 분석적인 문제해결자(EA)
(2) 외향적이면서 직관적인 문제해결자(EN)
(3) 내향적이면서 분석적인 문제해결자(IA)
(4) 내향적이면서 직관적인 문제해결자(IN)

제2부에서는 네 가지 문제해결자 성향과 각 문제 상황에 따라 어떻게 전략을 세우는 것이 좋은지를 소개하기로 한다. 아무리 당신이 준비되어 있다고 해도, 아무리 성공을 바란다고 해도 적정한 방법을 사용하지 않으면 성공할 수가 없기 때문이다. 중국 속담처럼 "고기를 잡겠다

는 희망만 품고 강가에 가는 것으로는 충분하지 않다. 그물도 가져가야
한다".

모방하지 말고 효율적으로 실행하라

《장자(莊子)》〈천운편(天運篇)〉에는 다음과 같은 이야기가 나온다. 중
국 춘추시대 말 월(越)나라에는 절세미녀인 서시가 살았다. 비록 절강
(浙江) 저라산(苧羅山) 근처에서 나무 장수의 딸로 태어났지만, 워낙
아름다웠기에 그녀의 명성은 드높았다. 그런데 서시는 오래도록 속병
을 앓아 자신도 모르게 늘 미간을 찌푸리고 다니는 버릇이 있었다. 하
루는 가슴이 답답해서 의원을 찾아가려고 문을 나섰다. 그녀는 여느
때처럼 미간을 찌푸린 채 사람들이 붐비는 골목을 종종걸음으로 지나
갔다. 마침 소문으로만 듣던 그녀의 미모를 직접 확인하려는 사람들
이 구름처럼 몰려들었다. 남자들은 뒤를 따르며 그녀에게서 눈을 떼
지 못했고, 여자들은 부러움과 질투의 눈길로 그녀의 일거수일투족을
살폈다. 흠 잡을 곳이 없었다. 특히 보통 미인과 다르게 미간을 살짝
찌푸린 것이 더 예뻐 보였다. 서시의 외출 소식은 순식간에 퍼져 나갔
고, 그녀를 보지 못한 사람들은 그날 장에 나가지 않은 것을 후회했다.
　서시가 사는 마을 옆에는 동시(東施)라는 추녀가 살았다. 그녀는 서
시처럼 사람들의 인기를 끌고 싶었다. 그래서 일부러 사람들로 북적
거리는 거리로 나가 서시가 그랬던 것처럼 가슴을 부여잡고 미간을
찌푸린 채 돌아다녔다. 서시처럼 찡그리고 다녀야 미인 소리를 듣는

줄 알고서 그녀를 흉내 냈던 것이다. 하지만 서시를 흉내 내느라 찡그리면 찡그릴수록 더욱 못나 보이기만 했다. 오히려 사람들은 동시를 손가락질하며 비웃었다. 그 소리를 들은 동시는 부끄러워서 두 번 다시 문 밖 출입을 하지 않았다. 동시는 서시가 찌푸린 표정까지도 아름다운 이유를 알지 못하고 무조건 그녀를 따라 했다가 낭패를 본 것이다.

군이 멀리 중국의 문헌을 뒤질 필요도 없다. 전래 동화인 〈혹부리 영감〉과 〈흥부 놀부〉 이야기의 교훈을 잊지 말자. 그저 성공에 대한 욕심만으로 다른 사람의 행동을 그대로 흉내 낼 때의 결과가 어떤지를. 욕심 많은 혹부리 영감은 착한 혹부리 영감의 이야기를 듣고 혹 떼러 갔다가 오히려 걱정거리를 더 많이 얻었다. 놀부는 동생이 도와주지 않았다면 그나마 갖고 있던 재산을 한 번에 잃고 거리로 나앉았을 위기를 자초했다.

무조건 모방하지 마라. 자신에게 맞는 성공 원리를 찾아 철저히 이해하라. 그런 다음 효율적인 훈련을 통해 현장에 적용하려고 노력하자.

21세기는 무조건적인 열정과 노력보다 효율적인 연습이 성공을 이루는 데 더 중요한 시대이다. 제프 콜빈(Geoffrey Colvin)은 저서 《재능은 어떻게 단련되는가?(Talent Is Overrated)》에서 스포츠 분야뿐만 아니라 지적인 노력이 필요한 부분에서도 각종 성취 수준이 뛰어나게 높아졌음을 지적하고 있다. 1908년 올림픽에서 남자 200미터 달리기 우승자 기록은 22.6초인데, 이것은 현재 고등학생 선수의 기록보다 못한 수준이다. 백 년 전 극소수만 연주 가능했던 차이코프스키 바이올린곡은 이제 우수한 음대생이라면 연습 목록에 포함시키고 있다. 19세기의 역사적 체스 챔피언의 경우도 현재 세계 대회에 참가한다면 중

위권에 해당하는 수준이다. 불과 백 년 만에 모든 분야에서 재능을 가진 사람이 쏟아져 나올 정도로 갑자기 인간의 진화가 일어난 것은 아니다. 특정 목표를 이루기 위한 효율적인 연습 방법을 개발한 덕분에 높은 성과 향상을 얻을 수 있었던 것이다.

그렇다고 그냥 떠오르는 생각을 죽도록 많이 한다고 해서 남들이 놀랄 만한 속도와 수준으로 문제해결력이 향상되는 것은 아니다. 문제해결의 원리와 과정을 이해하고, 그에 맞게 생각하는 훈련을 해야 효과적으로 문제해결을 할 수 있다. 무턱대고 열심히 한다고 해서 문제해결력이 나아지기를 기대한다면, 근육에 도움이 될 것이라며 마구 아령과 역기를 드는 것이나 마찬가지이다. 자신의 체형과 기본 체력에 따라 훈련을 해야 부작용 없이 손쉽게 원하는 몸짱이 될 수 있는 것처럼, 자신의 성향과 문제의 특성에 맞는 전략에 따라 문제해결을 시도해야 원하는 목표에 도달할 수 있다.

제2부에는 16개의 문제유형에 맞는 각각의 전략이 소개되어 있다. 원샷원킬의 문제해결법은 '문제의 정수를 꿰뚫는 문제해결법'이다. 여기저기 여러 부위를 겨냥하며 힘을 빼고 시간을 낭비할 필요가 없다. 잘못된 겨냥으로 다른 문제가 생기거나 그나마 포착했던 문제해결의 실마리가 눈앞에서 달아날 수 있다. 문제의 핵심을 관통하는 한 방을 노려야 한다. 그렇다고 성공 사례를 무조건 모방하려 하거나, 모로 가도 서울만 가면 된다는 식으로 시행착오를 거치며 질질 시간을 끄는 것은 원샷원킬의 문제해결 자세와는 거리가 멀다. 한 번에 탁월한 성과를 얻을 수 있어야 한다.

제2장에서 살펴보았듯이 원샷원킬의 원리는 간단하다. 문제의 특성과 문제해결자 성향의 구조적 어울림이다. 문제의 정수를 영어로는 '기스(giss)'라고 한다. 기스에 정확히 키스를 하겠다는 생각으로 접근한다면 단번에 성공을 거머쥘 수 있다. 당신은 이미 준비가 되어 있으며, 원샷원킬의 원리는 간단하기 때문이다.

ONE SHOT ONE KILL

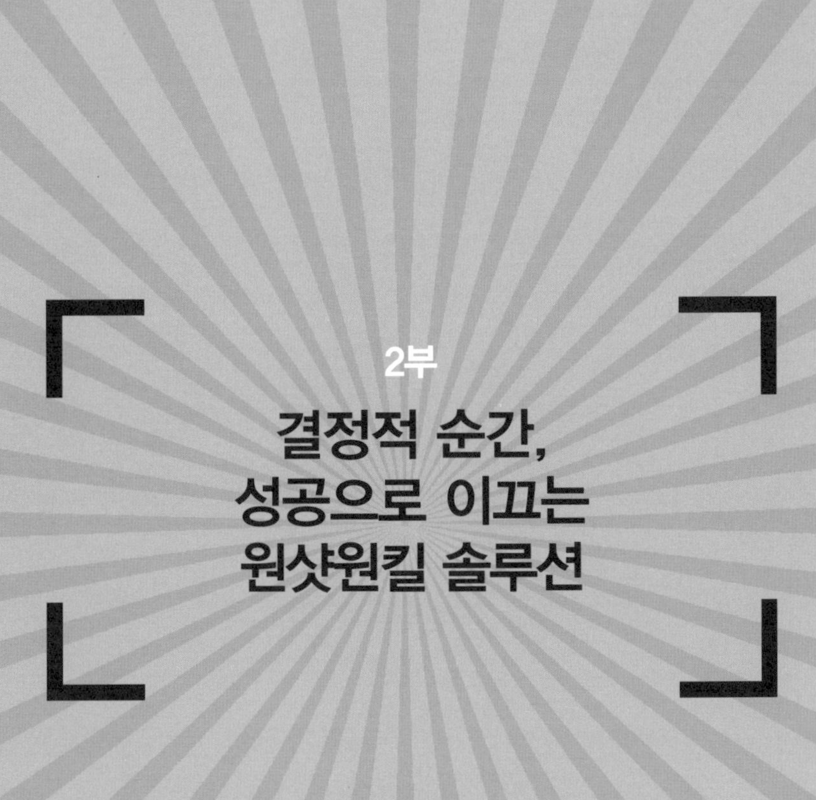

2부

결정적 순간, 성공으로 이끄는 원샷원킬 솔루션

외향적이면서 분석적인 당신,
외부에서 문제해결의 해법을 찾아라

한 줌의 실수가 때로는 1톤의 설명을 절약하게 한다.
– 헥터 휴고 먼로(Hector Hugh Munro, 영국 작가, 1870~1916)

문제조건 \ 성향	외향/분석	외향/직관	내향/분석	내향/직관
충분/자유	WFEA	WFEN	WFIA	WFIN
충분/긴급	WUEA	WUEN	WUIA	WUIN
희박/자유	LFEA	LFEN	LFIA	LFIN
희박/긴급	LUEA	LUEN	LUIA	LUIN

자신의 매뉴얼을 만들고 끊임없이 갱신하라

기한이 자유롭고 잘 정의된 문제를 만난 경우(WFEA)

WFEA 유형에는 어떤 전략이 최선일까? 우선 WFEA 유형의 외적인
조건을 살펴보자. 잘 정의된 문제[W]는 해결책을 구하는 데 필요한

정보가 풍족하다. 거기에 기한까지도 자유로우니[F] 맘껏 문제해결에 도전할 수 있다. 외적 조건 측면에서는 가장 좋은 상황이다. 그렇다면 외향적이면서 분석적 성향을 가진 사람[EA]이 어떻게 해야 WF 상황을 효율적으로 활용해서 성공할 수 있을까?

우선 외향적이지만 분석력은 강하지 않는 사람이 WF 상황에 처한 경우의 해결 전략부터 살펴보자. A대학교 경영학부 2학년생인 송준경 양은 취업을 고려해서 해외 어학 연수를 가기로 결정했다. 그런데 어떤 나라, 그 중에서도 어떤 연수기관으로 가는 것이 좋을지가 고민이었다. 이것은 아무리 고민한다고 해결책을 떠올릴 수 없는 문제이다. 다행히 EA 성향인 송준경 양은 외부에서 정보를 모아서 분석한 뒤 판단을 내리겠다고 결심했다. 외향적인 성향을 발휘해서 먼저 해외 어학 연수를 다녀온 선배들을 만나 이야기를 들었다. 생생한 경험담과 함께 어학 연수 관련 온라인 커뮤니티를 추천받은 송준경 양. 지체 없이 커뮤니티에 가입해서 직접 여러 사람에게 질문을 하고, 추가적인 정보 검색을 통해 다른 사이트도 알아냈다. 인터넷을 열심히 활용하다 보니 특정 어학 연수기관의 장점이나 이용 후기 등의 정보들을 많이 모을 수 있었다.

온라인뿐만 아니라 오프라인을 통해서도 정보를 모았다. 도서관에서 책을 빌려 보기도 하고, 평판이 좋은 여러 유학원을 통해서도 추천 기관에 대한 설명을 들었다. 송준경 양은 이런 식으로 다양한 창구를 두드려 정보를 많이 모았다.

그런데 송준경 양은 문제해결에 성공했을까? 아니다. 너무 많은 정보를 모은 것이 문제였다. 완벽한 어학 연수는 없어 보였다. 모든 것이

저마다 다른 장단점을 갖고 있거나, 잘 이해가 되지 않는 내용이 있어 선뜻 결정을 내릴 수 없었다. 그래서 정보를 새로 얻을 때마다 마음이 갈팡질팡했다.

분석력이 좋은 문제해결자에게는 자료가 많은 것이 부담이 되지 않는다. 오히려 현상을 올바르게 파악할 수 있는 근거가 많아지기 때문에 더 반갑다. 그러나 송준경 양처럼 분석 성향이 있어 자료에 의지하려 하지만 정작 분석력이 낮은 경우에는 거대한 자료에 빠져 허우적거리기 쉽다. 문제해결 기한도 딱히 정해진 것이 아니다 보니 분석이 너무 복잡하다 싶으면 아예 나중으로 미루기도 한다. 그러다 결국 문제해결에 실패한다.

이런 패턴에서 벗어나려면 어떻게 해야 할까?

기한이 자유롭기 때문에 정보 수집의 시간도 길다. 이 말은 분석력이 약한 문제해결자의 경우 새로운 정보에 따라 갈팡질팡하는 시간이 늘어날 수도 있다는 뜻이다. 효율적으로 정보를 수집하고 분석해서 최적의 어학 연수기관을 선정하기 위해서는, 자신에게 오는 정보를 어떻게 분석해서 처리해야겠다는 기준을 설정하는 게 중요하다. 한마디로 말하자면 정보처리 매뉴얼을 만드는 것이다.

그런데 앞서 예를 든 송준경 양의 경우 분석력이 약하고 경험도 부족하기 때문에 매뉴얼에 들어가는 내용을 만드는 것 자체가 힘들다. 시스템 이용 매뉴얼, 창업 매뉴얼, 계약 매뉴얼, 신입사원 업무 매뉴얼 등 매뉴얼이라고 이름이 붙여진 것들을 보자. 전체 상황을 미리 정의하고, 각 상황별로 일처리 방법을 체계적으로 정리하고 있지 않은가. 따라서 초보자는 선뜻 매뉴얼을 만들기가 쉽지 않다.

하지만 처음부터 모든 것을 아우르는 종합적인 매뉴얼을 만들 수는 없는 일이다. 바로 이때 자신이 직접 경험해야 직성이 풀리는 분석적인 성향을 긍정적으로 발휘해야 한다. 처음에는 전체를 아우르지 못하겠지만, 시간을 두고 경험을 쌓아가며 기준과 상황을 추가하고 세부적인 사항을 첨부하며 완벽한 매뉴얼을 만들겠다는 생각으로 문제에 접근해야 한다.

일단 자신이 분석할 수 있는 단위의 문제에 집중하자. 그리고 계속 정보를 모으다 보면 자신이 집중한 단위와는 또 다른 정보의 구조가 보일 것이다. 처음에는 연수 비용을 중심으로 여러 연수기관 정보를 분류할 수 있다. 그러나 해당 기관이 위치한 도시의 물가 정보가 들어간 최근 기사나 방문 후기에는 경제적 측면뿐만 아니라 정서적 측면의 이야기도 함께 있기 마련이다. 그런 정보를 접하다 보면 정서적 안정성이나 도시 전체가 활기찬 분위기인 곳을 선택하는 것이 좋겠다는 생각을 하게 된다. 정보처리 매뉴얼에 새롭게 정서적 요소를 추가한다. 그러고 나면 처음에 정보를 취사선택할 때는 관광 정보와 다름없다고 무시했던 특정 도시 방문 후기를 정리하게 된다. 이런 식으로 세세한 사항이 추가되고 매뉴얼은 변화한다. 결국 마치 블록을 쌓아 나가듯이 여러 정보들이 각 고려 요소별로 차곡차곡 모인다. 이렇게 정보처리 매뉴얼이 정교화되어 가는 것이다.

그런데 무조건 자신의 시행착오를 통해 매뉴얼을 만들려 한다면 이는 매우 비효율적이다. 경험에는 직접 경험과 간접 경험이 있고, 간접 경험을 통해 시간과 노력을 절약할 수 있다. 책이나 인터넷 게시글에서 자신의 성향과 여러 조건이 비슷한 사람의 사례를 찾자. 그리고 그가 경험한 성공적인 일처리 순서와 고려사항이 무엇이었는지 분석하여 나의 기준으로 매뉴얼화하는 것도 좋다. 맨땅에서 시작하는 것이 아니라 다른 사람의 경험을 디딤돌 삼아 최적의 노하우를 얻을 수 있다. 이 모든 것이 시간적 여유를 갖고 도전할 수 있는 WF 상황이기에 가능한 것이다.

만약 송준경 양이 정보처리 매뉴얼을 만든다면 어떻게 하는 것이 좋을까? 우선 넘치는 정보 속에서 혼란스러워하는 상황을 벗어날 방법을 찾아야 한다. 전체를 동시에 분석할 능력이 되지 않는다면 자신의 능력 범위 안에서 분석을 시작할 수밖에 없다. 예를 들어 자신이 성공 모델로 삼은 사례 중 공통적으로 연관된 몇 개의 핵심 기준을 고른 다음 그것에 부합하는 기관들을 뽑는다. 그런 다음 선택된 기관 중에서 세부사항을 또 비교하는 식으로 순차적으로 정리해 나간다. 한 번에 여러 정보를 종합적으로 분석할 수 없다면 여러 번으로 나눠서 하는 것이다.

예를 들어 국가의 안전성, 대외적 국가 선호도, 어학 연수기관의 신뢰도, 강사 대비 학생 수, 연수기관의 한국인 비중, 기관의 연혁, 주변 생활환경 등에 대한 정보를 모았다면 자신에게 가장 중요한 요소 세 가지 정도만 먼저 비교·분석한다. 1단계 분석에서 가려진 정보만 폴더에 모은다. 정보에 대한 추가 분석의 부담을 줄이기 위해서이다. 그리고 1단계에서 쓰고 난 나머지 평가 요소들은 다음 단계에서 다시 비교할 때 추가 기준으로 삼는 식으로 활용한다. 만약 더 많은 정보를 얻게 되면서 새로운 요소를 고려해야 할 필요성을 확인했다면, 1단계나 2단계의 평가 요소를 변경해서 적용하면 된다.

이런 식으로 정보를 분류하고 평가하면서 분석력을 기른다. 결국 자신의 성향이 능력이 되어 성공을 끌어당길 만한 힘을 갖출 수 있도록 훈련하는 것이다. 이렇듯 WFEA의 유형 중에서 분석력이 약한 사람은 시간이라는 외적 요소를 적극 활용해서 문제해결력을 기르는 것이 좋다.

그에 비해 EA 성향의 문제해결자로서 분석력이 평균 이상인 경우라면 이미 갖춰진 내적 요소를 더 많이 활용해서 성공의 수레바퀴를 돌리려 노력해야 한다. 그래야 자신의 장점을 확실히 발휘해서 성공 가능성을 높일 수 있다.

IT업체 신입사원인 정태윤 씨는 자유 프로젝트의 주제를 무엇으로 정할까 고민에 빠졌다. 정태윤 씨가 다니는 회사는 구글(Google)의 80-20정책을 본 따서 업무시간의 20퍼센트는 개인적인 관심사를 위해서 쓸 수 있도록 했다. 정태윤 씨는 언젠가 다른 직장에 다니는 선배에게 이 사실을 자랑했다. 그랬더니 선배는 직장인이라면 누구나 조기 퇴직을 고려해서 비공식적으로라도 자기계발을 준비한다고 말했다. 정태윤 씨는 자신이 경쟁력으로 내세울 만한 것을 고민했다. 그것으로 자유 프로젝트를 한다면 성과를 거둘 수 있을 것 같았다. 그러다가 자신의 장점인 분석력과 풍부한 음악 지식을 결합해서 새로운 컴퓨터 시스템을 만들면 어떨까 하는 생각이 들었다. 그런데 어디서부터 시작해야 할지 너무 막막했다. 하지만 생각 없이 정보부터 검색하지는 않았다. 무턱대고 정보를 모으는 것은 오히려 힘을 빼는 것임을 지난 경험을 통해 알고 있었다.

새로운 시스템을 만들자면 새로운 시각으로 문제를 볼 필요가 있었다. 외향적인 정태윤 씨는 자신의 고민을 직장 선배에게 털어놓았다. 선배는 사내 교육자료로 받았던 SCAMPER 매뉴얼을 권했다. SCAMPER 기법으로 문제상황을 새롭게 정의하고, 세부 정보를 검색해서 '사람의 얼굴 표정을 통해 기분을 분석해서 음악을 추천해 주는 앱 서비스'를 자유 프로젝트의 주제로 정했다.

그렇다면 정태윤 씨를 성공적인 문제해결로 안내한 SCAMPER 기법은 무엇일까?

SCAMPER 기법은 미국의 광고회사 BBDO 사장인 오스본(A. F. Osborn)이 1950년도 창조성 촉진을 위해 개발한 체크리스트를 재구성한 것이다. SCAMPER는 문제를 새롭게 정의하기 위한 7개의 간단한 질문들로 구성되어 있다. 7개 질문은 다음과 같다.

S : 대치하기(Substitute)
 − 무엇으로 대신/대체해서 사용할 수 있을까?

C : 결합하기(Combine)
 − 무엇을 결합할 수 있을까?

A : 동화시키기(Adapt)
 − 조건이나 목적에 맞게 조절할 수 있을까?

M : 수정/확대/축소하기(Modify/Magnify/Minify)
 − 모양, 형태 등을 어떻게 바꿀 수 있을까?

P : 다르게 활용하기(Put to other uses)
 − 다른 용도로 사용할 수 없을까?

E : 제거하기(Eliminate)
 - 무엇을 삭제/제거할 수 없을까?

R : 재정리/순서 바꾸기(Rearrange/Reverse)
 - 순서를 바꿀 수는 없을까?

SCAMPER는 7가지 질문의 머리글자를 따서 만든 일종의 질문 매뉴얼로, 새로운 문제 정의를 위한 질문 도구이다. 분석력이 좋은 사람들은 상대적으로 직관력이 좋지 못한 경우가 많다. 그래서 다른 가능성을 탐색해서 문제를 정의하는 데 어려움을 느끼기도 한다. SCAMPER는 분석적 문제해결자가 부족한 직관을 보충하면서 분석력을 촉진할 수 있는 질문으로 구성되어 있다. SCAMPER의 기본 질문으로 어떤 아이디어가 어렴풋하게라도 나왔다면 그때부터가 더 중요하다. 추가적으로 '어떻게' '누가' '어디에서' '언제' '무엇을' '다른 무엇을 추가해서' '왜' 등의 세부 질문을 계속 던져가며 자신의 아이디어를 분석해서 생각을 정교화해야 더 효과적이다.

정태윤 씨의 문제해결 사례로 SCAMPER 적용과정을 살펴보자.

정태윤 씨는 SCAMPER의 맨 처음 '대치하기'라는 질문을 보고, 자신이 막연히 생각하던 음악 관련 컴퓨터 시스템 아이디어를 다시 분석했다. 컴퓨터를 음악에 활용한다면 '무엇을' 대체하게 할까? 피아노, 기타, 드럼 등 악기를 대체하는 것은 스마트 폰의 앱 스토어에서도 넘쳐나고 있었다. 이미 포화된 시장보다는 새로운 도전이 필요했다. 자신이 '왜' 음악을 선택했는지 분석해 보았다. 자신이 좋아하고, 또 전문가 수준의 지식을 갖고 있어 남다른 시스템을 만들 수 있다고 생각했기 때문이었다. 친구들은 IT 직원인 정태윤 씨에게 컴퓨터에 대해 물어보는 것만큼이나 음악에 대해서도 많이 물었다. 친구들은 자신의 기분이나 상태를 말하며 그에 맞는 음악을 추천해 달라고 했다. 그때 정태윤 씨의 머리를 스치는 것이 있었다.

'상대방 기분에 따라 그때그때 다른 음악을 추천하는 내 역할을 대치할 수 있는 시스템을 만들면 어떨까?'

SCAMPER 매뉴얼은 꼭 순서대로 질문을 적용할 필요는 없다. 하지만 SCAMPER에 관한 한 초보자인 정태윤 씨는 '결합하기'의 질문으로 넘어갔다. '무엇을 결합할 수 있을까?' 자신의 컴퓨터 지식과 음악 지식을 결합시킨다고 문제가 해결되지는 않았다. 상대방의 기분을 컴퓨터가 분석할 수 있는 기술을 결합시켜야만 했다. 정태윤 씨는 정보를 모았다. 정서에 대한 정보를 찾자 유독 눈에 띄는 이름이 있었다. 미국의 심리학자 폴 에크만(Paul Ekman)이었다. 폴 에크만은 인간의 정서는 동서양을 막론하고 6가지로 나눌 수 있으며, 그것이 모두 얼굴 표정으로 드러난다고 주장했다. 폴 에크만의 이론을 본 정태윤 씨는 야호 하고 소리를 질렀다. 얼굴에 드러나는 놀람, 불안, 분노, 기쁨, 혐오, 슬픔 등 6가지 정서를 구별해서, 각 정서에 맞게 분류된 음악을 추천해 주면 원하는 앱 서비스를 하게 되는 것이었다.

정태윤 씨는 기술적인 구현 가능성을 분석하기 위한 정보를 더 모았다. 컴퓨터 시스템 관련 사이트를 뒤지다가 이미 폴 에크만의 이론에 바탕을 두고 만든 소프트웨어가 있음을 알게 되었다. 그 이름은 'FaceReader'였고, 이미 3.0 버전까지 나올 정도로 개발이 진행된 상태였다. 정태윤 씨는 이 소프트웨어를 보며 이렇게 질문했다.

"내 목적에 맞게 조절할 수 있을까?"

즉 SCAMPER의 A에 해당하는 '동화시키기' 질문을 한 것이다. 이 질문은 곧 다음 질문인 '변형하기'와 '다르게 활용하기' 등과 연관된 질문이기도 했다. 추가해야 할 것도 있고, 용도를 변경시켜야 할 것도 있고, 제거해야 할 것도 있었다.

FaceReader는 계속 영상을 찍어서 실시간으로 사람의 기분을 분석하는 진단용 소프트웨어였다. 음악 추천 서비스의 요소는 애초에 없었다. 그러므로 FaceReader를 다르게 활용하려면 그에 맞는 개발이 필요했다. 세부적으로 문제를 분석하기 위해 추가 질문을 했다.

"누가 추가 개발을 해야 하는가?"

개발 노하우를 갖고 있는 해외의 소프트웨어 개발 회사에 제휴를 요청해서 해결할 수도 있다. 일단 제품을 구매해서 직접 써보고 분석해서 개발 요소가 많지 않다면 정태윤 씨 자신이나 동료에게 의뢰를 해서 함께 개발할 수도 있다. 직접 개발비와 제휴계약에 따른 제반 비용을 비교·분석한 뒤 결정을 내리는 것도 고려해 볼 수 있다. 이런 식으로 정태윤 씨는 계속 추가 질문을 하며 문제를 세부적으로 분석했다. 그러면서 점점 해결책에 가까워질 수 있었다.

정태윤 씨의 사례가 아니더라도 실제로 SCAMPER 전략으로 문제를 새롭게 정의해서 성공한 사례는 많이 있다. 레고 사는 1990년대 이후 컴퓨터 게임의 비약적인 발전으로 심각한 도전을 받았다. 주 고객층인 어린이들도 레고보다는 게임기에 마음을 빼앗기기 시작했다. 레고 사는 생존을 위한 문제해결에 착수했다. 자료를 분석해 보니 상황은 심각했다. 구매력이 있는 선진국에서는 점점 출산율이 줄어들고 있었다. 계속 어린이를 타깃으로 하기보다는 다른 연령층을 위한 제품을 만들어야만 했다. 레고 사는 '동화시키기' 질문으로 자신의 제품이 어른들의 마음을 사로잡을 수 있는 방법을 찾기 시작했다. 그 결과 어른들이 어렸을 때 레고를 갖고 놀면서 함께했던 베스트 셀러와 결합시키는 전략을 얻게 되었다. 그 성과물이 바로 레고의 스타워즈 시리즈이다.

한편 레고 사는 '변형'의 질문으로 사업의 전환점을 마련하기도 했다. "레고가 움직인다면 어떻게 될까?"라는 질문을 통해서 MIT와 함께 교육용인 레고 닥터 콘트롤(Lego Doctor Control)과 레고 로봇인 마인드 스톰(Mind Storm)을 개발했다.

3M의 유명한 포스트잇은 SCAMPER의 여러 질문들을 거치며 성공한 사례이다. 포스트잇의 성공 비화는 두 가지 버전이 있다. 잘 알려진 이야기와 그렇지 않은 이야기. 잘 알려진 이야기는 SCAMPER의 질문 중 'P', 즉 '다르게 활용할 수는 없을까?' 질문과 관련이 있다. 잘 알려진 바대로 포스트잇은 처음 개발자였던 스펜서 실버(Spencer Silver)의 손에서는 그 용도를 찾지 못해 빛을 보지 못했다. 문제해결의 기한이 있다면 영원히 쓰레기통에 처박혔을 프로젝트였다. 하지만 3M에는 직원의 창의성을 존중해서 업무의 15퍼센트는 자신이 좋아하는 연구를 할 수 있었다. 문제해결 기한도 자율적으로 정할 수 있는 업무 자유 시간을 활용해서 스펜서 실버는 포스트잇의 개발에 매달렸다. 아니, 사실은 접착제 개발에 매달렸지만 결국 실패했다. 그런데 잠시 동안 붙었다가 다시 뗐다가를 반복할 수 있는 독특한 실패작이었다. 이것을 어디에 쓸 수 있을지 도통 가늠할 수 없었던 실버는 회사 내에서

발표했다. 사람들의 반응은 썰렁했다. 그로부터 5년이 흘렀다. 스펜서 실버의 직장 선배였던 아트 프라이(Art Fry)가 일요일 교회에서 찬송가를 부르고 있을 때 성가집에 끼워놓은 종이쪽지가 떨어졌다. 종이를 줍기 위해 몸을 숙이던 바로 그때 불현듯 아트 프라이의 머릿속을 스치는 생각이 있었다.

"자신이 원하는 대로 간단하게 붙였다가 바로 뗄 수 있도록 접착력이 있는 메모지를 만들 수 없을까?"

아트 프라이는 곧 실버의 실패작을 떠올렸다. 접착 메모지라는 용도를 발견한 이후에 상황은 달라졌다. 하지만 여러 책에 소개된 것처럼 단숨에 상황이 180도로 달라진 것은 아니었다. 아트 프라이가 '실버의 접착제를 다른 용도로 쓸 수 있지 않을까?'라는 아이디어를 얻은 다음에도 접착제를 메모지에 적용해서 실제 상품화에 이르기까지 3년의 시간이 더 필요했다.

한편 잘 알려지지 않은 성공 이야기는 SCAMPER의 질문 중 맨 마지막인 'R', 즉 '순서를 바꿀 수 있지 않을까?'와 깊은 관련이 있다. 아트 프라이의 적극적인 프로젝트 추진으로 가까스로 상품화에는 성공했지만 시험 판매 후 4년 동안 포스트잇의 매출은 보잘것없었다. 당시 포스트잇의 영업은 주로 광고와 책자에 의존했다. 그래서 소비자들은 처음 보는 물건인 포스트잇이 대체 무엇인지조차 가늠하기 힘들었다. 포스트잇은 연구소의 쓰레기통으로 버려질 위기를 뚫고 시장으로 나왔지만, 이번에는 물류창고의 쓰레기통으로 버려질 위기에 맞닥뜨리게 된 것이다. 바로 그때 중요한 전환점이 나타났다.

영업부 총감독자였던 조 레이미(Joe Ramey)는 현장 조사를 해보았다. 그 결과 한 번 포스트잇을 쓴 사람은 계속 쓰게 된다는 것을 알게 되었다. 그들은 무료 샘플을 나눠주는 쪽으로 영업 전략을 바꿨다. 소비자 접촉 순서를 '재정리'한 것이다. 즉 사람들이 수요를 느껴 구매하기를 바라기보다는, 일단 사용 후 용도를 알고 수요가 생기게 해서 판매를 하자는 전략이었다. 영업 전략을 바꾸자 매출은 단숨에 폭발적으로 증가했다.

송준경 양과 정태윤 씨에게는 자신의 분석적 성향을 효율적으로 활용할 수 있도록 일처리를 촉진시킨 매뉴얼이 있었음을 잊지 말아야 한다. 초보자의 경우 지식과 경험이 없기 때문에 업무상 겪게 되는 문제가 부담이 될 수밖에 없다. 그러나 명확한 지침만 있다면 큰 고민 없이 바로 문제를 해결할 수 있다. 간단한 지뢰 탐지기 사용 훈련을 받고 지침대로 행동해서 전문가 수준의 성과를 보인 병사들처럼 말이다. 매뉴얼에는 최상의 문제해결을 이끌었던 전문가들이 검토한 명확한 지침이 들어 있다. 그것을 활용한다면 최상의 성과를 낼 수 있는 가능성은 더 커진다.

매뉴얼 활용 문제해결법은 기본적으로 다른 가능성부터 생각해야 직성이 풀리는 직관형 사람보다는, 기존의 것을 바탕으로 상황을 경험적으로 분석해서 적용하려는 사람에게 유리하다. 그런데 같은 분석형이라도 대인관계가 좋은 외향성이 높은 사람의 성공 확률이 더 높다.

앞서 기술한 여러 성공 사례에서 살펴보았듯이 다양한 사람들의 일처리 노하우가 합쳐질 때 좀 더 높은 수준의 문제해결법이 탄생한다. 송준경 양, 정태윤 씨, 3M의 스펜서 실버는 모두 다른 사람의 도움, 특히 선배의 도움을 받았다. 문제 상황과 관련되어 '기존 일처리 방법에 대한 정보(Manual)'를 더 많이 알고 있는 선배와 돈독한 관계를 갖고 있는 사람은 정보 분석의 출발점부터 차별화될 가능성이 크다. 따라서 외향성을 적극 활용하여 도움을 받자.

그런데 여기에서 또 경쟁력을 높일 수 있는 요소가 있다. 기존의 매뉴얼에서 출발하되 자신의 특성과 경험이 더 들어간 매뉴얼을 만들겠다는 포부이다. 문제해결 기한이 여유롭다면 아예 '자신의 매뉴얼 만들기' 전략을 쓰지 않을 이유가 없다. 독일의 비평가 고트홀트 에프라임 레싱(Gotthold Ephraim Lessing)은 이렇게 말했다.

"자기가 한 경험이라는 아주 사소한 밑천이, 다른 사람이 한 수백만 가지의 경험보다 더 가치가 있다."

다른 사람의 과거 경험으로 만들어진 매뉴얼은 당신의 문제를 효율적으로 처리해 줄 수는 있다. 하지만 여러 상황 요소가 변한 미래의 문제까지 해결해 줄 가능성은 극히 낮다. 따라서 매뉴얼을 무작정 좇지 말고 자신에게 맞는 세부적인 사항을 추가하며 대비해야 한다. 설령 그 과정 중에 실패하더라도 자신의 경험으로 만든 매뉴얼은 확실한 성공비법서가 될 것이다.

핵심 자료를 먼저 분석하라
관련 정보는 많지만 긴급하게 처리해야 하는 문제를 만난 경우(WUEA)

앞서 살펴본 매뉴얼 문제해결 전략이 성공할 수 있는 배경에는 WFEA가 있다. 즉 시행착오를 거듭해도 좋을 만큼 여유가 있으면서 오류가 있을 때마다 찾아볼 정보가 많았다. 그리고 추가 정보를 구하기도 좋은 외적 조건에, 자신의 분석적 성향과 외향성을 조화시킬 수 있는 상황이기 때문이다.

하지만 현실에서는 이러한 문제 상황은 많지 않다. 같은 문제라고 해도 더 빠르게 해결하기를 바라는 것이 조직이다. 개인적으로도 빠르게 처리하고 다른 것에 도전하거나 여유를 즐기는 것이 더 좋지 않은가. 그러니 WFEA의 상황에 처한 사람이라고 하더라도 일부러 WUEA 문제해결 전략을 사용하는 것을 추천한다.

21세기에 사는 우리들은 인터넷이나 각종 멘토링, 코칭 프로그램을 통해서 많은 정보를 얻을 수 있는 환경에 살고 있다. 하지만 구슬이 서 말이라도 꿰어야 보배인 법. 매번 숨이 턱턱 막힐 만큼 급박한 과제 기한 때문에 정보를 제대로 분석하지 못한 채 문제해결을 마쳐야 하는 것이 현실이다. 이런 상황에서 어떻게 해야 할까?

WUEA 상황에서는 시간을 충분히 이용하기 힘들다. 분석 전문가도 시간을 두고 분석하지 못하는[U] 문제 상황이다. 그렇다면 다른 문제 해결 요소인 풍부한 정보[W], 외향성[E], 분석력[A]을 활용하는 것이 WUEA 전략의 출발점이 될 수밖에 없다. 즉 풍부한 정보를 특정한 기준으로 재빨리 분석해서 바로 적용하는 문제해결 방식이 필요하다.

A대학교 대학원생 신동철 군은 갑자기 교수님의 호출을 받았다. 연구재단 홈페이지에 프로젝트 공고가 떴다며 일주일 안에 프로젝트 제안서 초안을 만들어야 한다는 것이었다. 갑작스러운 요구에 신동철 군은 어안이 벙벙했다.

"교수님, 프로젝트 주제가 무엇인가요?"

"응. 홈페이지에 제시된 주제 중에 '로봇의 신규 응용분야에 대한 탐구'로 하는 게 어떨까? 우리나라가 전 세계에서 유일하게 유치원 과정에서 로봇을 선생님으로 넣는 나라잖아. 비록 전체 유치원도 아니고, 영어 선생님으로 넣는 것이지만. 분명히 앞으로 뜰 분야이니까 일단 자료를 찾아보고 나서 다시 이야기하자."

자리로 돌아온 신동철 군은 교수님에 대한 불만을 동료들에게 한바탕 쏟아냈다. 외향적으로 폭발시키니까 기분은 좀 풀리는 것 같았다. 하지만 정작 프로젝트 문제는 조금도 풀리지 않았다.

신동철 군은 마음을 다잡았다. '로봇 응용분야'라고 검색을 하자 엄청난 정보가 쏟아졌다. 어떤 논문 안에 인용된 자료들만 해도 수십 가지가 넘었다. 자료가 없는 것이 문제가 아니라, 너무 많은데 어떤 것을 주제로 나눠서 제한된 시간 안에 결과물을 내놓느냐가 문제였다. 신동철 군은 프로젝트 제안서 양식을 홈페이지에서 내려 받았다. 연구 목적, 연구 배경, 연구 내용, 연구 방법, 기대 효과 등이 차례대로 제시되어 있었다. 특히 연구 배경에는 제안하려는 연구가 전체 분야에서 어떤 위치와 의의를 가지는지 쓰도록 되어 있었다. 해당 내용을 채우려면 전체를 고려한 통찰이 있어야 하는데 일주일 내에 그런 통찰을 갖는 것이 힘들 듯했다.

외향적인 사람은 문제해결의 원천을 외부에서 찾는 법. 신동철 군은 다른 사람에게 도움을 요청하기로 했다. 직장에서 신규 사업팀에 근무하는 선배에게 전화를 했다. '신규 응용분야'라는 단어와 '신규 사업'이라는 단어가 잘 연결될 것 같아서였다. 선배는 기본적인 분석기법 자료를 보내줄 테니 다음에 이야기하자고 했다.

"형, 시간이 없는데 그런 것 공부할 여유가 어디 있어?"

"전체 틀을 잡는 기획이 제대로 안 되면 그 다음에는 뭘 해도 헛수고이기 쉽다. 바쁠수록 처음 세팅에 더 신경 써야 해."

선배는 일단 자신이 보내주는 MECE 자료를 공부하라고 했다. 내용을 보면 자신이 왜 추천했는지 알 수 있을 것이라고 했다. 신동철 군은 반신반의하는 마음으로 전화를 끊었다. 하지만 10분 후 선배가 보낸 이메일의 첨부파일을 읽으며 선배의 말을 확실히 믿게 되었다.

MECE(Mutually Exclusive, Collectively Exhaustive)는 매킨지 사가 파급시켜 성공한 대표적인 논리분석법이다. MECE는 전체 문제 상황을 효과적으로 분석하기 위해 '상호배제와 전체포괄'이라는 원칙으로 움직인다. 쉽게 말하자면 전체를 '겹치지 않으면서 빠짐없이 나누는 것'이라 할 수 있다. 시장을 분석할 때 4C, 즉 판매채널(Channel), 고객(Customer), 자사(Company), 경쟁사(Competitor)로 나누어 보는 것도 MECE 기법에서 나온 것이다. 제품(Product), 가격(Price), 유통경로(Place), 판매촉진(Promotion)으로 분석하는 4P 기법도 마찬가지다.

MECE는 일상적인 문제해결에도 활용할 수 있다. 예를 들어 여름휴가 계획을 MECE 기법을 따라 해결한다고 하자. 국내와 해외, 혹은 강, 바다, 계곡 등 휴가지를 기준으로 상황을 분석할 수도 있고, 금액 범위를 기준으로 문제를 나눠볼 수도 있다. 이렇게 겹치지 않게 빠짐없이 분석을 하면 그때그때 머릿속에 떠오르는 대로 대안을 찾는 것보다 훨씬 합리적인 선택을 할 수 있다. 나중에 비슷한 문제를 접한 경우에도 이미 관련 요소를 빠짐없이 고려한 덕분에 더 신속하게 문제를 해결할 수 있는 장점을 가지고 있다.

신동철 군의 경우 신규 응용분야를 여러 기준으로 나눌 수 있다. 로봇의 종류에 따라 산업용, 가정용, 사무용, 교육용, 놀이용, 기타 특수용으로 나누거나, 해당 로봇을 사용할 주된 사용자층에 따라 유아, 아동, 청소년, 청년, 중장년, 노년으로 나눌 수 있다. 신동철 군은 고령화 사회인 일본에서 치매에 걸린 노인들에게 반복적으로 운동을 가르치기 위해 로봇을 사용한다는 기사를 떠올렸다. 로봇의 종류보다는 사용자층에 따른 분류 기준이, 처음 교수님이 말한 유치원의 교육 로봇 사례도 아우르면서 더 많은 자료를 적정하게 분류할 수 있을 것이라는 생각이 들었다. 실제로 자료를 분류한 결과 유아와 아동, 노년과 관련한 다양한 로봇이 있다는 것을 알게 되었다. 신동철 군은 날로 심각해지는 고령화 사회에 대비해서 노인을 돌보는 '도우미 로봇'에 대한 프로젝트 제안서를 쓰기로 했다.

만약 신동철 군보다 더 빠듯한 기한으로 일처리를 해야 하는 경우라면 어떻게 해야 할까? 그런 때는 LISS(Linearly Independent Spanning Set) 기법을 사용하는 것이 좋다. MECE나 LISS 모두 중복이 없는 조

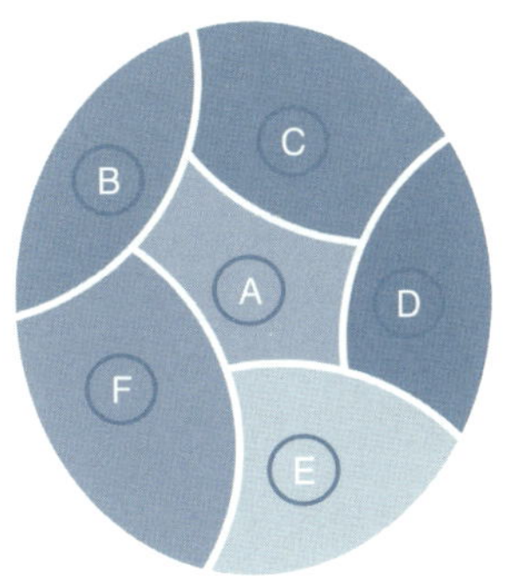

▲LISS 기법 : MECE로 나눈 영역 안의 주요 과제를 더 부각시키는 분석법이다.

건인 것은 공통적이지만, LISS는 MECE로 나눈 영역 안의 주요 과제를 더 부각시켜 분석하는 것이 특징이다. 신동철 군이 한 작업도 MECE보다는 LISS에 더 가깝다. 노인을 대상으로 한 교육용, 놀이용 등 다양한 서비스 중에서 '건강 촉진 서비스'로 정했으니 말이다.

결론적으로 EA의 성향을 가진 분석 초보자인데 시간이 없다면 중복 없이 전체를 나누고, 세부 영역에서 가장 핵심적인 것이라 생각하는 것을 하나씩 선정해서 그것에 문제해결 역량을 집중하는 것이 좋다. 전체를 모두 아우르기에는 분석 역량이 부족하고 시간도 없기 때문에 핵심 요소를 발견했다 싶으면 바로 그것에 매달려야 한다.

그렇다면 신동철 군에게 MECE를 소개한 신규 사업팀의 선배는 MECE를 많이 사용할까? 분석 경험과 지식이 많은 선배는 MECE나 LISS처럼 중복을 허가하지 않는 분석이 꼭 좋은 것은 아니라는 사실을 알고 있다. 실제 세상에서는 어떤 상황이나 정보를 완벽하게 MECE로 분류하기 어렵다. 세상의 일들은 서로 복잡하게 얽혀 있는데, 그것을 억지로 분리하는 것은 사실을 왜곡시키는 것일 수 있다.

앞서 예로 든 휴가 계획만 해도 강과 바다가 맞닿아 있는 여행지가 많다. 비용을 기준으로 하는 경우도 특정 장소에 따라 비용이 달라지는 식으로 여러 요소가 서로 밀접한 관련이 있다. 그래서 어느 한 차원에서 억지로 분리하는 게 오히려 더 비합리적일 수 있다.

그럼에도 후배에게 MECE나 LISS와 같은 분석법을 권한 이유는 무엇일까? 초보자가 뚜렷한 문제해결 방향을 만들지 못할 경우 상황을 정리하는 것이 좋기 때문이다. 전체 자료를 중복 없이 선별한 뒤 특정 항목에 집중해서 분석하면 기한 내에 문제를 해결하는 데 큰 도움이 된다. 단, 이러한 중복 제외 분석 기법의 한계점을 분명히 인식해야만 한다. 만약 분석에서 제외된 다른 요소의 영향력이 더 커진 상황이 와도 계속해서 탁월한 성과를 낼 수 있으려면 자신이 분석에서 놓친 부분에 대해 명확하게 기억하고 있어야 한다.

그렇다면 신동철 군보다 훨씬 뛰어난 분석력을 갖고 있는 선배는 어떤 분석 기법을 활용할까?

그는 자신의 분석력을 바탕으로 좀 더 많은 요소를 체계적으로 살필 수 있는 7S 기법으로 신규 사업을 계획한다. 사실 맥킨지도 MECE와 LISS 기법의 핵심인 '분리'의 한계를 잘 알고 있다. 그래서 '결합'을 활용해서 새로운 컨설팅 모델인 7S를 개발했다. 7S는 조직 개발의 7요소로서 전략(strategy), 기술(skill), 공유가치(shared value), 구조(structure), 시스템(system), 직원(staff), 스타일(style)을 뜻한다. 이 7가지 요소가 잘 결합할수록 목표의 성공 가능성이 크다고 맥킨지는 주장한다.

7S의 탄생 이야기에도 '분리'보다는 '결합'과 통하는 단어가 더 많이 등장한다. 맥킨지 사의 리처드 파스칼(Richard Pascale)과 앤소니 아토

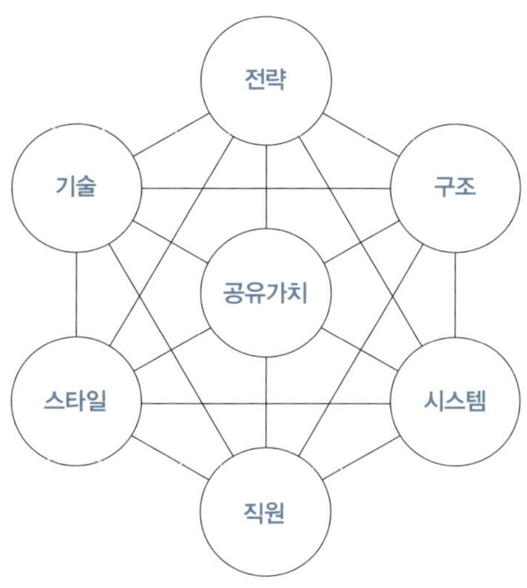

▲**7S 기법** : 7가지 요소의 결합이 성공 가능성을 높인다는 맥킨지의 컨설팅 기법이다.

스(Anthony Athos)는 일본의 성공 사례를 공동 연구해서《일본식 경영 기업(The Art of Japanese Management)》이라는 책을 발표했다. 그리고 성공한 서구 기업을 연구한 톰 피터스(Tom Peters)와 로버트 워터맨(Robert Waterman)과 연합해서 성공 사례에 대한 좀 더 심화된 비교 연구를 했다. 그 결과 일본 기업의 성공은 특정 전략에 초점이 있는 것이 아니라 전략에 걸맞는 경영진들의 실천이 있었다는 사실과, 이러한 원리가 서구 기업에도 똑같이 적용됨을 발견했다. 그들은 7S로 상징되는 여러 요소들의 결합이 기업을 성공으로 이끌며, 이 결합에는 경영진의 전략적 의지와 실천이 큰 영향을 미친다고 결론을 맺었다. 만약 성공을 바라는 조직에 컨설팅을 해준다면, 여러 요소들이 어떻게 결합될 수 있는지에 관한 지침을 집중적으로 만들면 되는 것이다. 간단하면서도 유용한 7S 아이디어는 곧 맥킨지의 국제적 컨설팅의 중심으로 자리 잡게 되었다.

톰 피터스와 로버트 워터맨은 1982년 성공 사례 분석 연구 결과를 《초우량 기업의 조건(In Search of Exellence)》이라는 책으로 발표했다. 그런데 놀라운 것은 랄프 소이스(Ralph Scheuss)가 2008년 출간한 《전략 사전(Handbook of Strategy)》에 따르면 30년이 지난 현재 《초우량 기업의 조건》에서 언급한 HP, 인텔 등 43개 기업 중 단 두 곳만 실패를 했다는 것이다. 결합 중심의 분석법인 7S를 기반한 조직 성공 예측의 정확도가 어느 정도인지 확인할 수 있는 대목이다.

조직 개발(Organization development)이라는 커다란 문제를 놓고, 제한된 시간 안에 모든 요소를 충분히 고려한 개발안을 내놓은 것은 불가능하다. 이런 때는 7개의 핵심 요소를 부각시켜 조직 개발안을 찾는 것이 효과적이다. 그런데 이렇게 7개 요소를 선정할 수 있는 것은 이 요소들이 성공적인 조직 개발의 측면에서 서로 맞물려 있음을 알았기 때문이다.

조직의 전략은 직원의 성향이나 공유 가치, 조직의 구조 등을 고려하지 않은 상태에서 제대로 작동할 수 없다. 분명히 성격이 다른 요소이기는 하지만 그렇다고 서로 관련이 없는 것은 아니다. MECE와 LISS라는 형식에 얽매이지 않는다면, 7S와 통하는 면을 발견할 수 있다. 즉 분석의 목적은 전체를 고려한 효과적인 문제해결법을 만드는 데 있다. 계속 나눠서 보는 것이 분석의 목적이 아니다. 분석의 섬(analysis islands)에 유폐되거나 분석의 늪(analysis swamp)에 빠지면 목적과 상관없는 객관적 통계 수치와 서류 뭉치를 얻을 수 있을 뿐, 오히려 성공과는 더 멀어진다. 전체를 효과적으로 관찰한 뒤, 자신이 집중적으로 처리해야 할 과제를 얻기 위해 분석한다는 생각을 잊지 말아야 한다. 과제가 긴급하면 7S의 특정 요소를 빼거나 자신이 생각하는 요소로 대체하면서 문제를 해결하면 된다. 기존에 갖고 있는 지식과 경험의 분석틀을 통해 자료를 처리한다면 시간을 절약하면서도 좋은 성과를 낼 수 있다.

EA 성향을 가진 사람은 다른 사람의 분석틀을 많이 흡수하는 것이 좋다. 새로운 아이디어를 만들어야 할 때 아무것도 없는 상태에서 시작하는 것이 아니라, 구조적인 틀을 갖춘 상태에서 시작한다면 경쟁력을 가질 수 있다. 신규 시장을 분석할 때도 무조건 MECE로 접근하기보다는 4P, 4C, SWOT 등의 틀로 분석하는 것이 훨씬 시간 절약이 된다. 이렇게 하자면 평소 다양한 분석기법에 대한 정보를 습득해야 한다. 미래학 도서나 경영분석 사례, 사업 기획에 관련된 책에 이러한 기법이 소개되어 있으므로 참고하면 좋다.

HP의 부사장 앤 리버모어(Ann Livermore)는 기업 솔루션 조직인 TSG 그룹 직원들에게 이렇게 강조한다. "분석을 하되 과도하게 분석하지 마라." TSG는 IT 전문 직원만 9만 5천 명에 이르는 대규모 조직이다. 기업용 시스템, 소프트웨어와 서비스를 아우르며 매출액이 3백억에 달하는 성과를 보이는 기업이다. 그들에게 고객만족을 위해 '끝까지 정확히 분석'하기를 권하는 대신 '신속하게 적당히 분석'하는 전략은 부사장이 나서서 공지한 것이다. 앤 리버모어는 적당히 분석한 다음에 가설을 세운 후 빠른 의사결정을 내리는 것이 성공 확률이 높다는 점을 깨닫고 있는 것이다. 제1장에 소개된 래플리의 사례를 통해서 확인할 수 있듯이 말이다.

정성적 분석법으로 문제에 접근하라

불확실성이 크고 문제해결 기한을 통제할 수 있는 경우(LFEA)

잘 정의되지 않는 문제, 즉 불확실성이 큰 상황에서[L] 외향적이면서 분석적인 사람은[EA] 어떤 전략을 써야 할까? 우선 문제 기한이 자유로운 경우부터 알아보도록 하자.

불확실성이 큰 상황에서는 정보를 검색해도 해당 문제와 관련된 자료가 많이 나오지 않을 것이다. 만약에 객관적으로 수치화되거나 정리된 자료가 있다면 그것은 이미 불확실성이 큰 문제가 아니다. 불확실성이 큰 상황에서는 빈약한 데이터를 모으느라 시간을 낭비하기보다는, 자신의 분석력을 적극 활용해서 문제해결을 노력해야 한다.

자료의 분석법은 크게 두 가지로 나눌 수 있다. 정량적 분석(Quantitative Analysis)과 정성적 분석(Qualitative Analysis)이다. 이 구분은 원래 화학(化學)에서 나온 것이다. 정량적 분석이 어떤 물질의 성분과 성질의 '양적 관계'를 밝히기 위한 분석인 데 비해, 정성적 분석은 어떤 물질의 성분이나 성질 그 자체를 밝히기 위한 분석이다. 즉 정량적 분석이 이미 확인된 물질의 성분과 성질을 가지고 하는 분석이라면, 정성적 분석은 아직 확인되지 않는 물질의 성분과 성질부터 따지는 분석이다.

이 두 분석을 다른 차원으로 나눌 수도 있다. 정량적 분석이 양(量)에 대한 것으로 수치로 표현할 수 있는 것이라면, 정성적 분석은 주로 성분이나 성질의 특성을 묘사하는 비수치적 언어로 표현된다.

흔히 정량적 분석이 정성적 분석보다 더 정확하고 우수하다고 생각한다. 숫자로 표현되어 객관적으로 판단할 수 있고, 더 정밀해 보이기 때문이다. 그러나 분석의 원래 목표가 '그럴듯해 보이는 결과'를 내놓기 위함이 아니라 분석 대상의 실제 상황을 정확히 인식하기 위한 것임을 고려하면 무엇이 더 나은 방법이라고 규정할 수 없다. 정성적 분석도 엄연히 실제 있는 현상의 특징을 파악하기 위한 방법이기 때문이다. 그러므로 어느 하나가 더 우월하거나 서로 대립한다기보다는 문제의 본질을 파악하기 위해 상호 보완하는 관계라고 이해하는 것이 더 올바르다.

예를 들어 "고객은 우리의 제품을 얼마나 선호하는가?"라는 문제를 분석해야 한다고 하자. 사무실에 앉아서 특정 기간 동안의 매출액을 비교할 수도 있다. 경쟁사 매장과 자사 매장에 나가서 고객들이 제품 구매를 하는 빈도를 직접 셀 수 있다. 하지만 이렇게 정량적으로만 분석을 하면 고객의 마음속에 있는 선호도를 정확히 알 수 없다. 물론 설문조사를 통해 10점 만점에 몇 점 하는 식으로 고객에게 직접 선호도를 물어볼 수도 있다. 고객의 응답 결과를 모아 평균을 내서 제품 선호도를 양적으로 표현할 수 있다. 그런데 여기에서 주의해야 할 사항이 있다. 설문 조사에서 고객에게 물어볼 질문을 만들기 위해서는 제품의 속성이 무엇이고, '선호'라는 개념이 무엇인지 등의 기본 요소에 대한 정의가 필요하다. 그리고 각 요소의 특성은 어떤 행동으로 나올 수 있는지, 고객에게 그 행동의 빈도를 물어보면 제대로 응답할 수 있는지 등의 기본 사항도 파악해야 한다. 기존에 정보가 충분히 있다면 해당 정보를 활용하면 된다. 하지만 신규 제품 관련 조사이거나 최근에 사회 트렌드가 변화되어 불확실성이 증가한 상황이라면 기존 정보를 그대로 쓸 수 없다. 이때는 각 요소의 성질이나 특성과 관련된 정보부터 분석해야 한다. 즉 정성적 분석이 필요하다. 이처럼 간단한 제품 선호도 분석에도 정성적 분석과 정량적 분석 모두 필요한 경우가 많다.

정량적 분석은 이미 많은 사람들이 알고 있다. 하지만 세상에는 '잘 정의된 문제'보다 '잘 정의되지 않은 문제'가 더 많다. 잘 정의된 문제는 이미 많은 사람들이 정량적 분석을 들이밀며 위치를 선점했다. 하지만 잘 정의되지 않은 문제는 도전의 기회가 열려 있는 영역이다. 그러므로 정성적 분석법을 제대로 익히면 차별적인 경쟁력을 갖추게 되어 성공 확률이 더 높아진다.

정성적 분석법은 겉으로 드러나지 않는 특성이나 심층 요인을 탐색한다. 핵심 요소를 확인하는 체크리스트 기법(checklist method), 특정 분야 전문가들의 통찰을 활용하기 위한 인터뷰 중심의 델파이 기법(Delphi method), 가상적인 위험과 성공 요인을 포함시켜 문제해결을 시뮬레이션해 보는 시나리오 플래닝 기법(Scenario planning method) 등이 정성적 분석법에 속한다. 정성적 분석법은 실험이 아닌 행동 관찰이나 인터뷰, 문헌 연구 등을 통해서 자료 수집이 이뤄지기 때문에 처음 탐색을 시작할 때 방향을 정하는 질문이 가장 중요하다.

트럼프 오거니제이션(Trump Organization)의 CEO이자 회장인 도널드 트럼프(Donald Trump)는 날카로운 질문으로 유명하다. 그는 자신의 결혼식도 입장료를 받고 이벤트로서 적극 홍보할 정도로 외향적인 사람이다. 그는 불확실성이 큰 부동산 시장에 대한 나름의 분석 이후 과감한 투자로 큰 성공을 거두었다. 그의 저서나 출연한 리얼리티 쇼에서 드러나듯이 도널드 트럼프는 망설임 없이 문제를 정의하고 분석하며, 대안을 도출하고 적용해서 문제를 해결한다.

그런데 트럼프가 문제를 해결하는 과정을 잘 살펴보면 참모진이 보고한 자료를 다른 방식으로 처리한다는 사실을 알 수 있다. 트럼프의 문제 분석력은 리얼리티 쇼 〈어프렌티스(Apprentice)〉에서 잘된 팀의 수행을 평가할 때보다 문제가 되는 팀을 따로 불러 해고자를 고를 때 더 잘 드러난다.

트럼프는 수치로 보고된 자료를 보고 바로 판단을 내리지 않는다. 당사자들을 모아놓고 정량적 차원에서 실적이 나쁜 것이 진짜 문제인지, 아니면 정성적인 차원에서 팀워크가 깨진 것이 진짜 문제이고 실적은 그 부산물인지를 먼저 정의한다. 그런데 객관적인 수치로 표현되는 정량적 분석은 다른 참모진도 쉽게 할 수 있는 부분이므로 트럼프는 주로 정성적인 측면을 확인한다. 트럼프는 상황을 분석하기 위해 문제가 되는 사람들에게 거침없이 질문을 퍼부어 각자의 입장에서 이야기를 들어본다. 팀장이나 다른 팀원 모두 특정 팀원의 근무 태만 때문에 전체 실적이 나빠졌다고 항변해도 트럼프는 다른 부분을 캐묻는다. "매장 앞에서 그 사람이 바보 같은 노래를 부르며 빈둥거리는 동안 당신은 어디에 있었느냐?"처럼 아주 구체적이며 현실적인 질문을 한다. 그러고 나서 가장 문제가 된 팀원이 아닌 팀장을 해고한다. 이유는 이미 평판이 나빠진 팀원은 다른 수행 결과나 동료 평가 점수를 통해서 나중에도 걸러낼 수 있기 때문이다. 트럼프는 팀장의 관리 능력과 책임감은 위기 상황에 대한 대처에서 확인할 수 있다고 생각한다. 그래서 바로 평가할 수 있을 때 결정을 내린다. CEO가 해결해야 하는 일 중에 하나가 좋은 팀장을 발굴해서 최상의 인적 자원을 관리하도록 하는 것이니, 기준에 맞지 않는 팀장은 빨리 솎아내야 한다고 판단한 것이다.

질문법을 통해 알아본 구체적 상황이 어땠느냐에 따라 트럼프의 머릿속에서 분류되는 바가 다르다. 자신만의 비즈니스 기준에 따라 그냥 봐줄 문제가 있고, 결정적으로 해고 여부를 판단해야 하는 문제가 있다. 특정 요소와 연관된 상황 시나리오가 이미 트럼프의 머릿속에는 있다. 그렇기 때문에 빠른 판단을 하기 위해 상황을 재구성할 수 있는 질의응답을 하는 것이다. 이런 식으로 일단 상황 평가가 끝나고 문제점이 확인되면, 자신의 관점에서 문제의 우선순위를 따진다.

우선순위는 자신이 가진 통제권과 관계가 있다. 세상에는 자신이 영향을 주고 싶어도 어쩔 수 없는 일이 있고, 굳이 영향을 미치지 않아도 되는 일이 있고, 자신이 꼭 영향을 미쳐야 하는 일이 있다. 앞의 두 가지 일에 대해서는 스트레스를 받으며 시간을 낭비할 필요가 없으니 세 번째 상황에 집중해서 우선순위를 따지면 된다. 문제의 심각성, 문제해결시의 파급력, 시의적절함, 대내외 트렌드와의 합치성 등에 따라 우선순위는 달라진다. 인간은 유한한 인지 능력을 지녔기에 아무리 훌륭한 직관을 지녔더라도 여기저기 분산시킨다면 효율적인 판단을 할 수 없다. 그래서 우선순위를 정해서 집중하는 것이 좋다. 트럼프는 이런 사실을 수십 년간의 비즈니스 경험을 통해 몸으로 터득하고 있다.

일단 우선순위가 정해지면 최우선순위부터 해결한다. 그리고 나머지 사안에 대해서는 직접 경고하거나, 후속 조치를 실행한 뒤 나중에 보고할 것을 지시하며 그 자리를 떠난다. 이렇게 트럼프는 불과 5분

안에 최종 판단까지 도달한다. 그렇다고 대충 현장의 분위기를 쫓거나, 순간의 감각으로만 결정을 내리는 것은 아니다. 여러 정보를 재구성해서 다시 천천히 고민해 봐도 똑같은 결정을 내릴 수밖에 없을 징도로 명확한 판단 기준에 따라 최적의 결정을 내린다. 트럼프 옆에 앉아 최종 결정이 내려지기 전까지 팽팽히 의견을 맞서던 참모진이 나중에는 함께 고개를 끄덕이며 트럼프의 판단 속에 담긴 뜻을 뒤늦게 알아챌 수 있게 될 정도로 말이다. 트럼프는 남다른 정성적 분석법으로 현재 세계 70위권의 부자가 되었다. 1990년대 부동산 침체로 위기를 겪기도 했지만 재기에 성공해서 승승장구하고 있다.

트럼프의 문제해결 사례를 통해 정성적 기법의 핵심사항을 확인했다. 탐색용 질문을 던지고, 질문을 통해 얻은 정보를 기존 경험과 지식에 맞게 분류한다. 마치 망망대해로 나아가 적당한 지점에 그물을 크게 던진 후, 그물을 끌어올려 잡힌 물고기를 어종에 따라 분류하는 어부와 같다. 그런데 분석력이나 경험, 지식이 전문가 수준에 미치지 못하는 사람이라면 최초에 그물을 던지는 위치도 부적절하며, 잡힌 물고기를 제대로 선별하기도 힘들다. 이럴 때는 어떻게 하면 좋을까?

WFEA 전략처럼 매뉴얼 속에 차곡차곡 쌓여 있는 다른 사람들의 지식과 경험을 이용하면 될 듯하지만, LFEA는 어떤 정보가 문제해결과 관련되는지조차 불명확한 상황이기에 부적절하다. 이때는 다른 방법을 찾기보다는 정성적 분석법의 기본에 더욱 충실해야 한다. 초보자라면 정성적 분석의 첫출발점인 탐색용 질문에 대한 기술이 더욱 필요하다. 분류용 질문은 그 다음이다. 지식과 경험을 활용하기 위한 분류용 질문을 통해 관련 역량을 발휘하기에는 힘든 자원을 갖고 있기 때문이다.

미국의 공교육개혁교사협의회(National School Reform Faculty) 홈페이지에서는 다음과 같이 분류용 질문과 탐색용 질문을 구분한다. 분류용 질문은 사실 확인을 위한 질문이다. 그래서 경계선을 벗어나는 질문이나 어떤 딜레마적 상황을 고려하는 질문을 하지 않는다. 즉 이후에 살펴볼 레드존의 CEO 사례에서 살펴볼 수 있듯이, 다른 사람들이 모두 '아니다'라고 했던 사항에 대해서 '맞다'라고 경계를 뛰어넘을 수 있는 질문을 애초에 시도하지 않는 것이다. 예를 들어 분류용 질문은 "프로젝트의 구성원이 제 몫을 다했는가?"라는 탐색을 하기보다는 "프로젝트의 구성원은 몇 명이었는가?"와 같은 단순 사실을 확인한다. 상황을 판단하기 위해서는 분류용 질문에 대한 답도 필요하다. 하지만 앞서 살펴본 것처럼 불확실성이 큰 상황에서는 어떤 탐색용 질문을 먼저 던지느냐에 따라 최종 결과가 달라진다.

탐색용 질문을 잘하는 기술은 다음과 같다.

첫째, 기존에 사람들이 당연시 생각했던 것을 반문하는 것이다. 그러면 자연스럽게 경계를 뛰어넘는 질문을 하게 된다. 예를 들어 "성과가 나쁘면 바로 해고해야 할까?"나 "여행은 꼭 친한 사람과 가야 하는가?"와 같은 질문을 하는 것이다. 어떤 질문을 하느냐에 따라 생각하는 바가 달라지고 문제해결 전략도 달라진다. 해고를 하지 않고 다시 기회를 줌으로써 회사에 대한 충성도를 높일 수 있고, 3M의 회사 운영 전략처럼 시행착오를 통해 더 큰 성공을 거둘 가능성도 높아진다. 또한 자유 배낭여행 상품처럼 모르는 사람들이지만 공통 관심사 하나만 가지고 함께 모여 떠난 여행으로 새로운 삶의 활력소를 제공하는 여행상품을 만들 수도 있다.

둘째, '무엇(What)'보다는 '왜(Why)'로 시작하는 질문을 하려고 노력해야 한다. 특정 항목이 있는지 없는지 확인하는 수준을 넘어, 현상에 내재된 인과관계를 탐색하기 위해서이다.

셋째, '예' 혹은 '아니오'라고 단답형으로 끝나기 쉬운 질문을 하지 않고, "~라면 어떻게 하겠는가?"나 "~와 같은 일이 일어나면 무엇을 바꾸겠는가?" 등과 같이 자신의 관점을 사용하도록 유도하는 질문을 해야 한다.

넷째, 직관을 유도하는 질문을 해야 한다. 탐색형 질문의 주요 목표 중 하나가 객관적 자료를 구하기 힘들 때 판단할 수 있는 직관을 얻는 것이다. 분석형 사람의 경우 상대적으로 직관력이 약하다. 그렇기 때문에 일부러 직관을 자극하는 질문을 해야 한다. 예를 들어 "이 상황을 놓고 나 자신이 다른 사람과 다르게 보는 점은 무엇인가?" "만약에 상황이 반대였다면 나는 무엇을 할까?" "이것과 저것의 관계는 무엇인가?" 등의 질문을 하는 것이다.

그러나 초보자 중에서는 애초에 이러한 질문 자체가 힘들 수 있다. 그런 경우라면 악역(devil's advocate)을 담당할 수 있는 사람을 찾아서 일부러 질문을 얻을 기회를 얻어야 한다. EA 성향의 사람은 대인관계가 상대적으로 폭넓다. 자신을 칭찬하는 사람보다는 허점을 보고 꼬치꼬치 지적하는 사람을 만나서 자신의 생각을 검토받는다면 LFEA에 적합한 탐색적 질문을 던지는 능력을 키울 수 있다.

탐색적 질문의 노하우를 발전시키면 남다른 성공을 거둘 수도 있다. 남들이 실패한 바로 그 지점에서 출발한다고 하더라도 말이다. 그 대표적 사례가 로봇 제품으로 유명한 레드존(RedZone)의 CEO인 에릭 클로스이다. 레드존은 카네기멜론 공대 출신 휘태거가 1987년 설립한 로봇 개발회사이다. 선도적 기술을 확보하고 있음에도 경영 악화로 인해 2002년 파산보호대상에 포함되었다. 파산보호대상 목록에서 레드존을 발견한 에릭 클로스는 "빙고!"를 외쳤다. 에릭 클로스는 파산한 기업이나 파산 직전의 기업을 골라 단기간에 흑자로 돌려놓는 데 도가 튼, 일명 '턴어라운드 스페셜리스트(turn-around specialist)'였다. 그는 이미 10년 동안 4개의 파산 회사를 사들여 재기에 성공시킨 인물이었다. 파산한 기업은 은행이나 각종 리서치 기관에서 일하는 전문 분석가들이 구제할 수 없다는 결론을 내린 기업이었다. 한마디로 말해 '전문가 공식 인증 실패 기업'인 셈이다. 그런데 클로스는 그런 실패 기업에서 성공 요인을 분석한다. 그리고 그 요인을 찾아 재기를 시킨다. 어떻게 이런 일이 가능한 것일까?

클로스는 일반 상식과 정반대로 질문했다. "파산은 나쁜 것일까?" 클로스는 남다른 탐색적 질문을 통해 파산이 '대단한 거래'의 좋은 출발점임을 깨달았다. 왜냐하면 신생 회사를 창업하면 기술 개발과 제품의 완성도, 고객의 반응 등에 대한 불확실성이 아주 크다. 그러나 파산 상태의 기업일 경우에는 적어도 이러한 요소에 대해서는 확실한 정보를 갖고 있다. 비록 경영적으로 파산했지만 개발기술을 갖고 있고, 관련 설비를 갖고 있으며, 회사를 운영할 수 있는 인력을 갖고 있다. 이것은 성공에 이르는 시간을 확 줄여준다. 무엇보다도 중요한 요소가 있다. 아무리 파산한 기업이라도 그 제품을 구매해서 만족한 고객은 있기 마련이다. 흔히 파산은 땅바닥보다 더 깊은 지하에 처박히는 것이라고 생각하기 쉽지만, 클로스에게는 먼지만 털어내면 반짝이는 성공을 보여주는 징표인 셈이다. 그래서 클로스는 "나는 파산을 좋아한다"고 말한다.

그렇다고 클로스가 아무 파산 기업이나 사는 것은 아니다. 어느 정도 향후 발전 가능성이 검증된 시장에서 기술이 확보되었지만 파산한 기업을 고른다. 레드존은 특수 목적의 로봇을 만드는 회사였다. 1986년 원자력발전소 방사능 누출 사고로 유명한 체르노빌처럼 인간이 탐사할 수 없는 곳에 원격 조종 로봇을 배치해서 원자로를 조사하는 프로젝트를 맡기도 했다. 일단 기술력과 시장은 확인되었으므로 클로스는 파산 원인을 살피기 시작했다. 이것은 파산 선고를 받은 회사의 마이너스 회계 재무제표에는 나오지 않는 부분이다. 결과가 아닌 원인을 찾아야 했다.

클로스는 직원들을 만나보았다. 로봇 관련 선도 기술을 만들 만큼 뛰어난 인재들이었다. 문제는 다들 너무 똑똑해서 팀워크가 제대로 발휘가 안 된다는 것이었다. 그런 상황에서 회사가 파산을 하다 보니 의욕도 바닥에 떨어져 회사는 좀비들이 어슬렁거리는 무덤같이 보였다. 상황 분석을 마친 클로스는 최우선순위를 정했다. 비용 절감을 하겠다며 파산 기업에 필요 없는 인재를 골라내 해고하는 등 허리띠를 조르는 일이 아니었다. 오히려 직원들의 사기를 회복시키는 일부터 했다. 이것도 직접 직원과 면담을 하면서 탐색적 질문을 한 결과 얻은 전략이었다. 클로스는 미래의 비전을 공유하고, 합리적인 연봉 협상을 통해 재기 의지에 불을 지폈다. 그리고 2003년 6월 레드존을 최종 인수하면서 직접 CEO가 되었다. 직원들과 한 배를 탄 것이다.

클로스는 외부에서 의뢰받은 특별 프로젝트를 진행하던 기존 회사의 사업구조를 바꾸었다. 프로젝트에 따라 사업을 하면 불확실성이 너무 컸기 때문이다. 고객이 작업을 의뢰하지 않으면 손가락을 빨 수밖에 없는 것이었다. 그런데도 기업은 누군가 의뢰할지도 모르는 일을 위해 지속적으로 기술을 개발하고 사업체를 유지해야 하니 손해를 볼 확률이 높았다. 그래서 클로스는 레드존을 로봇 생산 회사로 만들었다. 당분간은 특별 용역 프로젝트를 하지만, 결국에는 로봇을 지속적으로 생산해서 다양한 고객에게 판매하는 회사로 발전시키기로 결정했다. 기존에 회사가 갖고 있던 사업 경계를 뛰어넘은 것이다.

클로스가 무모하게 이런 결정을 내린 것은 아니었다. 클로스는 앞으로 특수 상황에서 쓸 수 있는 로봇 기술과 관련된 트렌드를 분석했다. 워낙 특수한 분야이다 보니 공개된 객관적 자료가 많지 않아서 핵심 요인을 탐색하는 정성적 분석에 의존할 수밖에 없었다. "인간이 아닌 로봇을 쓸 수밖에 없는 상황으로는 무엇이 있을까?" 이렇게 질문을 던졌다. 그리고 계속 정보를 찾았다. 레스토랑에서 주문을 받는 로봇, 사람의 표정을 인식해서 상담을 하는 로봇 등 로봇이 인간을 대체하거나 돕는 영역에 대한 정보들이었다. 어쩔 수 없이 로봇밖에 쓸 수 없는 상황에 대한 것이 아니었다. 관련 정보가 없을수록 클로스는 반전 드라마의 가능성이 더 커진다고 생각하며 용기를 얻었다.

그러던 중 하수도관 정보에 이르게 되었다. 미국에만 965,606킬로미터의 소구경 하수도관이 있다는 정보를 본 클로스는 이렇게 외쳤다. "빙고!" 교체해야 하는 50년 이상 된 하수도관이 백만 킬로미터 가까이 있다면 이것은 로봇 회사에게 엄청난 성공의 기회였다. 클로스는 말 그대로 남들이 보지 못하는 곳에서 성공을 본 것이다. 클로스는 그제야 정량적으로 계산을 해보았다. 미국에서 하수도를 복구하는 데에만 1,200억 달러에서 2천억 달러가 필요하다는 결과가 나왔다. 하지만 이것이 분석의 끝이 아니었다. 시장 규모는 수치화할 수 있지만 하수도관 복구자가 기존 장비를 제쳐두고 레드존 제품을 살 수 있는 요소를 분석하는 것은 전혀 다른 문제였다.

클로스는 철저히 정성적 분석에 매달렸다. 하수도관 교체와 관련된 핵심 이해 관계자가 누구인지부터 파악했다. 그리고 그들의 욕구가 무엇인지 파악했다. 그후 욕구에 맞는 제품 및 서비스 개발 전략을 세우고, 사람들의 머릿속에 박힐 수 있는 회사 브랜드 전략도 만들었다. 로고를 교체하고, 제품 색상을 검토하고, 사내 직원의 의사소통 방법까지 교육시켰다. 레드존이 만든 하수도 보수용 로봇 시스템 레노베이터(Renovator)는 기술적으로나 사용 편의성, 고객 만족도 부문에서 최고의 위치를 차지했다.

에릭 클로스는 기술자가 아니다. 기술 혁신은 기존에 회사에 있던 전문가들이 했다. 하지만 그들은 회사가 파산할 때까지 대안을 만들지 못했다. 에릭 클로스는 정성적 분석을 통해 경영 혁신 요소를 찾았다. 그리고 새로운 제품을 만들어 크게 성공했다.

레드존은 현재 미국과 캐나다를 아울러 100개 이상의 크고 작은 도시의 하수도관 공사를 따냈다. 그리고 2010년 이후에는 아시아 시장까지 넘보고 있다. 싱가포르 회사와 계약을 맺어 홍콩과 말레이시아의 시장으로 진출할 계획을 진행하고 있다.

불확실성이 크고 긴급하게 문제를 처리해야만 하는 경우(LUEA)

아주 복잡해서 어떻게 움직일지 예측이 불가능한 시스템에서는 가능하면 많은 상황에서 그 시스템이 어떻게 움직였는지 아는 것만이 도움이 된다. NASA는 이런 생각을 바탕으로 우주정거장에 386 컴퓨터를 배치하고 있다. 386 컴퓨터는 성능은 떨어지더라도, 이전에 그 컴퓨터를 사용했던 수백만 명의 누적된 경험으로 이득을 얻는다. 설령 어떤 돌발 문제가 생기더라도 컴퓨터를 분석하거나 다시 세팅을 하면 된다. 우주 비행사는 컴퓨터에 관한 한 마음을 놓고 있다. 그래서 위기의 순간에도 알 수 없는 컴퓨터의 오류를 잡느라 낑낑대는 대신 다른 미지의 변수에 대한 분석에 집중할 수 있다. 우주 비행 역사에서 최소한 컴퓨터로 인한 사고는 한 건도 발생하지 않았다. 오히려 사고가 있던 쪽은 첨단 컴퓨터를 사용한 휴스턴 기지였다.

그러나 아예 조그만 확실성도 확보할 수 없는 문제 상황도 있다. 그럴 때는 어떻게 해야 할까? 한 가지 예를 살펴보자.

대규모 금속 화재 장면이 뉴스에 나올 때 소방관들이 불길을 잡기 위해 무슨 일을 하는지 자세히 본다면 당신은 깜짝 놀랄지도 모른다. 소방관들은 아무것도 하지 않기 때문이다. 왜 그런 것일까? 리튬과 소듐, 마그네슘을 포함한 여러 금속은 쉽게 불에 탄다. 그래서 때로는 공장에 있던 엄청난 양의 금속이 갑자기 불길에 휩싸이기도 한다. 이렇게 금속 화재가 발생했을 때 불을 끈답시고 섣부른 조치를 취했다가는 오히려 상황을 악화시킬 수 있다. 마그네슘은 공기보다 이산화탄소에 노출됐을 때 더 강렬하게 타오른다. 서서히 타고 있는 마그네슘 뭉치에 대고 이산화탄소 소화기를 쏘면 불길이 순식간에 거세어진다. 마그네슘은 -78℃의 드라이아이스 안에서도 불이 붙는다. 물과 소화기 거품은 금속 화재에 악영향을 미친다. 금속이 녹아 있을 때 물이나 소화기 거품이 닿으면 증기폭발까지 발생해 녹은 금속이 사방으로 튄다. 더구나 일부 금속은 뜨거워지면 물을 산소와 수소로 분리시켜 심각한 수소가스 폭발을 일으킬 가능성마저 생긴다.

심지어 마른 모래나 소금 등 금속 화재를 진압할 때 사용하는 대표적인 물질마저도 상황을 악화시킬 수 있다. 1993년에 매사추세츠의 한 공장에서 나트륨 화재가 발생했다. 지역 소방대는 이런 금속 화재에 대비해 저장해 두었던 소금으로 진화를 시도했다. 그런데 저장된 소금이 축축해져 있었던 탓에 오히려 수소 폭발이 일어나 많은 소방관들이 심각한 화상을 입고 말았다. 그래서 나트륨 화재가 발생하면 소방관들이 해야 할 일은 아주 간단해졌다. 그 자리를 피하는 것이다. 금속 화재는 불길이 너무 맹렬해서 정말 어떻게 해볼 도리가 없다. 이게 그나마 협동 작업으로 일을 하는 외향적인 소방관들이 시행착오를 거쳐가며 체계적 분석을 통해 얻은 결과이다. 문제 상황은 시간이 지나면서 문제를 일으킨 요소에 의해 줄어든다. 가연성 금속은 그대로 놔두면 폭발하지 않으며, 불이 붙어도 재가 차곡차곡 쌓여 산소 공급이 차단되면서 서서히 불길이 사그라지기 때문이다.

금속 화재의 사례처럼 대응전략이 불분명하고 위급한 문제를 만났을 때는 정면 대결을 피하는 방법을 선택해야 한다. 이것은 비겁한 것이 아니라 현명한 선택이다. 분석할 정보가 많지 않고, 더구나 긴급한 상태에서 분석력이 좋은 사람이 할 수 있는 일은 없다. 현실을 직시하자. 시간이 흘러 자신에게 유리한 상황이 될 때까지 기다리거나 상황을 모면하는 것이 상책이다. 외향적인 사람은 행동하기를 좋아하지만 이때는 꾹 참아야 한다. 굳이 행동을 하려면 도망을 치는 것이 낫다.

도망은 중국의 책략서 《36계》에도 나오는 전략이다. 《36계》는 병법에 있어서의 전술 36개를 다음과 같이 6개의 장으로 나눈 책이다.

제1장 승전계 : 승리하는 법

제2장 적전계 : 똑같이 강한 힘을 가진 적을 교란하는 법

제3장 공전계 : 직접적인 공격법

제4장 혼전계 : 공격자를 혼란에 빠뜨리는 법

제5장 병전계 : 영토 획득을 돕는 법

제6장 패전계 : 세가 불리할 때 행동하는 법

이 가운데 패전계(敗戰計)는 상황이 가장 불리한 경우 열세를 우세로 바꾸어 패배를 승리로 이끄는 전략이다. 그 구체적인 내용은 다음과 같다.

제31계 미인계(美人計) : 미녀를 이용하여 적을 대한다.

제32계 공성계(空城計) : 빈 성으로 유인해 미궁에 빠뜨린다.

제33계 반간계(反間計) : 적의 첩자를 역이용한다.

제34계 고육계(苦肉計) : 자신을 희생해 적을 안심시킨다.

제35계 연환계(連環計) : 여러 가지 계책을 연결시킨다.

자기의 지배적 성향으로 해결하기 힘든 문제를 해결해야 하는 상황은 세가 불리한 상황이다. 패전계, 아니 36계 전체를 아울러 맨 마지막에 말한 '도망이 상책'일 수밖에 없다. 정면 대결로 나중의 기회까지 없애지 말고 후일을 도모하는 것이 더 큰 실패를 막고 성공으로 향해 나아가는 방법이다. 차라리 정면 도전의 열정으로 자신이 더 잘할 수 있는 문제를 찾아라.

역사상 최단시간에 가장 넓은 영토를 정복한 칭기즈 칸도 자신의 세가 불리하면 강과 계곡으로 몸을 숨겼다. 어릴 적 몇 년 동안 적들을 피해 오난 강에서 물고기를 잡아먹으며 연명하기도 했고, 아내가 적의 포로로 잡혀가기도 했다. 심지어 더운 여름날 목에 칼을 찬 채로 도망쳐 양털더미 속에 숨어 있기도 했다. 만약 칭기즈 칸이 혈기를 누르지 않고 전사로서의 명예 운운하며 불확실한 상황에 섣불리 몸을 맡겼다면 우리가 기억하는 정복자 칭기즈 칸은 없었을 것이다. 작은 싸움에서의 성공에 대한 열정보다는 궁극적 목표에 대한 비전이 있어야 한다. 비겁자로 도망가는 것이 아니라, 더 확실히 이길 확률이 높은 곳으로 이동을 하는 것이다.

36계에도 전략은 필요하다. 칭기즈 칸이 토오릴 칸의 병사 3만 명에게 쫓길 때 그에게는 겨우 3천여 명의 병사가 있었다. 10대 1의 상황. 이반 아렌귄토프트가 《약자가 전쟁에서 승리하는 법》에서 분석한 결과에 따르면 모든 것을 다 걸었을 때 이길 확률은 28.5퍼센트였다. 적어도 네 번 중의 한 번은 이길 수 있는 확률이었지만, 칭기즈 칸은 반대로 네 번 중에 적어도 세 번은 이길 수 있는 상황을 선택하기로 했다. 순간적인 감성에 휘둘리는 사람이었다면 바로 결전을 선택했을 것이다. 칭기즈 칸은 눈물을 머금고 형제처럼 여기던 결사대 1백 명을 적진으로 보내 적의 심장부를 한 번에 관통시켰다. 그러는 과정에 결사대는 모두 죽고 말았다. 하지만 적의 핵심 전력도 1천 명 가까이 죽었다.

그 혼란을 틈타 칭기즈 칸은 여자와 아이들을 데리고 도망을 갔다. 결사대를 잃은 상황에서 최소의 병력만으로 칭기즈 칸은 계속 쫓겨 다녔다. 그러나 그 길은 단순한 도망이 아니라 성공을 향해 달려가는 길이었다. 토오릴 칸에게 계속 패하면서 서쪽 알타이 산기슭에서 머나먼 동쪽 끝 바이칼 호 주변 늪지대까지 도망을 치는 동안 칭기즈 칸의 세력은 갈수록 늘어났다. 눈앞의 승리를 위해 모든 사람을 죽음으로 내모는 냉혈한이 아니라, 여자와 아이들을 보호하는 칭기즈 칸의 선택에 공감한 사람들이 모인 것이다. 그는 비록 결사대 1백 명을 잃었지만 새로운 결사대 몇 만 명을 얻었다. 성공의 가능성이 높아지자 칭기즈 칸은 기습적인 전투로 토오릴 칸을 무찔렀다. 그리고 세계 제패를 위한 질주를 시작해 역사상 최단 시간에 가장 많은 영토를 이끈 인물이 되었다.

칭기즈 칸의 이야기는 장개석 군에 쫓기느라 중국 본토를 누빈 모택동이 결국 세를 규합해서 장개석을 본토에서 내쫓고 승리했던 사례를 연상시킨다. 원샷원킬의 성공 원리는 이렇게 인물과 시대가 바뀌어도 어김없이 성공을 안겨주는 법이다.

불확실성이 큰 상황을 맞은 분석적인 사람은 정확한 상황 인식을 바탕으로 성공 확률이 더 높은 때를 기다린다. 즉 제36계 '주위상' 비책을 사용하는 것이 가장 좋다. 자신의 강점만 믿고 계속 도전한다면 오히려 큰 실패를 맛볼 수 있다.

오다 노부나가(織田信長)는 일본의 전국시대를 제패한 인물로 유명하다. 실제로 죽기 직전 일본의 3분의 1을 차지했다. 당시 이미 오다 노부나가의 통일을 방해할 세력이 남아 있지 않았기 때문에 그대로 놔두어도 천하 통일을 할 수 있는 상황이었다. 그는 천재적 무장으로 평가받고 있지만, 오케하지마 전투 이후 줄곧 싸움을 피했다. 선제공격은커녕 상대방이 공격을 해와도 바로 응전하지 않았다. 확실히 이길 싸움이 아니라고 생각이 들면 회피하는 것을 원칙으로 삼았기 때문이다. 그는 뛰어난 분석력을 바탕으로 오케하자마 전투에서 전략보다는 운이 크게 작용했음을 알았다. 그래서 확률이 높지 않은 상황에서는 싸움을 피했다. 대신에 확실히 이길 전쟁에서는 지략과 자원을 쏟아 부었다. 그랬기에 최고의 승률로 일본 통일을 실현시킬 수 있었던 것이다.

전국시대에는 오다 노부나가보다 뛰어난 무장이 많았다. 우에스기 겐신(上杉謙信)은 소수의 병력으로 강대한 적과 싸우는 것을 두려워하지 않았다. 그리고 승리를 거뒀다. 하지만 그게 다였다. 그는 크고 작은 전투의 천재는 될 수 있었지만 천하통일의 최종 승리자는 되지 못했다. 어떤 상황이든 맞붙어 싸우는 것이 능사는 아니다. 큰 비전에 맞는 성공 전략이 필요하다.

오다 노부나가의 전략은 인텔을 변화시켜 현재의 위치를 만든 앤드류 그로브(Andrew Grove) 명예회장의 성공 전략과도 일치한다. 앤드

류 그로브는 자신의 저서 《편집광만이 살아남는다》와 《승자의 법칙》
을 통해 일관되게 '이길 싸움만 한다'는 성공 전략을 강조하고 있다.
질 확률이 높은 싸움은 피해야 한다. 백 번 승리하다가도 한 번 패하면
목숨을 되돌릴 수 없는 게 전투이듯이, 현대 사회의 생존 경쟁도 백 번
작은 성공을 하다가 정점에서 추락하면 다시 오르기 힘들다.

당신이 LUEA 상황이라면 분석력이 높고 낮고를 떠나서 이길 싸움
에 자신의 역량을 집중시키기 위해 일단 36계의 마지막 비책을 고려
해야 한다. 외향적이면서 분석적인 사람은 불확실성이 크고 긴급한
상황과 맞닥뜨렸을 때는 자기 자신을 칭기즈 칸보다 더 낫다고 생각
하지 말기를 바랄 뿐이다.

▶ 기한이 자유롭고 잘 정의된 문제를 만난 경우(WFEA)
···▸ 자신의 매뉴얼을 만들고 끊임없이 갱신하라

다양한 사람들의 일처리 노하우가 합쳐질 때 좀 더 높은 수준의 문제해결책에 가까워진다. '기존 일처리 방법에 대한 정보(Manual)'를 더 많이 알고 있는 선배와 돈독한 관계를 갖고 있는 사람은 정보 분석의 출발점부터 차별화가 될 가능성이 크다. 외향성을 적극 활용하여 주변 사람의 도움을 받자.

그런데 여기서 경쟁력을 높일 수 있는 요소가 또 있다. 기존 매뉴얼에서 출발하되 자신의 특성과 경험이 더 들어간 매뉴얼을 만드는 것이다. 다른 사람의 과거 경험으로 만들어진 매뉴얼은 당신의 문제를 효율적으로 처리해 줄 수는 있지만 여러 상황 요소가 변한 미래의 문제까지 해결해 줄 가능성은 극히 낮다. 따라서 매뉴얼에 자신에게 맞는 세부적인 사항을 추가하며 대비해야 한다. 설령 그 과정 중에 실패하더라도 당신 자신의 경험으로 만든 매뉴얼은 확실한 성공비법서가 될 것이다.

▶ 관련 정보는 많지만 긴급하게 처리해야 하는 문제를 만난 경우(WUEA)
···▸ 핵심 자료를 먼저 분석하라

전체를 효과적으로 관찰한 뒤, 자신이 집중적으로 처리해야 할 과제를 얻기 위해 분석한다는 생각을 잊지 말아야 한다. 과제가 긴급하면 7S의 특정 요소를 빼거나 자신이 생각하는 요소로 대체하면서 문제를 해결하면 된다. 기존에 갖고 있는 지식과 경험의 분석틀을 통해 자료를 처리한다면 시간을 절약하면서도 좋은 성과를 낼 수 있다.

EA 성향을 가진 사람은 다른 사람의 분석틀을 많이 흡수하는 것이 좋다. 새로운 아이디어를 만들어야 할 때 아무것도 없는 상태에서 분석을 시작하는 것이 아니라, 구조적인 틀을 갖춘 상태에서 시작해야 경쟁력을 가질 수 있다. 또한 신규 시장을 분석할 때 MECE로 접근하기보다는 4P, 4C, SWOT 등의 틀로 분석하는 것이 훨씬 시간 절약이 된다. 이렇게 하자면 평소 다양한 분석기법에 대한 정보를 습득해야 한다. 미래학 도서나 경영분석 사례, 사업 기획에 관련된 책에 이러한 기법이 소개되어 있으므로 참고하면 좋다.

▶ 불확실성이 크고 문제해결 기한을 통제할 수 있는 경우(LFEA)

┈▶ 정성적 분석법으로 문제에 접근하라

잘 정의되지 않은 문제는 도전의 기회가 열려 있는 영역이다. 그러므로 정성적 분석법을 제대로 익히면 차별적인 경쟁력을 갖추게 되어 성공 확률이 더 높아진다. 정성적 분석법은 실험이 아닌 행동 관찰이나 인터뷰, 문헌 연구 등을 통해서 자료 수집이 이뤄지기 때문에 처음 탐색을 시작할 때 방향을 정하는 질문이 가장 중요하다. 탐색용 질문을 잘하는 기술은 다음과 같다.

첫째, 기존에 사람들이 당연시 생각했던 것을 반문한다. 예를 들어 "성과가 나쁘면 바로 해고해야 할까?" "여행은 꼭 친한 사람과 가야 하는가?"와 같은 질문이다

둘째, '무엇(What)'보다는 '왜(Why)'로 시작하는 질문을 한다.

셋째, '예' 혹은 '아니오'라고 단답형으로 끝나기 쉬운 질문을 하지 않고, "~라면 어떻게 하겠는가?"나 "~와 같은 일이 일어나면 무엇을 바꾸겠는가?" 등과 같이 자신의 관점을 사용하도록 유도하는 질문을 해야 한다.

넷째, 직관을 유도하는 질문을 해야 한다. "이 상황을 놓고 나 자신이 다른 사람과 다르게 보는 점은 무엇인가?" "만약에 상황이 반대였다면 나는 무엇을 할까?" "이것과 저것의 관계는 무엇인가?" 등의 질문이다.

▶ 불확실성이 크고 긴급하게 문제를 처리해야만 하는 경우(LUEA)

┈▶ 36계의 마지막 비책을 써라

불확실성이 큰 상황을 맞은 분석적인 사람은 정확한 상황 인식을 바탕으로 성공 확률이 더 높은 때를 기다린다. 자신의 강점만 믿고 계속 도전하면 오히려 큰 실패를 맛볼 수 있다. 패배할 확률이 높은 싸움은 피해야 한다. 백 번 승리하다가 한 번 패하면 목숨을 되돌릴 수 없는 게 전투이듯이, 현대 사회의 생존 경쟁도 백 번 작은 성공을 하다가 정점에서 추락하면 다시 오르기 힘들다.

당신이 LUEA 상황이라면 분석력이 높고 낮고를 떠나서 이길 싸움에 자신의 역량을 집중시키기 위해 일단 36계의 마지막 비책을 고려해야 한다. 이것은 비겁함이 아니라 현명한 전략이다. 칭기즈 칸도 이런 상황에서는 강과 산으로 몸을 피했다. 자기 자신을 칭기즈 칸보다 더 낫다고 생각하지 말기를 바랄 뿐이다.

외향적이면서 직관적인 당신,
의외의 수로 과감하게 승부하라

생각은 실제 드러난 문제를 해결하기 위함이 아니라,
좀 더 심오한 질문으로 나아가기 위한 것이다.
– 막스 베르트하이머(Max Wertheime, 게슈탈트 심리학 창시자, 1880~1943)

문제조건 \ 성향	외향/분석	외향/직관	내향/분석	내향/직관
충분/자유	WFEA	WFEN	WFIA	WFIN
충분/긴급	WUEA	WUEN	WUIA	WUIN
희박/자유	LFEA	LFEN	LFIA	LFIN
희박/긴급	LUEA	LUEN	LUIA	LUIN

의외의 수로 결판내기 위해서는 빠르게 뒤로 돌아가라

잘 정의된 문제를 기한도 자유롭게 해결해야 하는 경우(WFEN)

WFEN에 맞는 전략을 활용하기 위해서는 먼저 직관적 성향의 사람
은 어떤 사람인가를 충분히 살펴봐야 한다. 직관적 사람[N]은 잘 정

의된 문제[W]라고 해도 다른 가능성을 보는 것을 좋아한다. 새로운 것을 시도하기 위해서 일부러 반대로 생각하는 경우도 있다. 의외의 수. 이것이 바로 직관적인 사람들의 뇌에서 두둥실 떠다니는 것이다. 세상의 잘 정의된 문제는 매뉴얼로도 해결이 된다. 하지만 직관적인 사람들은 매뉴얼을 따르는 것에 익숙하지 않다. 그래서 기존에 당연하다고 생각했던 것과 다른, 의외의 방식으로 접근하려 한다. 그리고 그 방식으로 더 큰 성과를 내는 경우가 많다.

피아노의 거장 아르투르 루빈스타인(Arthur Rubinstein)은 나이가 들어 빨리 연주할 수 없음을 깨달았다. 보통 연주자라면 더 연습을 해서 연주 속도를 회복하려고 했을 것이다. 하지만 직관적인 루빈스타인은 다른 방법을 생각해냈다. 만약 연주곡에 빠른 악절이 있으면 그 직전의 악절을 일부러 느리게 연주했다. 왜? 루빈스타인은 문제 발생의 원인을 잘 간파했다. 신체의 나이가 들어 생긴 문제라면 연습을 해도 한계가 있음을 깨달은 것이다. 그래서 차라리 자신의 연주 속도가 더 느려져도 문제를 해결할 수 있도록, 빠른 악절을 상대적으로 빠르게 느껴지도록 했다. 속도가 느려진 것이 문제였는데, 속도를 더 높인 것이 아니라 일부러 천천히 연주하는 방법으로 해결책을 삼은 것이다. 문제 조건의 뒤통수를 쳐서 한 번에 문제해결에 성공하는 묘안. 이렇게 루빈스타인은 여든아홉 살까지 훌륭한 연주를 선보이며 청중을 더 크게 감동시켰다.

상황을 뒤집는 의외의 수가 천재에게서만 나오는 것은 아니다. 지명도가 높은 인물의 특성을 조명하기 위해 직관적인 성향이 드러나는 문제해결 일화를 자주 다루기 때문에 그렇게 느껴질 뿐이다. 현실을 잘 들여다보면 일반인들도 의외의 수로 문제를 해결하고 있다. 냉장고 냄새를 없애기 위해 동전을 넣는 것은 냉장고 생산 회사의 매뉴얼에도 없는 것이었다. 재활용 쓰레기로 생각하기 쉬운 페트병을 잘라 소형 수납함으로 활용하는 것도 유명한 환경운동가가 생각해낸 것이 아니다. 다른 가능성을 살핀 일반 주부의 머리에서 나왔다.

세계 최초로 엘리베이터를 만든 기업은 오티스(OTIS)이다. 당시 관련 업계의 최고 연구원과 기술자는 이 기업에 소속되어 있었다. 그렇지 않으면 어떻게 최초의 엘리베이터를 만들 수 있었겠는가? 그런데 그들도 해결하지 못하는 문제가 있었다. 엘리베이터의 속도였다. 당시 기술 수준으로는 아무리 노력해도 사람들이 체감할 정도로 엘리베이터 속도를 높일 수가 없었다. 오티스는 획기적인 신제품을 갖고도 느린 속도 때문에 사업 초기에는 큰 어려움을 겪었다. 경영진의 속은 시커멓게 타들어갔다.

그러던 어느 날 한 여성 엘리베이터 관리인이 엘리베이터 안에 거울을 달아놓자는 아이디어를 제공했다. "속도가 문제라니까 웬 거울?" 말도 안 되는 소리라 생각했지만 시험 삼아 기존의 오티스 엘리베이터에 거울을 달았다. 똑같은 속도로 움직이는 엘리베이터인데도 사용자들은 거울을 보느라 엘리베이터가 느리다는 사실을 알아채지 못했다. 속도에 대한 불만은 사그라들었고, 오티스의 매출은 급등했다. 속도가 훨씬 빨라진 지금도 거의 모든 엘리베이터에는 거울이 붙어 있거나 자신의 모습을 비춰볼 수 있는 재질로 인테리어가 되어 있다. 이런 변화를 만든 것은 최고 지식을 가진 기술자가 아니라 이름도 남지 않은 엘리베이터 관리인이었다.

루빈스타인과 오티스 엘리베이터 관리인의 문제해결법에는 공통점이 있다. 바로 의외의 수이다. 두 일화 모두 속도의 문제를 인간의 감각을 변화시키는 것으로써 해결했다. "속도의 문제는 속도를 개선시켜서 해결해야만 해!"라고 사람들이 생각하는 정공법이 아니었다. '특허'라는 것도 이미 완비된 정공법이 아닌 참신한 접근을 통해 얻을 수 있는 것이 아니던가? 특허로 등록된 모든 것들이 과학자나 연구원 등 오직 전문가들에 의해 만들어진 것은 아니다. 일반인이 만든 것도 아주 많다.

직관적인 사람이 억지로 분석적인 사람의 전략을 흉내 낼 필요는 없다. 전문가가 아니라며 자신의 아이디어를 스스로 죽이지만 않으면 오티스의 엘리베이터 관리인처럼 멋진 해결책을 내놓을 수 있다. 여기서 WFEN 전략의 기본 조건을 살펴보자.

오티스 엘리베이터 관리인이 자신의 아이디어를 그저 머릿속에만 넣어놨다면 어떻게 되었을까? 오티스는 그 위기를 극복하지 못하고 망했을지도 모른다. 직관적으로 의외의 수를 생각했다면 그것을 외향적으로 발산시켜야 한다. 이것은 EN 성향의 사람이라면 쉬운 일이다. 반면 다른 성향을 가진 사람들은 잘 못하는 일이기도 하다. 차별적인 경쟁력을 발휘하는 것에서부터 성공을 향한 발걸음이 시작된다.

WFEN 전략은 의외의 수를 외부에 적극 개진하는 것을 기본으로 삼는다. 이를 통해 효과적으로 상황을 해결할 수 있으며, 다른 EN 성향의 문제해결자들과의 경쟁에서 좀 더 빠르게 성공전략을 내놓을 수 있다. 한마디로 말하자면 "의외의 수로 결판내기 위해서는 빠르게 뒤로 돌아가라"이다. 이 전략으로 성공한 기업 이야기를 해보자.

닌텐도는 지금의 성공을 거두기 전에도 이미 성공한 기업이었다. 닌텐도의 대표적 게임인 '슈퍼마리오'만 해도 1985년에서 1991년까지 총 8개 버전이 제작되어 전 세계적으로 7천만 개가 판매되었다. 그런데 변화가 생겼다. 소니의 '플레이스테이션2'가 닌텐도의 게임 큐브(Game Cube)보다 더 큰 성공을 거둔 것이다. 소니가 게임 엔터테인먼트 시장에 등장하자 전문가들은 하나둘 닌텐도 시대의 종말을 예고하기 시작했다.

위기를 직감한 당시 닌텐도 CEO인 히로시 야마우치는 의외의 수에 운명을 걸었다. 경쟁사인 소니의 성공 전략을 분석해서 벤치마킹하는 문제해결법을 생각한 것이 아니라, 게임을 하지 않는 사람들에 대한 조사를 시작했다. 그리고 그 조사 결과를 바탕으로 새로운 게임 서비스 개발에 매달렸다. 히로시 사장은 기존 게임 시장은 경쟁사가 너무 많아 경쟁이 힘들 것이니 피해야 한다고 생각했다. 그리고 게임을 하는 사람보다는 게임을 하지 않은 사람의 숫자가 더 많으니 다른 시장을 새롭게 개척해야 한다고 생각했다. 만약 히로시가 CEO가 아니었다면 기본조차 되어 있지 않은 생각이라고 무시당했을지 모른다. 그러나 히로시는 기본을 뒤집는 생각을 해냈다.

EN 성향의 사람들이 발휘해야 하는 전략도 이것이다. 상황을 반전시키는 해결책을 만들려면 가장 기본적인 전제 조건부터 뒤집어봐야 한다. 그리고 그것을 남보다 빠르게 실행해야 한다.

히로시는 그동안 회사 내부에 축적해 온 게임 사용자에 대한 분석 자료나 관련 기술 등은 그냥 놔두었다. 대신에 불확실성이 가득한 새로운 시장에 과감하게 도전장을 던졌다. 그리고 기존에 출시되어 있는 게임기를 뛰어넘는 전혀 새로운 스타일의 게임기를 내놓았다. 그것이 바로 wii이다. wii 출시 후 닌텐도는 기존 콘솔 게임 시장의 판도를 바꾸는 독보적인 성공을 거두었다. 닌텐도DS 역시 전 세계적으로 폭발적인 매출을 기록했다.

닌텐도는 현재 새로운 스타일의 게임 분야를 계속 선도하고 있다. 시장의 변화에 밀려서 문제를 해결하기보다는 자신들이 생각하는 기술 로드맵에 의해서 말이다. 그러나 닌텐도가 기술적으로 탁월한 게임기를 만들기 위한 로드맵을 갖고 있는 것은 아니다. 히로시 야마우치 사장은 엔지니어들에게 이렇게 강조한다.

"소비자들이 어떤 기기를 원하는지에 대한 이견이 없을 정도로 다른 제품보다 훨씬 더 훌륭한 제품을 만들어야 한다."

전자제품으로 성공하려면 선도적인 기술부터 갖춰야 한다는 것은 불과 10년 전만 해도 당연한 말이었다. 하지만 최근 우리 눈앞에 펼쳐지고 있는 현실을 잘 들여다보면 전혀 다른 결론에 이르게 된다. 대니엘 핑크(Daniel Pink)는 저서 《새로운 미래가 온다(A Whole New Mind)》를 통해 가장 진보적인 기술을 선점하면 가장 크게 성공하는 시대는 끝이 났다고 선언했다. 오히려 기술우선주의에서 벗어나 의외의 수를 생각할수록 더 크게 성공하는 시대 속에 우리는 살고 있다. 직관적 성향을 갖고 있다면 과감하게 승부를 벌이는 것이 성공과 가까워지는 길이다. 캐논 사장인 후지오 미타라이는 이렇게 말했다.

"사람들이 미친 짓이라고 말하면 우리는 뭔가를 늘 시작해야 한다. 사람들이 뭔가가 좋다고 말하면, 그건 다른 누군가가 이미 행했다는 뜻이다."

인간은 인지적 특성상 직관력이 좋게 설계되어 있다. 그래서 직관을 통해 나온 해결책을 실행할 과감한 결단력만 있다면 문제는 의외로 쉽게 해결할 수 있다. 네덜란드 암스테르담대학교의 압 딕스테리후스(Ap Dijksterhuis) 교수 연구팀의 2006년 실험에 따르면, 복잡한 문제일수록 오래 생각하기보단 차라리 단번에 결정을 내리는 것이 낫다고 한다.

실험 참가자들은 샴푸나 장갑, 수건과 같은 일상용품부터 가구나 자동차같이 값비싼 상품들의 정보를 제공받았다. 그리고 해당 정보를 바탕으로 어떤 제품을 선택할 것인가를 결정하는 것이 과제였다. 연구팀은 실험 참가자 절반에게는 정보를 분석할 수 있도록 충분한 시간을 주었다. 반면에 나머지 참가자들에게는 간단한 퍼즐을 풀도록 지시했다가 갑작스럽게 어떤 제품을 선택할 것인가를 물었다. 그 결과 샴푸나 장갑 같은 흔한 일상용품의 경우 많은 시간을 갖고 주어진 정보를 검토한 사람일수록 제품 선택 만족도가 높았다고 한다. 그러나 집이나 자동차를 선택하는 것 같은 복잡한 결정은 생각할 시간이 많았던 사람들의 만족도가 오히려 낮게 나왔다.

딕스테리후스 교수는 이러한 결과를 놓고, 복잡한 과제에 대해 너무 많은 생각을 할 경우 분석을 하기 위해 세부 정보에 의존하게 되어 결국 큰 실수를 하기 쉽다고 해석했다. 반대로 갑자기 판단을 해야 하는 상황에서는 직관을 사용해서 많은 양의 정보를 종합적으로 판단하게 되어 상대적으로 만족도가 높게 나온 것이라고 해석했다.

통찰이라는 단어를 보면, 나이 지긋한 전문가가 가만히 앉아서 뭔가를 깊이 고민하는 장면이 연상된다. 통찰력을 발휘하기 위해서는 많은 자료를 보면서 심사숙고를 해야 할 것 같다. 하지만 사실은 전혀 그렇지 않다. 드렉셀대학교의 존 코니오스(John Konious) 박사와 노스웨스턴대학교의 마크 융베만(Mark Jung-Beeman) 박사는 2004년 뇌전도 실험으로 통찰력이 형성되는 뇌 활동을 조사했다. 그 결과 통찰력으로 문제를 해결할 때는 시간이 부족한 경우가 더 많았다. 통찰력을 발휘하기 좋은 상황부터가 의외인 셈이다.

지금까지 살펴본 닌텐도 등의 사례와 딕스테리후스 교수 등의 연구 결과를 종합하자면 결론은 이렇다.

기한이 여유롭더라도 위기의식을 갖고 빠르게 문제를 해결해야 직관의 잠재성을 제대로 활용할 수 있다. WFEN의 문제해결 유형에 해당하는 사람이 잊지 말아야 할 지침이다.

자신이 잘할 수 있는 방향으로 공식을 적용하라

문제와 관련된 정보를 많이 알고 있지만 긴급하게 처리해야 하는 경우(WUEN)

만약에 아래와 같은 질문을 받았다고 가정해 보자.

"18×18의 답을 구하시오."

이 문제를 어떻게 해결하겠는가? 주어진 문제 그대로 곱셈을 할 수도 있다. 하지만 이 방법은 어떠한가? 18×20을 계산하면 쉽게 360이라는 답을 얻을 수 있다. 360을 그대로 제시해도 좋겠지만 오차의 범위가 크므로 18×18과 18×20의 차이인 18×2의 값 36을 360에서 빼면 쉽고 빠르게 324라는 답을 얻을 수 있다. 두 방법 모두 곱셈 공식을 사용하는 것이지만 후자의 방법이 더 편하다. 그리고 실수를 최소화하며 더 빨리 처리할 수 있는 장점이 있다.

이렇듯 기존에 잘 알고 있는 문제라고 해도 급하게 해결해야 하는 경우라면 자신이 좀 더 잘할 수 있는 방식으로 문제를 변형시켜서 해결할 줄 알아야 한다.

직관적인 사람이 효율적으로 자신의 성향을 계발하기 위해서는 어떻게 해야 할까? 위와 같은 계산 문제의 경우라면 전자와 같은 당연한 곱셈 방식이 아닌, 후자처럼 다른 가능성을 찾는 문제해결법을 연습해야 할 것이다. 그런데 직관적인 사람이라고 해도 매번 새로운 의외의 수를 만들어내는 것은 쉽지 않다. 그리고 많은 정보를 바탕으로 문제를 긴급하게 해결해야 하는 상황이라면 좀 더 빠르게 자신의 직관력을 발휘할 수 있는 전략이 필요하다. 즉 WU 상황에서 EN 성향을 갖고 있는 사람에게 맞는 전략이 있어야 한다.

직관적인 사람은 경험을 잘 활용하지는 못한다. 그러나 경험은 분석적인 사람뿐만 아니라 직관적인 사람에게도 문제해결의 소중한 자산이다. 아무것도 없는 상태에서 문제해결을 시작하는 것보다는 문제해결에 성공한 노하우를 바탕으로 시작하는 것이 시행착오를 줄일 수 있어 훨씬 유리하다. 경험의 한계를 뒤집는 직관을 활용하는 사람일지라도 경험에 바탕을 둔다면 자신의 단점을 보완하면서 장점을 발전시킬 수 있다. 위에서 살펴본 곱셈 문제도 곱셈의 기본 원리인 셈법을 활용한 것이지, 완전히 아무것도 없는 것에서 직관을 발휘한 것은 아니다.

영국의 여왕 엘리자베스 1세의 경우 제왕으로서의 수업을 받은 적이 없지만 특유의 직관력으로 문제를 해결해서 탁월한 성과를 거두었다. 엘리자베스 1세는 태어나자마자 바로 왕위 계승자로 지정되었지만, 그녀 나이 3세 때 어머니인 앤 불린은 아버지 헨리 8세에 의해 목이 잘렸고, 엘리자베스는 왕궁에서 쫓겨나 하트필드의 사유지에서 성장해야 했다.

헨리 8세가 세상을 뜬 다음에도 상황은 나아지지 않았다. 그녀의 정적들은 호시탐탐 엘리자베스의 목숨을 노렸다. 왕위가 에드워드 6세에서 이복언니인 메리 1세에게 넘어갔어도 마찬가지였다. 우여곡절 끝에 왕위에 오르기는 했지만 메리 1세의 가혹한 정책으로 민심은 이미 왕가에게서 등을 돌렸고, 경제는 완전 파탄 나 있었다. 그러나 자신의 외향적 성향을 바탕으로 세력을 규합한 그녀는 강인하게 개혁정책을 밀어붙여 강력한 제국의 발판을 마련했다.

엘리자베스는 정적들이 득세하고 있는 시절에 자신의 세력을 규합해야 했다. 그래서 외향적인 성향이 발달했다. 그녀는 자신이 겪은 역경을 마음속 깊이 새겨두었지만 용기를 잃지 않았다. 그리고 상대방의 허를 찌르는 전략을 발전시키며 직관력을 키웠다. 이 모든 것이 한 치 앞도 내다볼 수 없는 상황에서 자신의 안위와 정권 획득이라는 두 가지 목표를 이루기 위해 엘리자베스가 택한 기본적인 삶의 자세였다. 그런데 이것만으로는 엘리자베스의 성공을 설명할 수 없다.

엘리자베스가 겨우 집권을 해서 정책을 손질하기 시작하던 1588년 큰 위기가 찾아왔다. 당시 최강이었던 스페인 무적함대가 영국을 집어삼키기 위해 출항한 것이다. 명실상부한 강국 스페인으로서는 영국의 성장은 심각한 위협이었기 때문이다. 풍부한 경험과 물자를 바탕으로 한 유럽 최강의 스페인 함대 앞에서 이제 겨우 나라를 재정비하기 시작한 영국의 해군은 오합지졸에 불과했다. 참모들은 정치적으로 타협할 것을 권했다. 하지만 그녀는 다른 진략을 선택했다. 반란과 암살의 위험을 무릅쓰고 직접 영국군이 집결해 있는 틸베리 캠프로 향했다. 여왕은 위엄 있는 드레스로 권위를 내세우려 하지 않았다. 그녀는 기병장교의 갑옷으로 무장한 채 연단에 섰다.

"나는 여러분과 생사고락을 함께하기 위해서 여기에 왔습니다. 나는 비록 연약한 여자의 몸이지만 왕으로서의 심장과 용기가 있으니 영국왕으로서 겁낼 것이 없습니다."

여왕의 연설을 들은 병사들은 크게 감동을 받았다. 그녀는 자신이 군대의 사령관을 맡겠노라 선언했다. 그러면서 전쟁 경험이 풍부한 사령관을 중장으로 지명하여 부관으로 삼는 것을 잊지 않았다. 그녀는 성과가 나쁠 수밖에 없는 무력대응 방식으로 문제를 해결하려고 한 것이 아니다. 자신이 잘 해온 정치 공식, 즉 선동으로 문제를 해결하려고 했다.

재미있는 것은 여왕의 연설을 들은 병사들 중 어느 한 명도 진격 명령을 받지 않았다는 것이다. 왜냐하면 스페인 함대가 상륙조차 하지 못했기 때문이다. 갖은 폭풍우 덕분에 스페인 함대는 영국 함대와 제대로 싸워보지도 못했다. 그 틈을 타고 영국 함대가 스페인 전함 4척을 불태우자 서둘러 북쪽으로 도망쳤다. 그리고 본국으로 귀환하는 과정에서 엄청난 폭풍에 휘말려 34척의 배를 한 번에 잃고 말았다. 이전투의 결과 스페인의 지위는 크게 흔들렸고, 유럽에서의 주도권도 상실해 쇠락의 길을 걷게 되었다.

한편 엘리자베스 여왕의 연설을 들은 병사들은 고향에 돌아가 그녀의 용맹함과 진정성을 알렸다. 결국 여왕의 정치력은 단번에 더욱 강해지게 되었다.

의외의 수를 가지고 성공하기 위해서는 결단력만이 아니라, 자신이 잘하는 성공 공식을 긴급한 상황에 적용할 줄 아는 지혜가 필요하다. 컴퓨터 산업 부흥기이던 1990년대 중반, 다른 컴퓨터 회사들의 재고량이 90일치였다면 델(Dell) 컴퓨터는 일주일 정도였다. 지금은 노하우를 더 발전시켜 재고량이 단 하루이다. 부품이 본사 창고로 들어오면 평균 6시간 내에 조립해서 판매하기 때문이다. 대개 컴퓨터 회사의 경우 불용재고가 3퍼센트 정도이지만, 델은 0.5퍼센트 이내로 관리하고 있다. 이런 효율적 관리로 델은 쓸데없는 비용 손실을 막을 수 있었다. 컴팩 등의 다른 컴퓨터 제조업체들이 엄청난 규모의 재고를 관리하기 위해 많은 시간과 인력, 비용을 소모하고 있는 것과는 큰 대조가 된다. 델은 고객의 주문에 바탕을 둔 차별적 재고 관리 시스템에 의해 다른 회사와 차별적인 가격 경쟁력을 갖출 수 있었다. 이것은 결국 매출 확대에 따른 수익 향상의 비결이 되었다.

이 성공의 배경에는 델이 인터넷 사이트(www.dell.com)를 이용한 직판 모델(Direct Model)을 고집했던 것이 크게 작용했다. 온라인 시스템을 통해 모든 과정이 관리되기 때문에 제품의 출하부터 자금회수까지 걸리는 시간이 최소화될 수 있었다. 그리고 얻어진 수익을 다시 고객이 만족할 수 있는 서비스에 재빠르게 재투자함으로써 독보적 위치를 확보할 수 있었다.

1996년 당시 온라인 직접 판매 방식은 시장에서 아직 검증되지 않은 시점이었지만 전자상거래 서비스를 개설한 지 얼마 안 되어 하루 매출이 100만 달러에 달했다. 그리고 현재 델의 인터넷 판매량은 전체 판매량의 절반 정도인 매년 160억 달러를 기록하고 있다. 전 세계 82개국 온라인 지점을 아울러 21개의 언어와 40개의 화폐 단위로 실시간 온라인으로 제품을 주문할 수 있는 글로벌 시스템을 갖춘 것은 컴퓨터 업계에서 델이 유일하다.

델의 독특한 성공 공식은 1984년 마이클 델(Micheal Dell)이 단돈 1천 달러로 컴퓨터 조립 판매회사를 창업할 때부터 함께했던 것이다. 델은 전화나 팩스 등을 통한 맞춤식 통신판매로 사업을 시작했다. 기존의 컴퓨터 회사처럼 대리점이나 중간 상인을 거치지 않고, 고객 조립형 컴퓨터를 최종 소비자에게 직접 판매하는 독특한 전략을 펼친 것이다. 그러다가 1990년대 초반 매출을 늘리기 위해 기존의 통신판매 이외에 소매점을 통한 판매 전략을 병행하였지만, 적자가 나자 외형적 매출 위주의 전략을 과감히 버렸다. 그리고 고객 위주의 전략으로 전환했다.

당시 컴퓨터에 대한 관심은 대단했다. 그리고 자신이 원하는 제품을 자신이 원하는 가격으로 사고자 하는 욕구도 명확했다. 이에 맞는 시스템을 갖추는 것이 필요했다. 마이클 델은 이미 1990년대 초반부터 온라인 점포에 대해 관심을 가졌고, 시범적인 운용을 통해 성공 가능성을 검토했다. 그리고 1995년 말 9명으로 구성된 인터넷 사업팀이 1년간에 걸쳐 자료를 수집하고 분석한 결과 전격적으로 제품을 중간 유통 없이 온라인으로 판매할 것을 결정했다. 그리고 1996년 이후 인터넷 점포를 개설하여 현재처럼 개인, 기업, 정부까지 고객으로 둔 기업으로 성공할 수 있다.

델은 고객과의 접점인 사이트만 잘 만든 것이 아니다. 제품 공급의 기반인 칩 생산자, 부품 생산자, 액세서리 생산자와의 유기적 파트너십을 형성했다. 그래서 고객의 주문을 실시간으로 전달했을 때 바로 컴퓨터를 조립·생산해서 포장에 이르는 단계까지 소요되는 비용과 시간을 최소화할 수 있었다. 또한 운송업체와의 계약을 통해 소매를 통한 유통 비용도 줄였다.

델의 직접 판매 전략은 다른 기업이 흉내 내기 힘든 상황이다. 델의 컴퓨터가 지상 최고의 기술로 조립되어 있어서가 아니다. 고객은 자신의 요구에 맞춘 컴퓨터를 빠르게 사고 싶은 경우에 델을 찾는다. 고객은 마치 매장에 가서 영업사원과 이야기를 나누는 것처럼 웹 사이트에서 미리 분류된 고객 유형에서 자신과 가장 가까운 것을 선택하면 그에 맞는 최적의 제품 모델과 견적을 안내받을 수 있다. 미리 지정해 놓은 사양을 볼 수도 있지만 세부 사항을 조정할 수 있는 것이 큰 장점이다. 또 시스템에 모든 주문사항이 남아 있으므로 고객은 자신이 주문했을 당시의 제품 특성을 별도로 설명할 필요 없이 제품의 A/S를 받을 수 있다.

델은 《포춘》지 선정 500대 기업 중 25퍼센트에 달하는 기업들을 '단골'로 유치하고 있다. 기업들이 델 컴퓨터의 제품과 서비스에 얼마나 만족하고 있는지 확인할 수 있는 증거이다. 델은 주로 기업이나 정부 등 대규모 컴퓨터 구매자를 위해 '프리미어 페이지(Premier Pages)'라고 하는 차별적 서비스를 제공하고 있지만, 일 대 일 맞춤 직접 판매의 원칙이 적용되는 것은 똑같다. 델은 자신을 성공으로 이끈 공식을 충실하게 적용함으로써 급속도로 변화하는 시장의 위기를 성공적으로 돌파하고 있다.

직관의 초보자일지라도 성공의 경험을 모두 갖고 있다. 비록 그 크기가 작다고 해도 말이다. 자신의 실패에 좌절하느라 시간을 낭비하지 말고, 자신을 성공으로 이끌었던 경험을 모으자. 그리고 그 경험 속에서 공통된 바를 찾자. 그것이 당신의 성공 공식이다.

엘리자베스 1세라고 매번 세력을 잘 규합한 것은 아니다. 모반의 죄를 뒤집어쓰고 런던탑에 갇힌 적도 있었지만 그녀는 자신을 성공으로 이끈 전략에 모든 것을 걸었다. 매번 성공해서가 아니라, 그래도 성공 가능성이 더 높기 때문이다.

다시 한 번 강조하지만, 당신은 이미 준비되어 있다. 본인이 실패만 거듭했다고 믿고 있더라도 현재 위치에 있을 수 있는 것은 지금까지 오는 과정에서 뭔가에는 성공했기 때문이다. 만약 실패만 계속 했다면 당신은 이 책을 읽고 있지 못할 것이다. 글을 배우는 데도 실패했을 테니까. 그리고 이 책을 살 돈조차 마련하지 못했을 테니까.

실패와 성공으로 직조된 인생에서 우리 모두는 성공과 행복을 바라고 있다. 이 책을 쓰는 사람이나 읽는 사람 모두 말이다. 성공을 바란다면 실패가 아닌 성공을 들여다보라. 그리고 그 노하우를 긴급하게 처리해야 하는 일에 적용하라. 그러면 당신은 성공할 수 있다. 부정적인 시선을 갖는 순간만큼 실패에 더 가까워지는 법이다. 선택은 당신의 몫이며, 행복과 성공도 당신의 몫이다. 그리고 이미 해결책은 나와 있다. 당신의 실행만 남아 있을 뿐이다.

다른 사람의 힘으로 성공하라

미래가 불투명하지만 결단을 내릴 수 있는 경우(LFEN)

개인적인 능력만으로 해결하기에는 버거운 문제가 세상에 너무 많다. 세상은 점점 더 복잡해지고, 문제해결에 영향을 주는 요소도 더 다양해지고 있다. 미래에 벌어질 일에 대한 불확실성 역시 훨씬 더 커졌다. 이런 상황에서 성공을 하려면 종합적으로 상황을 파악할 수 있는 통찰력을 발휘해야 한다. 하지만 제1부에서 살펴보았듯이 인간은 '인지적 제약' 때문에 한 번에 처리할 수 있는 정보의 용량에 제한이 있다. 따라서 개인의 정보 처리와 판단 및 결정의 한계를 뛰어넘을 수 있는 전략이 필요하다.

EN 성향을 가진 사람은 직관적으로 생각하기를 좋아하는 동시에 다른 사람과 어울리기도 즐긴다. 이런 성향을 잘 발휘한다면 다른 사람의 능력을 직관적으로 활용해서 문제를 해결할 수도 있다. 즉 내 능력의 한계에 머물지 않고 다른 사람의 문제해결 능력까지도 당신의 성공을 위해 활용할 수 있는 것이다. 이런 주장과 가장 맞아떨어지는 인물이 바로 세계 최대의 부자인 빌 게이츠이다.

1980년대 IBM은 GE보다 두 배 이상 큰 기업이었다. 당시 미국 정부가 IBM을 상대로 반독점 소송을 걸 정도였다. 반면 MS 사는 시장에서 IBM의 한 개 팀만도 못한 비중을 갖고 있었다. 당시 퍼스널컴퓨터(Personal Computer)는 신생 사업이었고, 사업가들은 일시적인 유행이라고 생각했으며, 대중들은 그게 무엇인지 알지도 못했다. 당시 MS 사는 회사라기보다는 하버드대학교 중퇴생 빌 게이츠가 그의 동료들과 함께 소수의 컴퓨터광을 소비자로 겨냥해서 제품을 팔아볼까 궁리했던 풋내기 집단에 더 가까웠다. 물론 IBM은 PC의 성장을 예상하고 극비 프로젝트로 'IBM 5150 PC'를 출시하게 되었다. MS 사가 끼어들 틈이 없었다. 그러나 빌 게이츠는 그만의 원샷원킬 해결법을 생각해냈다.

당시 많은 회사들은 더 빠르고 쉬운 운영체제나 최상의 하드웨어를 개발해서 시장을 점유하려고 했다. 그런데 아직 검증되지 않은 시장에서 고객이 지갑을 열어 구매할 제품이 무엇인가는 상당히 불확실했다. 그래서 빌 게이츠는 PC의 표준사양을 확립하려는 전략을 세웠다. 빌 게이츠는 IBM이 예측한 것보다 더 빠르게 시장이 성장할 것이라고 보았기 때문에 하드웨어로는 승부가 되지 않을 것이라 생각했다. 그래서 상대적으로 경쟁이 덜한 운영체계와 애플리케이션 쪽에 승부수를 던져야 할 것이라 판단했다.

빌 게이츠는 원샷원킬의 대안을 생각해냈다. 아직 운영체제 개발도 마무리하지 않은 상태였지만 빌 게이츠는 호기 있게 IBM과 협상을 시작했다. 빌 게이츠는 IBM이 원하는 제품을 납품할 수 있다고 설득했다. 그리고 오래지 않아 최종 협약을 체결했다. 풋내기인 빌 게이츠에 대해서 자세히 알아볼 사이도 없이 말이다. 그만큼 IBM은 다른 경쟁자가 생기기 전에 서둘러 컴퓨터 시장을 점유하고 싶어했고, 빌 게이츠는 이러한 IBM의 상황을 최대한 이용했다. 그는 계약을 체결하자마자 'QDOS(Quick and Dirty Operating System)'의 저작권을 사들여서 운영체계에 관한 문제를 해결했다. 이것이 바로 MS-DOS가 되었다. MS는 다른 회사의 운영체계 저작권도 사들였다. 그리고 다른 하드웨어 제조업체들에게 그들 자신의 시스템 이외에 표준화된 DOS 시스템을 갖춰야만 시장에서 생존할 수 있다고 주장했다. 하드웨어 업체들은 MS 사의 말을 믿었다. 왜냐하면 시장의 절대 강자였던 IBM이 이미 그렇게 했기 때문이다.

여기서 잠깐. LFEN에 맞는 전략을 이해하기 위해서는 이 부분을 특히 주의해서 봐야 한다. 빌 게이츠는 계약에 필요한 기술력을 갖고 있지 않았다. 다만 기술력을 갖고 있는 업체와 협력관계를 구축했다. 그것도 대기업인 IBM을 설득한 뒤 협력관계를 구축했다. MS 사는 이렇게 놀라운 문제해결 전략으로 기술력을 경쟁력으로 삼는 컴퓨터 업계에서 그 누구보다도 빠르게 성공했다. 이 과정을 좀 더 자세히 알아보자.

빌 게이츠는 "이미 기술을 갖고 있다"고 말해 단숨에 IBM을 설득할 수 있었다. 그렇지만 사실과 부합하는 정확한 표현은 '가질 수 있다'였다. 빌 게이츠는 발 빠르게 IBM의 협상에서 카드로 쓸 수 있는 것은 모조리 수집했다. IBM과 직접 협상을 한 것은 오로지 MS 사였기 때문에 다른 업체들은 혹시나 있을지도 모르는 추가 이윤을 위해 자신의 권리를 쉽게 넘겼다. 그래서 DOS에서 작동하는 애플리케이션이 많아졌고, 그것은 DOS 기반의 컴퓨터가 시장에 더 많이 퍼질 가능성이 크다는 의미가 되었다. 이렇게 판을 짜자 MS 사는 PC의 표준사양에 들어가게 되었다.

빌 게이츠는 자신이 확신한 대안으로 다른 사람들을 확신시켰고, 시장을 확실하게 손에 넣었다. 단숨에 1위의 왕좌에 오른 MS 사는 그 이후 30년 이상 그 자리를 독점하고 있다. 처음에 그들을 성공의 자리로 올려놓았던 것과 같은 문제해결법을 그대로 쓰면서 말이다. MS 사는 인터넷 브라우저인 익스플로러를 만들기 위해 넷스케이프의 기술을 빌려왔으며, 독특한 기능을 구현하는 크고 작은 소프트웨어 회사들의 기술을 가져다가 통합시켜 MS-office의 다양한 부가기능을 소비자에게 제공하고 있다. 그들은 계속 다른 사람들의 힘을 누구보다 빠르고 혁신적으로 활용해서 성공을 유지하고 있다.

디즈니의 대표 캐릭터 중의 하나인 미키 마우스와 도날드 덕만 해도 월트 디즈니(Walter E. Disney) 혼자서 만든 것이 아니다. 많은 사람들이 월트 디즈니가 배고픈 화가 생활을 하며 보게 된 쥐를 배경으로 직접 그린 것으로 알고 있다. 하지만 사실 미키 마우스는 월트 디즈니의 위임을 받아 어브 이웍스(Ub Iwerks)가 만들었다. 그리고 어브 이웍스가 만든 쥐에게 미키 마우스라는 이름을 붙여준 사람은 월트 디즈니의 부인인 릴리안(Lilian Disney)이었다.

그렇다면 월트 디즈니는 아무것도 한 것이 없을까? 미키 마우스의 목소리 최초 녹음은 월트 디즈니가 직접 담당했다. 아니, 이뿐만이 아니다. 월트 디즈니는 그의 꿈을 펼칠 사업을 계속 생각했으며, 그것을 도와줄 사람들을 계속 만났다. 월트 디즈니는 그가 만난 여러 사람의 능력을 적극적으로 활용해서 원대한 꿈을 이룰 정도로 아주 탁월한 능력을 갖고 있었다. 그 창조적 협동을 이끌어내는 능력 덕분에 그는 27개의 오스카 상과 현재까지도 시들지 않은 명성과 재산을 얻을 수 있었다.

능력의 울타리에 갇혀 주저앉지 마라. 성공하고 싶다면 완벽해지려고 노력하라는 자기계발서가 많은데, 약점을 개선한다는 것이 생각보다 쉽지 않다. 차라리 다른 사람의 장점을 활용해서 자신의 단점을 보완하는 것이 현명하다. 특히 EN 성향을 가진 사람이라면 자신의 구체적 상황을 세세히 분석하고 준비하는 것이 어렵다. 이때는 자신의 외향적인 성향과 직관적인 판단력이 더욱 부각될 수 있는 방향으로 몰입하는 것이 훨씬 마음 편하고, 그 성과도 좋다. 적극적으로 다양한 사람과 어울리면서 그들의 장점을 적극 활용해야 남보다 빠르게, 그리고 당신이 도움을 받았다면 더 크게 성공할 수 있다.

그런데 다른 사람의 능력을 활용하라는 말은 다른 사람의 아이디어를 훔치거나 착취하라는 말이 아니다. 다른 사람의 능력으로 할 수 있는 것 중에 자신의 목표와 맞아떨어지는 것을 취하라는 것이다. 그리고 반대로 그 사람에게도 당신의 능력으로 도움을 줘야 한다. 그래야 그 관계를 지속적으로 유지하며 도움을 주고받을 수 있다. 이러한 관계를 '협력'이라고 한다. 어느 한편만 이득을 취하면 그것은 착취일 뿐이다.

사람들은 경쟁보다는 협력이 좋다는 것을 알고 있다. 어릴 적 공부할 때도 친구에게 힌트나 도움을 구해서 문제를 해결하는 것이 더 효율적이었던 경험이 있다. 그런데도 왜 남에게 도움 청하는 것을 주저하게 되는 것일까?

이스라엘의 텔 아비브 대학교 심리학과의 아리에 내들러(Arie Nadler) 교수의 연구에 따르면, 자긍심이 많은 사람일수록 다른 사람에게 도움을 요청하는 것이 자신의 자아에 위협이 되는 것으로 인식한다고 한다. 즉 자신의 능력에 대한 신념이 있는 사람일수록 다른 사람에게 도움을 받는 것이 마치 자신의 능력에 문제가 있는 것을 인정하는 것으로 해석한다. 그래서 다른 사람의 도움을 찾지 않을 뿐만 아니라, 상대방이 적극적으로 도와주겠다고 나서도 뿌리친다. 아리에 내들러 교수의 연구를 통해 자신의 능력을 과신하면 협력의 가능성이 줄어들고, 그만큼 자신의 능력을 뛰어넘을 수 있는 가능성도 줄어든다는 사실을 확인할 수 있었다.

영국의 에딘버러 시립 박물관에 가면 실내에 3층 높이에 달하는 증기기관이 설치되어 있는 것을 볼 수 있다. 심지어 웅장한 증기 기관차도 실내에 전시되어 있다. 모두 근대 영국을 강국으로 이끄는 데 바탕이 된 제임스 와트(James Watt)의 증기기관 개발 업적을 강조하기 위한 것이다. 흔히 제임스 와트가 주전자에서 나오는 수증기를 보고 증기기관의 아이디어를 얻은 것으로 알고 있다. 하지만 와트는 이미 영국에서 운행 중이었던 뉴코멘(Thomas Newcomen) 증기기관의 아이디어를 응용했다. 뉴코멘은 프랑스 과학자 데니스 페펭(Denis Papin)의 실린더와 피스톤 연구를 응용했다. 페펭도 그 이전 연구자의 연구 결과를 바탕으로 했을 것이다. 2만 가지가 넘는 발명품을 만들어 특허를 받은 토마스 에디슨(Thomas A. Edison)조차 이렇게 말했다.

"다른 사람이 성공적으로 사용한 신기한 아이디어에 항상 주목하는 습관을 가져라. 당신은 당신이 직면한 문제해결 과제에 적용할 때만 독창성을 가지면 된다."

워싱턴대학교 심리학과 키스 소여(Keith Sawyer) 교수는 저서 《그룹 지니어스(Group Genius)》를 통해 이렇게 밝혔다.

"한 명에 의해 창의성이 나온다는 믿음은 신화에 불과할 뿐이다. 창의성은 협력을 통해 이뤄지고, 다른 사람들의 아이디어에 많은 영향을 받은 일종의 혁신의 결과물이다."

20세기뿐만 아니라 전체 인류사를 변화시킨 최대 발견 중 하나인 DNA의 이중나선 구조를 발견한 제임스 왓슨(James D. Watson)과 프랜시스 크릭(Francis Crick)도 로잘린 프랭클린(Rosailnd Franklin)과 라이너스 폴링(Linus Carl Pauling) 등의 연구자들의 자료에 의존해서 성공했다. 리눅스의 아버지인 리누스 토발즈(Linus B. Torvalds)는 '오픈소스 정책(Open Source Policy)'을 통해 얼굴도 모르는 사람의 힘으로 성공했다.

기억해야 한다. 빌 게이츠는 기술력 개발에서는 실패한 명문대 중퇴생이었다. 그가 자신의 역량 개발에만 집중했다면 1만 시간을 들여도 그 성공을 장담하기 힘들었을 것이다. 효율적이고 계획적인 수련 방법을 찾는 것은 쉽지 않기 때문이다. 설령 찾았다고 해도 그것을 10년간 꾸준히 하는 것은 더 힘들다. 차라리 자신의 역량을 계발하기 위해 최선을 다하는 사람을 활용해서 당신의 성공 퍼즐을 완성하는 것이 훨씬 더 빠르다.

앞서 이야기했듯이 외향적이고 직관적인 사람이라면 다양한 사람들과 어울리면서 그들의 장점을 발견하기는 쉽다. 그러니 당신이 EN의 성향을 지녔다면 문제를 만났을 때 보고서에 머리를 박기보다는 다른 사람들과의 만남의 자리에 머리를 들이미는 것이 경쟁력을 갖추는 데 효과적일 수 있다. 단 그저 분위기에 취하는 것이 아니라 현재 자신의 문제를 해결하기 위해서 필요한 다른 사람들의 장점이 무엇인가 주의해서 살펴야 한다.

미래를 정확히 계산해서 사람을 사귀는 것은 윤리적으로 옳고 그름을 따지기 전에 애초에 불가능하다. 수많은 문제해결 변수를 어떻게 다 계산하겠는가. 또한 그 사람을 어떻게 바로 필요한 순간에 정확히 배치해서 문제를 해결할 수 있도록 만들겠는가. 이성으로 해결할 수 있는 문제가 아니기에 불가능하다. 하지만 외향적인 사람으로서 수많은 사람을 열린 마음으로 사귀는 것은 가능하다.

성공을 원한다면 당신의 외향성을 적극 발휘하기 위해 노력하라. 다양한 온오프라인 모임에 참석하라. 아니, 아예 당신이 적극적으로 모임을 조직하라. 그래서 그 많은 사람들이 꼭 당신을 통해서 모임에 대한 정보를 얻거나 선택을 할 수 있도록 하라. 그렇게 사람들의 머릿속에 중요한 사람으로 자리 잡는 것이다. 그 이후에는 당신이 문제해결 도움을 외치는 순간 그들이 나서서 도와줄 것이다.

정반대되는 생각도 검토하고, 다른 사람에게 한 번 설명해 보라
관련 정보가 희박하고 긴급하게 결정을 내려야 하는 경우(LUEN)

1905년은 물리학뿐만 아니라 인류의 역사에 큰 전환점이 된 해이다. 3월 17일부터 9월 27일까지 여섯 달 동안 아인슈타인(Albert Einstein)은 세상을 바꿀 만한 논문 5편을 썼다. 그의 인생에서 첫 번째 논문을 완성했던 때가 1900년 12월 13일이었으니 5년이 채 안 돼 엄청난 성과를 거둔 셈이었다. 아인슈타인도 1905년을 기억하며 "내 마음에 폭풍이 몰아쳤다"고 이야기했을 정도였다.

1905년 아인슈타인이 발표한 논문에는 고속으로 움직이는 시스템에서는 길이가 수축되고 질량이 증가하며 시간이 느려진다는 내용이 포함돼 있다. 이게 무슨 말일까? 흔히 아인슈타인의 상대성이론과 타임머신을 연결시키며 자주 나오는 '쌍둥이 패러독스(twin paradox)'의 내용을 살펴보면 쉽게 이해할 수 있다.

거의 동시에 태어난 쌍둥이 중, 형이 스무 살 생일을 기념하여 동생은 지구에 두고 빛의 속도에 가깝게 움직이는 우주선을 타고 15년 만에 우주 여행에서 돌아온다면 어떤 일이 벌어질까? 고속으로 움직이는 시스템에서는 시간이 느려진다고 했으니 우주선에 탄 형은 15년밖에 시간이 흐르지 않았어도, 빛의 속도와 비교할 수도 없을 정도로 느리게 움직이는 지구에 남아 있던 동생은 60년이 흘러 할아버지의 모습으로 형을 맞이할 것이다. 태어날 때 시간 차이가 거의 없었던 쌍둥이가 운동 속도에 따라 엄청난 차이가 생길 수 있다는 말은 지금의 상식에서도 많이 벗어난 듯 보인다. 하물며 아인슈타인이 특수상대성이론을 처음 내놓았을 때는 어떠했겠는가?

사람들은 아인슈타인의 개념이 당시 절대적인 권위를 갖고 있던 뉴턴(Isaac Newton)의 시간과 공간에 대한 이론과 맞지 않는다며 무시했다. 뉴턴은 공간이 상대공간과 절대공간으로 나뉜다고 생각했다. 즉 절대공간은 외부의 어떤 것과도 관계가 없고 늘 똑같으며 움직이지 않는 개념적 공간인 반면에, 상대공간은 절대공간이 움직일 수 있는 차원을 실제로 잰 것이라고 생각했다. 또한 뉴턴은 절대공간 이외에 절대시간이 있다고 생각했다. 절대시간은 '지속' 그 자체이며 시간을 재는 도구인 시계, 달력은 단지 상대시간을 나타내는 척도로서 그 배후에는 절대시간이 있다고 생각했다.

뉴턴은 사람들이 시간과 공간에 대해 상대적으로 인지할 뿐 그것을 절대적으로 인지할 수 있는 기준을 갖고 있지 않다는 사실에 주목했다. 상대시간과 상대공간은 외부 요소에 영향을 받기 때문에, 뉴턴은 물리법칙의 완결성을 위해서는 절대공간과 절대시간을 고려해야 한다고 생각했다. 근대의 다른 과학자와 철학자들도 객관성과 절대성을 확보하기 위해 모든 물리법칙의 변수를 절대공간과 절대시간의 개념으로 논하는 점을 당연하게 여겼고, 의심할 수 없는 대전제로 생각하고 있었다.

아인슈타인은 이렇게 당연해 보이는 공간과 시간의 개념을 뒤집었다. 미치광이로 몰리거나 물리학의 기본도 모르는 바보로 낙인찍히기 딱 좋은 행동이었다. 그러나 아인슈타인은 확신에 차 있었다. 어떻게 이럴 수 있었을까? 이 질문에 답하려면 당시 다른 학자들과 아인슈타인의 중요한 차이를 확인해야 한다.

1880년대에 미국의 물리학자 앨버트 마이컬슨(Albert Michelson)과 화학자 에드워드 몰리(Edward Morley)는 빛의 속도를 측정하는 실험을 했다. 두 사람은 당시의 과학 상식대로 우주는 정지 상태에 있는 에테르로 가득 차 있다는 기본 가정에서부터 출발했다. 즉 빛을 파동으로 생각할 때 이 파동을 전파하는 매질로 가상의 물질인 에테르를 가정하고, 에테르의 존재를 증명하는 실험을 했다. 뉴턴 이후 확고한 과학 상식이 되었지만 한 번도 실증되지 않은 에테르의 존재를 증명해 보이겠다는 야심 찬 실험은 7년간 반복됐지만, 별 진전이 없었다. 에테르의 존재를 가정할 때 측정의 위치에 따른 속도의 차이에 의해 마땅히 보여야 할 현상이 나타나지 않았다. 실험의 정밀도를 높이거나, 측정 지점 간의 각도 차이나 상황을 바꿔보아도 마찬가지였다. 결국 에테르의 존재 자체를 증명하는 실험은 실패했다.

하지만 이 결과를 어떻게 해석할 것인가를 두고 열띤 논쟁이 벌어졌다. 다른 학자들은 기존 법칙이나 상식에 맞추기 위해 이상한 논리를 고안해 가며 마이컬슨-몰리의 실험 결과를 합리화하려고 했다. 하지만 아인슈타인은 실험 결과가 기존의 물리학과 맞지 않는다면 물리학의 이론을 바꾸면 되지 않느냐고 생각했다.

아인슈타인은 이런 그의 생각을 체계화해 1905년 특수상대성이론을 발표했다. 이 때문에 마이컬슨-몰리 실험은 본래 의도와 다르게 에테르의 존재를 부정하는 가장 확실한 밑받침이 됐다.

특수상대성이론 논문의 원래 제목은 '움직이는 물체의 전기역학'이다. 제목에도 나와 있듯이 아인슈타인은 정지해 있는 물체에 대한 맥스웰(James C. Maxwell)의 전기역학 이론을 출발점으로 해 운동하는 물체에 적용되는 전기역학 이론에 도달한다는 목적으로 논문을 썼다. 그런데 논리를 전개하는 과정에서 맥스웰 이론을 '상대성 원리'와 '광속도 불변의 원리'로 수정했다. 그 결과 유명한 공식인 $E=mc^2$에 이르렀다.

$E=mc^2$은 어떤 양의 물질이 갖는 에너지는 그 물질의 질량에 빛의 속도의 제곱을 곱한 값이라는 공식이다. 즉 물질은 곧 에너지며, 에너지는 곧 물질이라는 개념으로서, 기존의 에너지와 분리된 물질관을 완전히 바꾸는 생각이 나왔다.

아인슈타인은 자신의 상대성이론을 펼 때 '로렌츠 변환의 공식'을 사용하기도 했다. 사실 네덜란드의 물리학자인 헨드릭 로렌츠(Hendrik Lorentz) 역시 에테르의 존재를 믿고 있었다. 로렌츠는 마이컬슨-몰리의 실험 결과와 에테르의 존재를 일치시키기 위해 이 공식을 고안했다. 그러나 아인슈타인은 이 공식을 에테르가 존재하지 않는다는 사실을 증명하는 데 활용했다. 이런 식으로 아인슈타인은 자기가 생각하는 전제에서 출발해 기존에 불일치하는 논리들을 다시 짜 맞췄다.

사람들은 누구나 '확증 편향(confirmation bias)'을 갖고 있다. 합리적 사고 훈련을 받은 과학자인 로렌츠도 불확실한 정보를 꿰어 맞춰 자신의 이론이 맞다는 것을 증명하기 위해 자신의 공식을 활용했다. 사람들은 어떻게든 자신의 생각과 일치하는 방식으로 정보를 편집한다. 정보가 부족할수록 자신의 구미에 맞는 정보가 더 부각될 수 있기 때문에 확증 편향의 위험성은 더 커진다.

미국 케네디(John F. Kennedy) 대통령의 피그스만 작전 승인도 확증 편향에 의해 저지른 실수이다. 케네디는 전임자였던 아이젠하워(Dwight Eisenhower)만큼 카스트로(Fidel Castro)에 대한 적대감이 크지 않았다. 그러나 아이젠하워 당시 CIA가 수립한 계획을 보자 카스트로의 정부가 위험해 보였고, 쉽게 전복될 수 있을 것 같았다.

1961년 4월에 시작된 피그스만 작전은 대실패로 끝났다. 비밀 계획이 사전에 유출되어 카스트로의 군대가 미리 준비하고 있었던 것이다. 피그스만 침공 세력은 나흘 만에 모두 살해되거나 생포되었고, 케네디는 생존자 석방을 위한 협상에 임해야 했다. 취임 후 첫 번째 수행 과제에서 크게 실패한 것이다. 케네디는 자신이 믿고 싶어하는 방식으로 자료를 보고, 큰 성과를 얻고 싶은 급한 마음으로 문제를 해결하려고 했다. 이 사건에서 확증 편향적 사고의 위험에 대한 큰 교훈을 얻은 케네디는 다양한 가능성을 고려하며 현재 우리가 기억하는 현명한 국내외 정치 활동을 벌였다.

1962년 참모진으로부터 러시아가 중거리 핵미사일을 쿠바에 배치했다며 진주만과 같은 일이 벌어질 것이라는 보고를 받았을 때도 급하게 처리하지 않고 다른 가능성을 살폈다. 케네디 대통령은 나중에 쿠바 봉쇄를 통해 흐루시초프(Nikita Sergeevich Khrushchyov)의 퇴진을 유도하고, 쿠바에 배치한 미사일도 해체하기로 합의를 이끌어냈다. 불확실성이 크다고 순간적 감정에만 흡수되어 직관력을 사용할 경우의 위험을 잘 알고 있던 케네디는 다른 방식으로 직관력을 쓰는 현명함을 보였다.

직관력이 있는 사람은 감정에 잘 휘둘리지만 기본적으로 다른 가능성을 살피는 것을 더 좋아한다. 그런데 정반대되는 것도 살펴보고 조사하는 것은 긴급한 상황에서 어울리지 않는 것처럼 보인다. 하지만 EN형의 사람은 다른 가능성을 찾는 것을 좋아하고, 그것을 외향적인 행동으로 표출하기를 좋아하기 때문에 오히려 자신의 특성을 잘 발휘할 수 있는 기회를 잡을 수 있다. 물리학뿐만 아니라 다양한 분야의 강연, 집필 등 사회적 활동을 활발히 한 아인슈타인이나 각 분야의 정책에서 탁월한 문제해결 능력을 보여준 케네디처럼 말이다.

일명 '가구업계의 애플'로 불리는 허먼 밀러(Herman Miller) 사도 상식을 깨는 관점의 전환으로 성공했다. 말콤 글래드웰의 베스트 셀러 《블링크》에도 소개된 이 회사의 의자 '에어론(Aeron)'은 전 세계에서 600만 개가 팔렸다. 허먼 밀러 사의 의자는 기존의 의자 모양과는 다르다. 부드러운 쿠션이나 화려한 커버로 치장하기보다는, 시트와 등받이가 그물망으로 돼 있어 의자의 뼈대가 훤히 들여다보이는 식이다. 패션잡지 《에스콰이어》조차 그 형태를 받아들이기 힘들어 "의자라기보다는 의자를 찍은 엑스레이 같다"고 할 정도였다. 그러나 인체공학적 배경과 디자인에 대한 관점의 전환으로 만든 의자에 사람들은 매료되었다. 한 번 앉아본 사람은 그 생경한 느낌에 푹 빠져 이 의자를 고집했다. 비결은 쿠션에 대한 다른 통찰에 있다.

에어론 의자 디자이너들은 의지의 요소들을 나누어 디자인을 여러 방법으로 해보았다. 그러던 중 정말 의자에 그런 것들이 필요한지 역발상을 해보았다. 아이디어를 모으는 중에 가장 눈에 띄는 것이 쿠션이었다. 그들은 쿠션에 의해 사람들이 편안한 것이 아니라 더 불편해진다는 사실을 깨달았다. 기존 의자에 사용되는 쿠션은 열을 너무 많이 흡수했다. 그래서 쉽게 더워졌다. 의자에 앉은 사람들이 자주 자세를 고쳐 앉는 이유는 좀 더 시원해지기를 원하기 때문이다. 그래서 허먼 밀러 사의 디자이너들은 몸에서 생기는 열을 그물망 형태의 의자가 방출해줘 더 시원하고 편안하게 느낄 수 있도록 디자인했다. 그냥 엉뚱한 디자인으로 끝이 아니라 '편안함'이라는 의자의 본질과 맞아떨어졌기에 에어론은 출시 후 단번에 전 세계적인 성공을 거두었고, 인간공학을 추구하는 사무 의자들 가운데 독보적인 자리를 차지하고 있다.

허먼 밀러 사의 CEO인 브라이언 워커(Brian Walker) 회장은 "정말 좋은 신발이란 그것을 신었을 때 신었다는 것을 잊어버릴 정도여야 한다. 마찬가지로 우리는 사람들이 의자에 앉았을 때 너무 편해서 앉아 있다는 것조차 잊을 만한 의자를 만들어야 한다"라는 말로 자신의 철학을 표현했다.

그런 의자를 만들자면 고객의 요구를 심층적으로 조사해야 한다. 하지만 허먼 밀러 사는 소비자 조사를 하지 않는다. 소비자 조사는 소비자가 자신들이 이미 알고 있는 것만을 대답하는 것이기 때문이다. 기존 소비자 조사에 바탕을 둔 제품 기획을 하면 고객의 고개를 끄덕이게 해서 그럭저럭 먹고살 만한 수준으로 사업을 할 수는 있다. 그러나 고객이 생각하지 못한 부분까지 이해하는 혁신적인 제품으로 고객을 감동시킬 수는 없다. 그래서 허먼 밀러 사는 정량적으로 표현된 마케팅 분석 자료보다는 디자이너의 정성적인 통찰에 더 의지하고 있다.

지금까지 살펴본 사례들을 보면 공통점이 있다. 고정관념을 뒤집었다는 것. 물론 이는 창의성이나 자기계발 관련 도서에서 빠지지 않고 등장하는 진부한 말이기는 하다. 하지만 그만큼 성공의 기본이 되는 지침이기도 하다. 꼭 특별한 능력을 지닌 사람만이 고정관념을 뒤집을 수 있는 것은 아니다. 그들도 연습을 했다. 스위스 베른의 특허청 직원으로 일했던 아인슈타인은 매일 시청의 시계를 보면서 시간의 고정관념을 뒤집는 생각을 했다. 그런데 아인슈타인의 성공 뒤에는 고정관념을 뒤집는 사고 이외에 다른 요인도 자리 잡고 있다. EN 성향의 사람에게 맞는 '가르치면서 배우기'이다.

당시 아인슈타인은 세상을 뒤집을 논문 쓰기는 고사하고 우여곡절 끝에 겨우 자신의 밥벌이를 하는 처지였다. 학문적 배경 지식이 탄탄하지 않아 자신의 직관적 성향에 더 많이 의존했다. 하지만 자신이 다른 사람과는 다른 것을 생각하는 것에 큰 재미를 느꼈다. 그리고 그것을 집에서 살림하는 아내에게 자주 이야기했다. 생각을 밖으로 많이 분출하면서 자신의 이론을 정교화했다.

미국 피츠버그대학교 심리학과의 미첼란 치(Michellan Chi) 교수는 "자기 설명 효과(self-explanation effect)"의 유용성을 연구했다. 사람들은 다른 사람에게서 뭔가를 배울 때보다, 자신이 질문한 것에 대해서 스스로 설명할 때 더 많이 배운다. 그리고 그것을 상대방이 이해할 수 있도록 좀 더 객관적인 입장에서 자신의 생각을 정교화하면서 또 생각의 차원을 다르게 한다. 이것은 초등학생에서부터 대학생을 대상으로 한 그의 연구에서 일관되게 밝혀진 바이다.

아인슈타인만 직관적인 생각을 통해 문제해결에 성공할 수 있는 것은 아니다. 자신의 경험을 한 번 떠올려보자. 처음에는 잘 모르고 있던 사실이라도 스스로 계속 생각을 하거나 남에게 설명을 하다 보면 그럴듯하게 정리되고, 때로는 더 큰 아이디어가 만들어진 경험이 한 번쯤은 있을 것이다. 아인슈타인은 이런 문제해결 과정을 통해 성공을 거둔 것이다.

그는 과학자로서의 연구뿐만 아니라 사회적 사건에 대한 지식인으로서의 생각을 담아《먼슬리 리뷰》와 같은 잡지에 칼럼을 썼다. 전 세계에서 오는 수많은 편지에 답장을 하기도 하고, 다른 사람들과 이야기 나누기 좋은 사랑에 대한 공식을 만들기도 했다. 그렇게 자신의 생각을 남에게 이야기하면서 그것을 끊임없이 정교화했다. 아인슈타인은 자신의 성공 원리를 끝까지 버리지 않았다. 그 원리는 앞서 살펴봤던 것처럼 단순하다. 보통 사람은 꿈도 못 꿀 업적의 배경에 사실 보통 사람들이 할 수 있는 요소가 들어가 있는 셈이다.

직관적인 사람들은 고정관념을 벗어나는 생각을 많이 할 수 있다. 하지만 그것에 대해 스스로 가치 없다고 무시해 버리거나 꾹꾹 안에만 담고 있다면 그저 엉뚱한 생각에 그치고 만다. 실제 문제를 해결하기 위해서는 단순히 엉뚱함이 아니라 문제 상황에 딱 들어맞는 요소를 집어낼 수 있어야 한다. 그것은 여러 사람에게 자신의 생각을 설명하는 과정에서 직관적으로 발견할 수도 있으며, 때로는 나의 생각을 듣고 난 상대방의 다른 입장에서 또다른 통찰을 얻을 수도 있다. 이것은 직관적이면서 외향적인 사람이 가장 잘할 수 있는 문제해결법이다.

EN형 사람은 지식이나 경험이 없음에 주눅 들지 말고 꾸준히 자신에게 맞는 전략을 실행해야 한다. 그렇게 한다면 초보자라 해도 성공 가능성이 크다. 특히 성공 가능성이 낮아 보이는 LU 상황이라면 부디 고정관념을 뒤집은 뒤 다른 사람에게 설명하는 전략을 꼭 써보기 바란다.

▶잘 정의된 문제를 기한도 자유롭게 해결해야 하는 경우(WFEN)
···▶의외의 수로 결판내기 위해서는 빠르게 뒤로 돌아가라

직관적인 사람이 억지로 분석적인 사람의 전략을 흉내 낼 필요는 없다. 자신이 전문가가 아니라며 아이디어를 스스로 죽이지만 않으면 당신도 멋진 해결책을 내놓을 수 있다. WFEN 전략은 의외의 수를 외부에 적극 개진하는 것을 기본으로 삼는다. 그 의외의 수가 효과적으로 상황을 해결할 수 있으며, 다른 EN 성향의 문제해결자들과의 경쟁에서 좀 더 빠르게 성공 전략을 내놓을 수 있어야 한다.

비록 기한이 여유롭더라도 위기의식을 갖고 빠르게 문제를 해결해야 직관의 잠재성을 제대로 활용할 수 있다. WFEN의 문제해결 유형에 해당하는 사람이 잊지 말아야 할 지침이다.

▶문제와 관련된 정보를 많이 알고 있지만 긴급하게 처리해야 하는 경우(WUEN)
···▶자신이 잘할 수 있는 방향으로 공식을 적용하라

직관적인 사람은 경험을 잘 활용하지는 못한다. 그러나 경험은 분석적인 사람뿐만 아니라 직관적인 사람에게도 문제해결의 소중한 자산이다. 아무것도 없는 상태에서 문제해결을 시작하기보다는 자신이 문제해결에 성공한 노하우를 바탕으로 시작하는 것이 시행착오를 줄일 수 있어 훨씬 유리하다. 경험의 한계를 뒤집는 직관을 활용하는 사람일지라도 경험에 바탕을 둘 줄 안다면 자신의 단점을 보완하면서 장점을 발전시킬 수 있다.

또한 직관의 초보자일지라도 성공의 경험을 모두 갖고 있다. 비록 그 크기가 작다고 해도 말이다. 자신의 실패에 좌절하느라 시간을 낭비하지 말고, 자신을 성공으로 이끌었던 경험을 모으자. 그리고 그 경험 속에서 공통된 바를 찾자. 다시 한 번 강조하지만, 당신은 이미 준비되어 있다. 본인이 실패만 거듭했다고 믿고 있더라도 현재 위치에 있을 수 있는 것은 지금까지 오는 과정에서 뭔가에는 성공했기 때문이다.

▶**미래가 불투명하지만 결단을 내릴 수 있는 경우**(LFEN)
···▷**다른 사람의 힘으로 성공하라**

능력의 울타리에 갇히지 마라. EN 성향을 가진 사람은 직관적으로 생각하기를 좋아하는 동시에 다른 사람과 어울리기도 즐긴다. 이런 기본적 성향을 잘 발휘한다면 다른 사람의 능력을 직관적으로 활용해서 문제를 해결할 수도 있다. 즉 개인적 능력의 한계에 머물지 않고 다른 사람의 문제해결 능력까지도 당신의 성공을 위해 활용할 수 있다. 다양한 온오프라인 모임에 참석하라. 아니, 아예 당신이 적극적으로 조직하라. 그래서 그 많은 사람들이 꼭 당신을 통해서 모임에 대한 정보를 얻거나 선택을 할 수 있도록 하라. 그렇게 사람들의 머릿속에 중요한 사람으로 자리 잡는 것이다. 그 이후에는 당신이 문제해결 도움을 외치는 순간 그들이 나서서 도와줄 것이다.

▶**관련 정보가 희박하고 긴급하게 결정을 내려야 하는 경우**(LUEN)
···▷**정반대되는 생각도 검토하고, 다른 사람에게 한 번 설명해 보라**

직관적인 사람들은 고정관념을 벗어나는 생각을 많이 할 수 있다. 하지만 그것에 대해 스스로 가치 없다고 무시해 버리거나 꾹꾹 안에만 담고 있다면 그저 엉뚱한 생각이 되고 만다. 실제 문제를 해결하기 위해서는 단순히 엉뚱함이 아니라 문제 상황에 딱 들어맞는 요소를 집어낼 수 있어야 한다. 그것은 여러 사람에게 자신의 생각을 설명하는 과정에서 직관적으로 발견할 수도 있으며, 그 이야기를 들은 사람으로부터 다시 어떤 이야기를 듣다가 새로운 통찰을 얻을 수도 있다. 이것은 직관적이면서 외향적인 사람이 가장 잘할 수 있는 문제해결법이다.
EN형 사람은 자신의 지식이나 경험이 없음에 주눅 들지 말고 꾸준히 자신에게 맞는 전략을 실행해야 한다. 그렇게 한다면 초보자라 해도 성공 가능성이 크다.

내향적이면서 분석적인 당신, 정보에 빠지지 말고 비판적 사고를 유지하라

과거에 내가 해결한 문제들 하나하나가 그후 당면하는
다른 문제들을 풀게 해준 열쇠가 되었다.
– 르네 데카르트(Rene Descartes, 철학자이자 수학자, 1596~1650)

문제조건＼성향	외향／분석	외향／직관	내향／분석	내향／직관
충분／자유	WFEA	WFEN	WFIA	WFIN
충분／긴급	WUEA	WUEN	WUIA	WUIN
희박／자유	LFEA	LFEN	LFIA	LFIN
희박／긴급	LUEA	LUEN	LUIA	LUIN

자료에 함몰되지 말고, 분석의 목적을 잊지 마라

정보가 많고 문제해결 기한도 여유로운 경우(WFIA)

정확한 판단을 위해서 객관적 자료를 많이 참고할수록 좋다는 이야기
가 많다. 하지만 의사결정 분야의 권위자인 스페인 바르셀로나대학교

로빈 호가스(Robin Horgarth) 교수의 2010년 연구를 보면 꼭 그런 것만은 아니다. 통계와 숫자를 바탕으로 판단 내리는 것에 익숙하다고 할 수 있는 경제학자조차 자료가 구체적으로 많이 제공될 경우 오히려 판단을 잘 하지 못했다.

독일의 도르트문트공과대학교 통계학과 교수인 발터 크래머(Walter Kramer)가 쓴《벌거벗은 통계(So lugt man mit Statistik)》에 소개된 사례들을 보면 사람들이 구체적 자료에 함몰될 경우 얼마나 한심한 결론을 내리는지 확인할 수 있다.

제2차 세계대전 중 미국인들은 미국 전투기를 대상으로 독일의 방공포 사격에 의해 명중된 부위를 조사한 적이 있다. 명중 부위는 전체에 고루 분포되어 있지만, 단 한 곳만은 예외였다. 동체의 네모 부분 안쪽은 포탄을 맞은 적이 한 번도 없었다. 왜 그랬을까? 이 부위가 독일 대공포의 사각지대였을까? 물론 아니다. 그곳은 연료탱크 자리였다. 그래서 그곳에 포를 맞은 전투기는 귀환하지 못해서 통계에 포함되지 않았던 것이다. 그런데도 객관적인 자료에 바탕을 둔답시고 추가로 보강해야 할 부위에서 연료탱크 자리를 빼놓는다면 완전한 문제 해결을 하지 못하고 소중한 생명과 자원을 허비하게 될 것이다.

어떤 음식점 프랜차이즈 업체가 각 지역의 유사 음식점의 프랜차이즈 가맹점 숫자를 지도에 표시해 놓고 사업 설명회를 한다고 하자. 그들은 새롭게 음식점을 열 경우 유망한 지역으로 다른 프랜차이즈 가맹점의 숫자가 드문 지역을 권할 것이다. 하지만 이것 역시 객관적 자료에 속하는 것이다. 음식점은 땅덩어리가 아니라, 그곳을 찾는 사람들을 기준으로 배치되어 있다. 기존에 음식점이 많이 들어가지 않은 곳은 그만큼 수요가 없기 때문이다. 그들이 권하는 유망 후보지는 사실 가장 실패 위험이 높은 지역인 셈이다.

역사상 최고의 수학 천재로 손꼽히는 칼 프리드리히 가우스(Karl Friedrich Gauss)는 사람들이 맹목적으로 수치에 매달리는 것을 놓고 "정확한 숫자 계산에 과도하게 집착할 때, 수학적 교양의 결핍이 가장 여실히 드러난다"고 비판했다.

워렌 버핏(Warren Edward Buffett)은 1970년대 후반 CBS와 캐피탈 시티즈의 상대적인 주식 가치에 대한 공개토론 자리에 참석했다. 당시 CBS는 최고의 성공을 구가하고 있었다. 이에 비해 캐피탈 시티즈는 지역 텔레비전과 라디오 방송국, 신문사가 작은 규모로 운영되는 잡 동사니 언론사였다. 버핏은 CBS의 주식이 과대평가 되었고, 점점 하락세를 걸을 것이라고 말했다. 그러나 사람들은 그의 주장을 새겨듣지 않았다. 버핏은 비록 작은 규모의 회사이지만 캐피털 시티즈의 주가가 최근 10년간 열 배나 성장했다는 것을 강조했지만 소용없었다. 그러자 버핏은 이런 말을 덧붙였다.

"CBS와 캐피탈 시티즈가 화물선 두 척이라고 생각해 보십시오. 이미 많은 짐을 실은 CBS와 텅텅 빈 캐피탈 시티즈가 부두를 떠납니다. 10년 뒤 돌아오게 될 때를 그려보세요. CBS의 배는 떠났던 그대로 돌아옵니다. 반면에 캐피탈 시티즈는 큰 배로 변해서 중요한 짐들을 넘치도록 싣고 들어올 것입니다. 어떤가요? 누가 더 나은 선장이지요?"

워렌 버핏은 캐피탈 시티즈 투자로 큰 성공을 거두었다.

자, 그러면 분석의 대가로 인정받은 두 명의 노벨상 수상자와 하버드대학교 교수들이 설립과 운영에 주도적으로 참여한 롱텀캐피털매

니지먼트(LTCM) 사는 어땠을까? 그들은 통계와 분석에만 함몰된 경우 어떤 결과를 얻을 수 있는지 똑똑히 보여주고 있다.

탁월한 분석력을 자랑하는 경영진들은 특정 채권 방식으로 최대의 수익을 얻는 수학 모형을 만들어냈다. 그리고 실제로 연간 수익률이 40퍼센트에 달하며 성공할 것 같았다. 그러나 1998년 순손실만 약 5조 원에 달하며 파산할 위기에 처했다. 예전에 러시아 국채에 대한 투자로 이미 6천억의 손실을 본 상태에서 발을 뺄 수 있었지만 경영진은 투자방법을 바꾸지 않았다. 자신들이 만든 수학 모형에 따르면 국채 가격이 정상화될 것이기 때문이었다. 하지만 국채 가격은 그들의 회사가 없어진 다음에나 정상화되었다. 2008년 월스트리트 붕괴 직전에도 유수의 투자회사들은 자신들의 투자가 얼마나 성공적인지 보여주는 분석 보고서들을 쏟아냈다.

정확히 분석하기 위해서는 분석력만이 아니라 풍부한 자료를 올바르게 볼 수 있는 통찰력이 있어야 한다. 그렇기 때문에 지배적 성향인 분석력을 발휘하기 전에 의도적으로 직관을 사용하려고 노력해야 한다. 이 책에서 직관적인 문제해결자를 위해 추천한 솔루션을 따라 일부러라도 반대의 경우는 무엇인지, 다른 가능성은 없는지를 살피고, 해당 정보를 검색하고 나서 분석을 계속하는 것도 하나의 방법이다.

하지만 갑자기 성향을 바꾸는 것은 쉽지 않을 것이다. 차라리 좀 더 분석적인 방법, 즉 비판적 사고를 통해 사태를 파악하려고 노력하면 생각의 함정에 빠질 확률은 그만큼 줄어든다.

사람들은 자료 속에 사용하는 단어를 미묘하게 선택해서 슬쩍 자신의 주장을 숨기는 경우가 많다. 왜곡어(Slanter)를 사용하는 것도 그 중

하나의 방법이다.

"대통령은 올해 청년 실업자 수를 전년과 대비해 겨우 20퍼센트대로 낮추겠다고 장담했다."

20퍼센트라고 하면 객관적으로 나쁘지 않은 수치일 수 있다. 하지만 앞에 '겨우'라는 말을 사용함으로써 얕잡아 보게 한다. 똑같은 수치 앞에 '확실히 차이나는'이라는 말을 붙였다면 과장되게 들렸을 것이다. 비판적 사고를 위해서는 이런 왜곡어에 현혹되지 말아야 한다. 그 말에 담긴 숨은 진실을 파악하려 노력해야 한다. 때로는 상황을 왜곡시키는 말이 표시나지 않게 들어가 있는 경우도 있다. 문제 하나를 풀어 보자.

"새 5마리가 통나무 위에 앉아 있다. 2마리가 날아가기로 했다면 몇 마리가 앉아 있는 것일까?"

아마도 '3마리'라는 답을 떠올린 사람이 많을 것이다. 하지만 정답은 5마리이다. 2마리는 날아가기로 결정을 했을 뿐 실제로 날아간 것은 아니기 때문이다. '의도'와 '행동'은 다르다.

자료를 포장하는 말뿐만 아니라 숫자에도 속을 수 있다. 예를 들어 어떤 배우가 나와서 '이번 주 저희 영화 예매율이 50퍼센트나 올랐습니다'라는 말을 했다고 하자. 정말 비약적인 발전을 한 것 같아 보인다. 그렇지만 비교 대상이 없기 때문에 제대로 판단할 수가 없다. 지난 주의 예매자가 100명이었다면 150명이 예매한 것이 정말 비약적인 발전이라고 할 수 있을까?

애초에 사람들은 숫자에 바탕을 둔 분석을 잘하지 못한다. 예를 들어 생일이 3월 1일인 사람이 "같은 반 40명 가운데 생일이 같은 사람이 있을 확률은 얼마나 될까?"라는 문제를 푼다고 가정해 보자. 문제 해결자는 1년이 365일로 되어 있으니 적어도 365명을 만나야 자신과 생일이 똑같은 사람을 만날 확률이 있다고 생각할 수 있다. 그런데 한 반에 40명밖에 없으니 확률은 약 9분의 1이 된다. 즉, 약 10퍼센트의 확률이라고 생각하기 쉽다. 그러나 수학자들이 막상 계산을 해보니 약 89퍼센트였다. 위에 예로 든 문제 상황은 모든 경우의 수를 합한 전체 확률에서 '40명의 생일이 모두 다른 날이 될 확률'을 뺀 값이다. 그래서 예상보다 더 큰 숫자가 나온다. 하지만 사람들은 친구와 생일이 다른 경우가 많았다는 기억부터 떠올리며 지레 그 확률이 낮을 것이라 생각한 것이다.

전문가들도 숫자에 바탕을 둔 판단을 잘 하지 못한다. 노벨경제학상을 수상한 심리학자인 다니엘 카네만 교수의 연구에 따르면 의사가 진단을 하는 경우에도 오류가 심각하다. 여러분이 의사라면 다음과 같은 경우에 어떤 판단을 내리겠는가?

"어떤 여자 환자가 촉진을 통한 유방암 진단 후 혹이 발견되었다. 통계적으로 그런 혹이 종양일 확률은 약 1퍼센트이다. 좀 더 확실한 판단을 위해서 비싼 돈을 들여 최첨단 장비로 촬영을 했다. 이 최첨단 장비는 악성 종양의 80퍼센트, 양성 종양(평범한 혹)의 90퍼센트를 정확하게 판단한다. 최첨단 장비 촬영 결과 그 혹은 종양인 것으로 판단되었다. 그런데 이 혹이 정말 종양일 확률은 얼마일까?"

정확도가 높은 최첨단 기계가 종양이라고 검진했으니 의심할 바 없이 100퍼센트 종양일까? 카네만 교수의 연구에 참여했던 의사들의 답변은 "75퍼센트"였다. 그러나 이것은 정답이 아니었다. 수학적으로 확률을 따지면, 문제 상황의 경우 최첨단 장비가 종양이라고 한 것이 정말 맞을 확률은 7.5퍼센트이다. 왜냐하면 촉진을 통해 얻은 1퍼센트라는 아주 낮은 사전 확률이 있었기 때문이다. 그럼에도 불구하고 전문가들조차 나중에 본 정보인 최첨단 장비의 정확률에 바탕을 두고 확률을 추정했다. 실제보다 열 배나 왜곡해서 말이다. 이 문제가 실제 상황이라고 생각해 보자. 종양이라고 생각해서 수술을 시도했지만 별것 아니었다는 것이 밝혀질 것이다. 암덩어리가 저절로 없어졌다는 말에 환자는 안도의 숨을 내쉴 것이지만, 실제로는 의사들의 판단착오에 의한 어이없는 소동에 지나지 않는다.

결론적으로 말해 분석을 한다고 해서 구체적인 자료 분석에만 매달려서는 안 된다. 자료에는 상황을 왜곡시킬 요소가 많기 때문이다. 좀 더 큰 틀로 생각해야 한다. 조감도를 보는 것처럼 상황을 봐야 한다. 조감도는 말 그대로 'bird-eye view'이다. 새처럼 본다는 것은 단지 높은 곳에서 바라본다는 의미는 아니다. 세세한 것에 매몰되기보다는 굵직굵직한 형태를 먼저 보자는 의미이다. 문제 상황이 복잡해서 해결하기 힘들 것 같다는 생각이 드는 것은 부분 요소에 매달려 정작 중요한 것이 무엇인지를 놓치고 있기 때문이다.

네덜란드 암스테르담대학교의 압 데익스테르후이스와 아드 반 크니펜베르흐(Ad van Knippenberg) 교수는 실험 참가자들을 두 그룹으로 나누어 5분 동안 각각 '교수'와 '비서'가 됐다는 상상을 하라고 지시했다. 그런 다음, 그들에게 《안네의 일기》는 누가 썼는가?"와 같은 일반 상식 문제를 풀게 했다. 교수라고 상상한 그룹은 평균 60퍼센트의 정답률을 보인 반면, 비서라고 상상한 그룹은 평균 46퍼센트의 정답률을 나타냈다. 연구자들은 정답률의 차이가 확연히 나타난 이유를 이렇게 설명했다.

“실험 참가자들이 일반적으로 비서보다 더 지성적인 직업이라 여겨지는 교수가 됐다는 상상을 한 것이 문제해결에 더 집중하도록 만들었기 때문이다.”

미국의 사회심리학자와 인지심리학자들도 비슷한 실험 과정으로 이 연구 결과를 재확증했다. 실험 참가자 절반에게 ‘교수’를, 나머지 절반에게 ‘슈퍼모델’이 되었다고 상상하라고 하자 교수라고 생각한 그룹은 평균 60퍼센트 정도의 정답률을 보인 반면에, 슈퍼모델이라고 상상한 그룹은 평균 30퍼센트도 채 되지 않은 정답률을 보였다. 실험에 참가한 학생들의 지적 능력이 갑자기 감소한 것은 아니다. 단지 다르게 상상하는 것만으로도 우리는 똑같은 과제에서 다른 수행을 보인다. 최대 두 배 차이가 날 정도로 말이다.

분석의 함정을 피하는 방법은 여러 가지이다. 어떤 것이 가장 좋다고 말하기는 힘들다. 개인 취향과 과제의 특성이나 자료의 종류가 차이가 있기 때문이다. 어떤 방법을 선택하든 자신의 성향이 부정적으로 활용되지 않고, 문제해결에 최대한 도움이 되는 방식으로 변화시키는 것이 가장 좋다. 무엇이 되었든 “장독대에 있는 독보다 눈높이가 높아야 독 안을 제대로 볼 수 있다”는 원리를 잊지 않으면 된다.

헨리 포드(Henry Ford)는 자료와 문제해결의 성공 여부에 대해서 이렇게 말했다.

“우리는 엄청나게 많은 통계 자료를 모았다. 그것들이 흥미진진했기 때문이었다. 그러나 통계가 자동차를 만들어주지는 않는다. 그렇게

(자료에 함몰된 분석은) 헛수고로 끝났다."

분석의 목적을 잊지 말아야 한다. 자료에 함몰되면 큰 낭패를 보기 쉽다. 눈을 들어 현실을 있는 그대로 바라보려 노력해야 할 것이다. 분석의 목적은 상황을 정확히 인식하기 위한 것이지, 당신의 분석력을 뽐내기 위한 것이 아니다. 문제해결의 시간이 여유 있다고 해서 다양한 분석 기법을 써 자신의 능력이나 성향을 과시하려 해서는 안 될 것이다. 오히려 자신이 너무 분석 방법에만 매달리는 것은 아닌지 여유를 갖고 검토하는 것이 필요하다. 그런 다음에 자료에 포함되지 않을 수 있는 다양한 가능성을 생각하는 것이 WF 상황에서 IA 성향을 가진 사람이 성공할 수 있는 전략이다.

자료를 시각화하라

자료가 많고 긴급하게 문제를 해결해야 하는 경우(WUIA)

구슬이 서 말이라도 꿰어야 보배인 법이다. 아무리 좋은 생각이 있어도 그것을 하나의 주제로 엮지 못하면 가치가 없어진다.

탁월한 전략가였던 나폴레옹은 메모광으로 유명하다. 그는 전쟁터에서 이동도서관을 만들어 책을 읽을 정도로 독서광이기도 했다. 책을 읽다가 생각난 아이디어나 인용할 만한 구절은 모조리 메모로 남겼다. 그리고 나중에 따로 모아 긴급하게 필요한 곳에 썼다.

자동현금지급기 개발회사인 NCR 사장 존 패터슨(John Patterrson)은 나폴레옹의 팬이었다. 그는 직원들에게도 노트를 가지고 다니며 활동과 아이디어 등을 기록하도록 했다. 만약 노트를 가지고 있지 않으면 가차 없이 해고했다. 흥미로운 것은 1910년에서 1930년 사이에 미국 주요 기업 중 6분의 1이 NCR 출신에 의해 경영되었다는 것이다. IBM 설립자인 톰 왓슨도 그 중 하나였다. '성공을 부르는 메모 습관'이라는 말이 괜히 나온 것은 아니다.

메모를 하면 좋다는 것은 대부분의 사람들이 알고 있다. 그럼에도 글로 저장한 아이디어를 활용하는 데에는 어려움을 느낀다. 그렇다면 그림으로 정리하면 어떨까? 나중에 메모 내용을 이해하기도 쉽고, 다른 사람과 의사소통을 할 때도 편하며, 자신도 미처 알지 못한 부분에 대한 통찰을 얻을 수도 있다.

레오나르도 다 빈치(Leonardo da Vinci)는 그림과 글을 섞어 자신의 생각을 꼼꼼히 메모한 것으로 유명하다. 만능 천재의 대명사인 다 빈치는 거의 모든 학문에 걸쳐 방대한 양의 메모를 암호와 섞어서 남겼지만, 시간이 지나도 해석할 수 있는 그림을 섞어놓아 필요할 때 주제별로 모아 참고자료로 쓸 수 있도록 했다. 수백 년이 지난 지금도 다 빈치의 그림을 보면 그것이 토사를 파는 준설기인지, 투석기인지, 비행기의 초기 모형인지 알 수 있을 정도이다.

아인슈타인은 아예 언어로 생각한 적이 거의 없다고 말했다. 그에게 개념은 먼저 이미지로 떠올랐고, 그 이미지를 언어나 공식으로 표현하는 식으로 문제해결 순서가 진행되었다. 물리학자 닐스 보어(Niels Bohr)도 복합 원자모델을 그림으로 풀어냈다.

전문가들은 자신의 통찰을 좀 더 명확하게 정리하고 의사소통하기 위해 "패턴 언어(pattern language)"를 활용하기도 한다. 패턴 언어는 원래 크리스토퍼 알렉산더(Christopher Alexander), 사라 이쉬카와(Sara Ishikawa), 머레이 실버스타인(Murray Silverstein) 등의 건축가들이 1977 년 공저한 책의 제목에서 따온 용어이다. 저자들은 역사상 계속 이어져 내려온 모든 건축물에는 공통된 253개의 패턴이 있다고 주장했다. 그리고 각 패턴들은 일종의 언어로서 문제를 표현하고 해결책을 제시한다고 주장했다. 애초에는 도시 개발 및 건축에 문외한인 시민과 건축가, 행정가 등 다양한 사람들 사이에서 의사소통을 하기 위해 만든 것이지만, 전문가들의 지식을 통찰력을 발휘해 저장하는 효과도 있는 것으로 밝혀지면서 큰 반향을 일으켰다. 현재는 더 많이 늘어 7천여 개를 상회하고 있다.

그렇다면 패턴 언어는 전문가들만 쓸 수 있는 것일까?

패턴 언어를 써서 자료를 시각화하는 것은 일반인들도 하고 있다. 프레젠테이션을 할 때 쓰는 MS의 파워포인트 프로그램에서 기본적으로 제공하는 도형과 클립아트도 일종의 패턴 언어이다. 이때 자신의 생각을 일관된 형태로 표현해야 한다. 예를 들어 처리해야 할 과제를 타원 안에 정리하고, 과제 해결에 필요한 준비물을 네모 안에 정리했다고 하자. 그런 원리에 따라 프레젠테이션 자료를 읽고 있는데, 만약 그것이 지켜지지 않는다면 사람들은 마치 문법을 지키지 않은 문장을 읽는 것처럼 당신이 전달하고자 하는 바를 이해하지 못할 것이다. 원활한 언어 소통을 위해서는 일정한 규칙을 따르는 문법이 필요하듯이, 패턴 언어로 자신의 생각을 소통하기 위해서는 일관된 사용이 필요하다.

그런데 여기서 짚고 넘어가야 할 것이 있다. 사람들은 왜 글보다 이미지로 설명할 때 더 쉽게 이해할까? 인지심리학자 앨런 페이비오 (Allan Pavio)가 수십 년간 수행한 연구에 따르면 사람들은 정보를 두 가지 경로로 처리한다. 하나는 언어적 경로이고, 다른 하나는 시각적 경로이다. 만약 전달하려는 내용이 글로 써 있다면 동일한 언어적 경로로 아이디어를 보고 듣고 생각하고 처리해야 하므로 제한된 인지자원을 나눠 쓰느라 비효율적이다. 이에 비해 그림으로 정리되어 있다면 설명을 말로 들으면서 시각적으로 이미지를 처리할 수 있어 뇌의 다양한 부위를 효과적으로 활용할 수 있다.

잭 웰치 역시 때와 장소를 가리지 않고 스치는 생각을 메모하는 습관을 갖고 있었으며, 아이디어를 시각화해서 정리하기를 즐겼다. 1980년대 GE를 살리기 위한 구조조정 방안을 고민하던 잭 웰치 회장은 어느 날 식사 도중 냅킨를 집어 들고 무언가를 그리기 시작했다. 세 개의 원으로 구성된 단순한 그림이었다. 이것을 바탕으로 잭 웰치 회장은 GE를 세계 제1의 초우량 기업으로 만들었다. 이 그림은 거대하고 복잡하게 구성된 GE 산하의 여러 사업부들을 정리하거나 폐쇄할 사업부와 계속 유지할 사업부로 분류한 것으로, 단순하고도 명쾌하게 이해할 수 있도록 시각화한 메모였던 것이다. 아이디어의 시각화를 통해 잭 웰치는 자신의 생각을 명확하게 정리했고, 회사 이사진과 주주들에게 자신의 비전과 계획을 정확하게 전달할 수 있었다. 그 이후 신속한 구조조정으로 단숨에 GE를 회생시켰다. 이것이 바로 자료의 시각화가 갖는 힘이다.

정보나 아이디어를 이미지로 표현하는 분야를 인포메이션 그래픽 (Information graphics), 즉 '인포그래픽(infographics)'이라 한다. 인포그래픽은 복잡한 정보를 빠르고 간명하게 보여주는 방법을 연구한다. 인포그래픽의 결과물은 지도, 약도, 표지판, 신호등의 이미지, 화장실의 남녀 구분, 프레젠테이션에 많이 활용하는 도표, 보고서의 각종 차트, 다이어그램, 일기예보에서의 날씨 표시 등에서 확인할 수 있다. 단순히 보기에 예쁜 것을 만드는 것이 아니라 정확한 정보를 전달하기 위해서 일정한 상징을 사용하고, 사람들이 직관적으로 판단할 수 있게 하는 것이 관건이다.

일러스트레이터 데이비드 맥컬리(David Macaulay)의 저서 《사물의 작동 방식(The Way Things Work)》은 아예 인포그래픽으로만 내용이 채워져 있다. 복잡한 기계의 작동 원리를 그림으로 설명해 아이들도 쉽게 이해할 수 있다. 요즘은 업무 매뉴얼에도 인포그래픽이 쓰여 개념을 더 빨리, 더 정확하게 이해할 수 있도록 해서 업무 효율성을 높이는 데 도움을 주고 있다.

이렇게 글 대신에 이미지로 정보를 표현하는 시도는 이미 근대에 책이 만들어지기 시작하면서부터 완전히 자리를 잡았다. 1626년 크리스토퍼 쉐이너(Christopher Scheiner)는 그의 책에서 태양의 움직임을 설명하기 위해 여러 연속된 이미지를 사용했다. 1786년에 출간된 윌리엄 플레이페어(William Playfair)의 책 《정치경제학 지도(The Commercial and Political Atlas)》를 보면 더 깜짝 놀란다. 그 책은 막대 그래프, 선 그래프 등 현대의 보고서에 쓰이는 것과 똑같은 그래프들로 가득 차 있다. 그는 나중에 '파이 차트(pie chart)'도 처음으로 소개했다. 나이팅게일이 빅토리아 여왕을 설득해서 야전 병원을 개선시킬 때 사용한 것도 인포그래픽이다. 긴급한 상황에서 복잡한 정보를 한

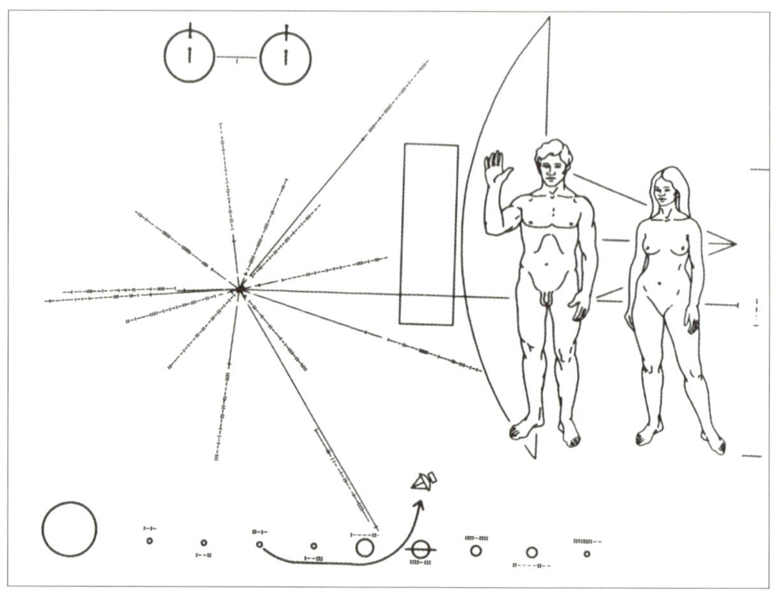

▲파이오니어 플레이크

눈에 보고 바로 판단할 수 있도록 하는 힘이 인포그래픽에 있다는 것을 학자가 아니라 간호사였던 나이팅게일도 깨달을 정도였다.

인간 사이의 효율적 의사소통뿐만 아니라 우주인과의 통신에도 인포그래픽이 쓰인다. 1972년 우주로 발사된 파이오니어10호에는 남자와 여자로 구성된 인류와 태양계에서의 지구 위치를 담은 정보들을 그림으로 표현한 '파이오니어 플레이크(The Pioneer Plaque)'가 장착되어 있다. 이 인포그래픽의 디자인에는 전설적인 과학자이자 작가였던 칼 세이건(Carl Sagan)이 참여했는데, 외계 생명체와의 의사소통을 위해 이미지를 사용했다는 것이 재미있다. 참고로 지구상의 생명체 중에 인간처럼 총천연색으로 사물을 볼 수 있는 동물은 다람쥐밖에 없으며, 파리의 경우에는 하나의 사물을 놓고도 수많은 상으로 보는 시

192

각 구조를 갖고 있다. 그럼에도 불구하고 인포그래픽을 사용했다는 것은 과학자들이 인포그래픽의 힘을 얼마나 신뢰하는지 드러내는 증거라고 할 수 있다.

인포그래픽은 정보 설계와 자료 시각화 분야와 밀접한 관련을 맺고 있다. 특히 자료 시각화는 각 세부 정보에 있는 다양한 속성들을 아울러 추상화된 구조적 형태로 표현하는 것이 특징이다. 이렇게 자료를 표현하면 글이나 숫자로 이해했을 때와는 또 다른 통찰을 얻을 수 있다. 예를 들어 1900년대에서부터 1999년까지의 세계 경제 변화를 분석한다고 하자. 사회·경제·문화적 이슈들을 수치화해서 1년 단위로 기억하며 머릿속에서 종합해서 일정한 패턴을 찾는 것은 아주 힘든 일이다. 그러나 자료 시각화 소프트웨어에 자료를 집어넣고 마치 동영상을 보듯이 시간의 추이에 따른 변화를 살펴보면, 유럽에서 미국으로 자본과 패권이 이동한 것과 중국이 신흥 강호로 떠오르는 것을 쉽게 확인할 수 있다. 특정 지역을 선택해서 세부 분석을 할 수도 있고, 특정 연도에서의 여러 요소들이 어떻게 중첩되어 있는지를 살펴볼 수도 있다. 2010년 8월 TED.com에 게시된 데이비드 맥캔들레스(David McCandless)의 강연을 보면 전 세계 국방비 지출, 미디어 변화와 같은 복잡한 정보가 얼마나 간단하고 아름다운 다이어그램이나 시각적 패턴으로 표현될 수 있는지 확인할 수 있다. 맥캔들레스는 이러한 자료 시각화가 새로운 차원에서 현상을 분석하는 길을 안내한다고 주장했다.

만약 문제해결 시간이 긴박하다면 직관적인 통찰을 발휘해야 할 것이다. 그런데 통찰력이 없던 사람이 갑자기 그와 같은 역량을 발휘하기는 쉽지 않다. 만약 분석력을 쓰면서도 통찰력을 얻을 수 있다면 어떨까? 그 답이 바로 자료 시각화이다.

자료 시각화에서 가장 중요한 것은 문제해결을 위한 핵심이 드러날 수 있게 시각화해야 한다는 것이다. 그러자면 핵심 요소를 먼저 정의해야 한다. 앞서 제4장에서 살펴보았던 MECE, LISS, 7S, SCAMPER 기법 등을 활용하면 핵심 요소를 찾을 수 있다. 그것을 일관되게 시각화하는 습관을 들이는 것이 관건이다.

예를 들어 동그라미는 콘셉트를 표시하는 것이고, 화살표는 어떤 요소가 다른 요소에게 영향을 주는 관계를 표시한 것이고, 점선은 요소 간 연결이 아직 확실하지 않지만 한 번 고려해야 하는 것이라는 식으로 표현해야 할 것이다. 단, 그것이 다른 사람이 보았을 때도 이해하기 쉬워야 한다. 빨간색 동그라미로 표시된 것이 사실은 별로 중요하지 않은 요소를 표시한 것이라면 다른 사람들은 쉽게 받아들이지 못할 것이다.

어떤 표현이 좋은 것인지는 여러 발표 자료를 보면 도움이 된다. 구글(Google)의 검색창 옆에 있는 고급 검색 옵션을 선택하면 파일 형태를 지정할 수 있다. 확장자를 ppt나 pdf로 해서 정리하고 싶은 검색어를 입력한다면 다른 사람들이 시각화한 자료를 볼 수 있다. 나름의 원칙을 가지고 자료를 정리하고자 할 때 참고할 만한 시각화 사례를 소개하자면 다음과 같다.

미국 대통령 버락 오바마(Barack Obama)는 급박한 선거전과 재임 초기에 자료 시각화 기법을 사용해서 큰 재미를 보았다. 특히 '회생의 길(Road to Recovery)'이 유명하다. 그 자료는 2007년 12월부터 2010년

1월 사이의 실업률을 비교한 자료였다. 부시 행정부 말기에 비해 오바마 행정부 출범 이후 실업률이 떨어지고 있음을 한눈에 비교할 수 있었다. 체감적으로 여전히 불황이라며 막연하게 정부에 비판의 화살을 돌릴 수도 있었던 국민들의 마음을 돌려 세웠다.

자료 시각화 기법은 일부 정치가나 기업에서만 활용할 수 있는 것은 아니다. 현재 상용화되어 출시된 자료 시각화 소프트웨어는 많이 있다. Avizo, Data Desk, Eye-Sys, Trendalyzer, ParaView, Smile, VisIt 등이다. IBM의 비주얼 커뮤니케이션 랩(Visual Communication Lab)이 발표한 매니아이즈(Many Eyes)의 경우 기업의 정량적인 판매 자료에서부터 구조화되어 있지 않은 이메일 정보까지 방대한 양의 데이터를 시각화할 수 있다. 문제해결자가 시각화된 데이터에서 어떤 패턴을 발견할 수 있도록 해주는 것이 이 소프트웨어들의 목적이다.

2010년 3월 TED.com에 MS 협력사인 라이브랩스(Live Labs)의 창업자 게리 플레이크(Gary Flake)의 강연이 등록되었는데, 그것을 보면 웹을 통해서 직관적으로 판단할 수 있도록 자료를 검색할 날이 정말 멀지 않은 듯하다. 예를 들어 특정 단어를 검색하면 각 페이지들이 작성 연도에 따라 시각적으로 분류되어 나온다. 마치 막대그래프 모양으로 각각 구별되어 나오는데, 그것으로 정보 생산의 추이를 볼 수도 있다. 막대 중 하나를 선택하면 그 안에 있던 몇 백만 개의 정보들이 다른 속성에 의해 재배열이 된다. 또 그 중 하나를 선택하면 세부 분류로 들어가서 여러 웹페이지를 마치 상황실에서 수십 대의 CCTV를 켜놓고 보는 것처럼 시각적으로 볼 수도 있다(http://www.ted.com/talks/gary_flake_is_pivot_a_turning_point_for_web_exploration.html 참고).

복잡해지는 세상을 억지로 단순하게 조각내 보자는 것이 아니다. 본질을 드러내는 패턴, 창의성을 촉진시키는 패턴을 볼 수 있도록 자료를 시각화하자는 것이다. 앞으로는 이런 자료를 보고 판단을 할 수 있느냐 없느냐에 의해 경쟁력이 달라질 것이다. 특히 긴급한 순간에는 긴 글을 볼 시간이 없다. 한눈에 패턴을 발견해서 의미를 찾는 분석을 한 뒤 바로 판단을 내려야만 성공할 수 있다.

진정한 다층적 인과관계에 집중하라

심층 정보를 구하기 힘들지만 상황이 급박하지는 않은 경우 (LFIA)

사토 인이치(佐藤允一)는 1977년 세계 최초로 "문제 구조화 이론"을 창안한 데이쿄대학교의 교수이다. 그는 현대인들은 문제해결 능력이 요구되는 시대에 살고 있으며, 문제해결 사고력을 키우기 위해서는 사물을 다각도에서 들여다봐야 한다고 주장했다. 그리고 논리적으로 잘게 쪼개는 훈련뿐 아니라, 인과관계를 연결해 핵심에 접근하는 훈련을 강조했다.

인과관계는 상황을 정확히 분석하는 데 가장 중요한 요소이다. 하지만 인과관계를 포착하는 것이 힘든 경우가 많다. 왜냐하면 표면적으로 드러난 상관관계에 현혹되기 쉽기 때문이다. 하지만 이것은 시간을 갖고 과학적 방법으로 가설을 검증하거나 추가적으로 정보를 검색하면 해결할 수 있다. 문제는 작은 변수에 의해서도 전체 현상이 완전히 달라지는 경우이다. 이 경우 인과관계 분석을 통해서 파악하기란 아주 힘들다.

말콤 글래드웰은 《티핑 포인트(The Tipping Point)》에서 작은 것이 어마어마한 효과를 가져올 수 있다는 생각을 대중화시켰다. 하지만 그 개념은 물리학에서 나온 것이다. 물리학자들은 물이 얼음으로 변하거나 금속이 자기를 띠게 되는 중요한 포인트인 '상 전이(phase transition)'에 대한 이론을 오래전부터 개발해 왔다. 예를 들어, 철이나 니켈 같은 금속원자들은 각각 특정한 자기 스핀(magnetic spin)을 가지고 있다. 용암이 흘러내리는 고온에서 이 스핀은 무작위로 모든 방향을 가리킨다. 금속은 식으면 스핀이 같은 방향을 가리키는 원자들끼리 군집을 형성하기 시작하고 점점 더 커진다. 그러다가 갑자기 모든 스핀이 하나로 연결된 거대한 군집이 나타난다. 자석이 탄생하는 것이다. 금속이 무작위적 구조에서 높은 응집력을 갖는 구조로 변해 가는 이 지점을 금속의 티핑 포인트라고 한다.

다른 분야에서도 티핑 포인트는 관찰할 수 있다. 납이 초전도체로 변한다거나 모래탑이 무너지는 순간처럼 말이다. 시스템이 변화의 임계점에 이른 순간 그 동안 지배를 받던 양적 인과율이 작동하지 않는다는 것은 놀라운 사실이다. 따라서 기존의 단선적 인과관계 분석법으로 변화된 현상을 분석하면 맞지 않는다. 다층위적인 인과관계 분석법이 필요하다.

미국 해군사관학교 국가안보전략 교수인 자카리 쇼어(Zachary Shore)는 저서 《생각의 함정(Blunder)》을 통해 단선적 인과관계 분석의 한계와 대안을 이야기하고 있다. 사람들은 제한된 정보처리 용량 때문에 복잡한 것보다는 단순한 설명을 더 선호한다. 그런데 이런 성향은 실제로 복잡한 요소들이 결합해서 만들어내는 현상을 이해하는 것을 방해하기 때문에 문제이다. 예를 들어 한때 마가린은 버터 대용 건강식품이었다. 마가린이 심장질환을 증가시킬 수 있다는 사실이 밝혀지기 전까지 불티나게 팔렸다. 식품영양학자들은 왜 이러한 실수를 저질렀을까? 그것은 식품이 인체에 미치는 작동원리를 전체 신진대사 시스템 속에서 파악하지 못하고, 고립된 한 가지 영양분이라는 특수한 패러다임에서 분석했기 때문이다. 즉 건강을 유지시켜주는 다층위적인 인과관계를 보지 못한 것이다. 이런 오류 현상을 '원인 혼란(cause confusion)'이라고 한다.

원인 혼란은 사건의 인과관계와 연관관계를 혼동하여 복잡한 사건의 원인을 오인하는 것이다. 특정 관계를 인과관계라고 과도하게 단순화해서 생각하는 인지적 함정이다. 복잡한 문제는 복잡한 인과관계의 연쇄 고리 안에서 존재한다. 즉 단 한 가지 원인만이 작용하는 문제는 없다. 그러나 분석력을 과신하거나 안이하게 문제 상황에 대처하는 등 많은 사람들이 다양한 많은 요인들을 무시하기 때문에 원인 혼란은 없어지지 않고 있다.

자카리 쇼어는 원인 혼란의 인지 함정에서 벗어나기 위해서는 무엇보다도 열린 마음이 필요함을 강조하고 있다. 또한 평면적 관점에서 벗어나 입체적으로 상황을 재구성할 필요가 있음을 강조하고 있다.

K대학 심리학과를 다니고 있는 박성훈 군은 수업 시간에 '지각(perception) 이론의 응용 사례'에 대한 발표를 하게 되었다. 그는 우선 지각 이론을 공부하고 자료를 모았다. 자료를 모으는 과정에서 다음과 같은 사실을 알게 되었다.

사진 한 장 한 장을 연속적으로 보여주면 사람들은 움직임을 보게 되는데, 이것을 '운동 착시'라 했다. 1초에 24장 정도 사진을 연속해서 보여주면 사람들은 그 움직임이 자연스럽다고 느끼지만, 사실 24장은 각각 정지된 스냅 사진과 다를 바가 없다. 재미있는 것은 사진의 숫자를 줄이면 움직임을 더 빠르게 느낀다는 것이다.

박성훈 군은 액션 영화에서 카메라를 여러 대 놓고 다양한 각도에서 장면을 찍어 편집하는 이유도 알게 되었다. 예를 들어 자동차가 빠르게 질주하는 장면을 앞이나 옆에서 찍은 특정한 각도의 촬영 장면 하나만 보여주는 경우와 앞, 뒤, 옆, 위에서 찍은 장면을 각각 편집해서 보여주는 경우를 비교해 보자. 사람들은 다양한 각도에서 편집한 것이 더 빠르다고 느낀다. 관찰 대상의 위치가 달라지면 우리 뇌는 자연스럽게 그 물체가 움직였다고 추론하도록 설계되어 있기 때문이다. 그래서 위치가 달라지는 것처럼 보이게 편집할수록 사람들은 자동차가 더 빠른 속도로 움직였다며 박진감을 느낀다.

영국 프리미어리그의 중계방송을 볼 때 더 박진감을 느끼는 것도 같은 이유이다. 우리나라의 경우 축구 경기에 약 6~8대의 카메라를 써서 중계를 하는 데 반해, 프리미어리그에서는 약 25~26대의 카메라를 써서 중계를 하고 있었다. 많은 카메라가 구역을 나눠 근접 촬영을 하면 선수들이 카메라 각도에 맞게 달려들었다가 사라졌다 해서 선수들의 움직임을 더 많이 느낄 수 있다. 거기에 다양한 각도에서 선수가 움직이는 모습을 찍어 편집하니 선수가 조금만 움직여도 실제보다 더 많이 움직인 것 같은 착시를 일으킬 수 있다.

박성훈 군은 이러한 생각을 정리해서 보고서를 작성했다. 하지만 최종 결과는 좋지 못했다. 교수는 박성훈 군의 참신한 시도에는 일단 좋은 점수를 주었지만 원인을 너무 단순하게 보았다는 비판을 했다. 하지만 자신의 분석에 확신을 가진 박성훈 군은 주장을 굽히지 않았다. 카메라 대수 등 객관적 자료가 그의 주장을 뒷받침하고 있다고 생각했다. 그러나 다른 학생들은 생각이 달랐다. 시간이 흐를수록 박성훈 군의 발표에 대한 평가는 점점 더 낮아졌다. 왜 그랬을까?

박성훈 군은 프리미어리그의 카메라 숫자 등 새로운 정보를 접하게 되면서 분석의 중심을 해당 정보에 놓았다. 하지만 이것이 원인을 너무 단순하게 보게 하는 함정을 만들었다. 프리미어리그의 박진감이 카메라 대수와 편집의 묘미 때문이기만 할까? 프리미어리그 중계 대상인 축구선수의 우수성과 운동장과 가까운 관중석 설계의 특징, 현장의 열띤 응원 함성을 전달하는 오디오 기술도 영향을 미치지 않았을까? 월드컵 경기의 중계 때는 프리미어리그와 비슷한 카메라 대수가 투입된다. 그럼에도 불구하고 어떤 경기는 박진감을 느끼기 힘들다. 축구팀의 실력이 수준 이하인 경우도 있기 때문이다.

기본적으로 우수한 축구선수들이 뛰기 때문에 축구중계 기술이 더 효과적일 수 있는 것이다. 같은 프리미어리그 경기라고 하더라도 상위권 팀 간의 경기와 하위권 팀 간의 경기 느낌은 다르다. 또한 소리를 없애거나 줄이고 보면 현장의 소리를 담는 것이 박진감을 느끼는 데 얼마나 중요한지를 알 수 있다. 이런 식으로 여러 요소를 분석하며 찾다보면 박성훈 군이 내린 분석이 얼마나 원인을 단순하게 본 것인지 확인할 수 있다.

세상의 문제는 복잡하다. 잘 정의되지 않은 문제는 그 요소를 잘 알 수 없는 문제이다. 어느 하나가 인상적이라고 해서 그것에만 집중한다면 나머지 요소를 놓치게 될 수 있다. 어쩌면 훨씬 더 중요할 수 있는 요소를 말이다. 상관관계와 인과관계는 다르다.

예를 들어 정부 통계를 보니 여름에 전력량이 급격하게 늘어나는 특정 기간이 있음을 알게 되었다. 그런데 해당 기간의 폭행 범죄율 역시 늘어났다. 그렇다면 전력량 급증이 범죄율을 높인 것이라고 해석해야 할까? 아니다. 전력량 증가는 무더운 날씨로 인한 전력 수요 때문에 일어난 현상일 수 있다. 그리고 폭행 범죄율 증가도 무더운 날씨에 불쾌지수가 높아지면서 생긴 현상일 수 있다. 하지만 겉으로 드러난 현상의 공통점만 갖고 분석을 한다면 마치 전력량 증가와 폭행 범죄율 증가가 직접적으로 연결되는 것처럼 잘못 분석하기가 쉽다.

더구나 모든 사람이 불쾌지수가 높다고 폭행 사건을 일으키는 것은 아니다. 기본적으로 갖고 있던 성향과 상황적 특수성이 맞아떨어져야 그런 사건이 일어난다. 단순히 날씨 탓으로 돌리는 것도 문제이다.

세상에는 다양한 요소가 서로 얽히며 여러 사건에 영향을 주고 있다. 그러므로 열린 마음으로 관찰하고 다양한 요소를 고려하지 않으면 현실을 왜곡하는 분석을 하기 쉽다.

현실에 딱 들어맞는 다층적 인과관계를 분석하고 싶다면 어느 한 요소에만 집중하지 마라. 설령 그 요소가 매력적이라고 하더라도 말이다. 자칫 원인 혼란에 빠지기 쉽다. 다른 여러 요소를 살펴라. 정보를 모을 때는 객관적이어야 한다. 그래서 당신의 주장을 공격할 수 있는 여러 반대되는 사례도 일부러 모으려 노력해야 한다. 자신과 반대되는 주장도 들어보려 노력해야 한다. 그리고 분석 결론이 나온 다음에도 계속 다른 층위에서 제기될 수 있는 비판을 생각하며 분석을 업데이트해야 할 것이다.

유추를 적극적으로 활용하라
새로운 돌발 상황에서 긴급하게 문제를 해결해야 하는 경우(LUIA)

1990년 허블 우주 망원경을 처음 발사했을 때 세상은 모든 우주의 수수께끼가 다 풀릴 것처럼 기대했다. 그러나 허블 망원경이 갖다 준 것은 흐릿한 영상이 전부였다. 기대는 분노로 바뀌었고, 미국 의회는 과학자들에게 청문회 출석을 요구했다. 세계적인 우수 인재가 모인 NASA에서도 이 문제를 어떻게 해결해야 할지를 몰랐다. 그러나 허블 우주 망원경 발사를 감독했던 샤일리 펠러린(Chailie Pellerin)은 달랐다. 물론 그가 NASA의 로켓 과학자들보다 지식이 더 뛰어났던 것은 아니다. 펠러린의 원샷원킬 문제해결은 겉보기에는 단순하다.

 주변 사물이 흐릿하게 보이면 안경을 쓰듯이, 허블 우주 망원경에도 안경과 같은 것을 덧대자는 것이었다. 그는 직접 허블 우주 망원경 수리에 필요한 자금과 자원을 마련했다. 우주 비행사들이 광학 보정 장치를 부착하고 수리하는 기술적 해법까지 제공했다. 그리고 그 공로로 NASA로부터 우수 리더십 훈장을 받았다. 그는 원샷원킬의 문제해결력을 통해 조직을 위험에 빠뜨린 역적에서 영웅이 된 것이다. 허블 우주 망원경은 지금도 우주의 장관을 담은 영상을 지구로 전송하고 있으며, 우주의 수수께끼를 푸는 실마리를 계속 제공하고 있다.

펠러린이 사용한 문제해결 전략은 '유추(analogy)'였다. 유추는 새로운 문제해결을 위해서 기존에 알고 있는 지식을 적극적으로 대응시키는 것이다.

유추 연구 분야의 권위자인 UCLA 심리학과의 키스 홀리오크(Keith J. Holyoak) 교수의 경우 인간의 문제해결 중에 유추가 아닌 것이 없다고까지 주장한다. 일상생활에서 인간이 해결하는 문제는 어느 하나도 똑같은 것이 없고 모두 아주 세밀한 사항에서는 다르기 때문에, 기존 지식을 창조적으로 재조합시켜야 한다는 것이다. 이러한 유추의 특성을 그는 "심적 도약(mental leap)"이라고 표현했으며, 그의 책 제목으로 정하기도 했다.

삼성 등 대기업의 적성검사 등에서도 개인의 역량을 재는 방법으로 유추 문제를 활용하고 있다. 유추는 주어진 정보를 바탕으로 그 이상의 것을 생각할 줄 아는 창의성과 연관되는 능력이기 때문이다. 예를 들어 '학교 : 교장 = 군대 : ?'라는 문제가 있다고 하자. 물음표에 들어갈 내용을 맞추기 위해서는 학교와 교장의 관계를 알아야 하고, 군대가 무엇인지를 알고 그에 대응하는 계급의 명칭을 알아야 한다. 답은 장교 혹은 장군 등 다양한 것이 될 수 있지만 군대의 계급과 관련된 지식이 부족한 사람의 경우에는 맞추기 힘든 문제이기도 하다.

배경이 되는 '학교 : 교장'의 관계를 모른다면 유추가 일어나는 것은 아예 불가능하다. 바꿔 말하면 문제를 해결하기 위해서는 배경이 되는 개념을 명확히 하는 것이 필요하다. 그래야 정보를 재구성해서 문제를 해결하는 길을 찾을 수 있기 때문이다.

노스웨스턴대학교 심리학과의 데드레 겐트너(Dedre Gentner) 교수의 연구에 따르면 사람들은 구조가 비슷한 사물이나 원리를 이해하기만 하면 유추를 잘한다. 예를 들어 태양계의 행성들이 태양을 중심으로 공전하는 모습을 참고해서, 전자가 핵 주변을 일정한 궤도를 따라 회전하는 현상을 이해하는 것처럼 말이다. 이처럼 구조를 잘 파악하기만 하면 유추는 쉽게 일어날 수 있다. 그런데도 많은 사람들이 유추 문제를 잘 풀지 못한다. 구조가 같은데도 겉으로 드러나는 문제의 내용이나 특징이 다르면 구조까지 다른 문제라고 생각하기 때문이다.

유추가 현실에서 어떻게 이뤄지는지 확인하려면 다음과 같은 문제를 주변 사람에게 내보자.

김 박사가 담당하고 있는 환자 중에는 종양이 있음에도 불구하고, 합병증 때문에 개복 수술을 하지 못하는 환자가 있다. 이 환자를 기존 방법으로 수술하는 것은 완전 불가능하다. 그렇다고 종양을 그냥 놔두면 환자는 죽게 된다. 그런데 들리는 소문에 의하면, 강도를 자유롭게 조절할 수 있는 방사선 기계가 개발되었다고 한다. 이 방사선의 강도를 높여 환부에 쪼이면 종양을 제거할 수 있다. 그러나 강도를 높여 광선을 쪼이면 방사선이 통과하는 곳의 건강한 조직들도 상하게 된다. 낮은 강도라면 건강한 조직에 해롭지는 않지만 종양 치료에도 별 영향을 미치지 못한다. 수술을 하지 않고, 종양 주변의 건강한 조직도 손상시키지 않으면서 어떻게 종양을 제거할 수 있을까?

이 문제를 많은 사람들이 풀지 못했다. 잘 정의된 문제가 아니기 때문이다. 그리고 수술과 치료와 관련해서는 전문적인 배경지식이라고 생각해 자신의 배경지식을 활용하지 못한다. 허블 우주 망원경의 문제를 첨단 과학 문제로만 해결해야 한다는 고정관념에 싸여 쉬운 길을 못 본 과학자들처럼 말이다.

위 문제의 답은 다음과 같다. 우선 방사선 기계 여러 대를 환자의 배 주변에 배치한다. 그리고 방사선 기계들이 종양의 특정지점을 향하도록 하고 약한 강도로 광선을 투사한다. 그러면 각기 다른 방향에서 투과된 약한 강도의 광선이 모여 높은 강도로 종양을 제거하면서도 건강한 다른 조직을 보존할 수 있다.

자, 이제 배경지식이 적어 분석하기 힘든 다른 문제에 도전해 보도록 하자.

독재자에 의해 통치되는 작은 나라가 흔들리고 있었다. 독재자는 견고한 요새 안에 숨어 있는데, 그 요새는 농장과 마을에 둘러싸여 나라의 한가운데 있었고, 외곽에서부터 요새까지 많은 길이 나 있었다. 독재자의 압제를 견디지 못한 한 장군이 요새를 공격하기로 마음먹었다. 장군은 군대를 교외에 있는 길 앞에 집합시켜 총공격할 준비를 마쳤다. 그러나 장군은 독재자가 길에 많은 지뢰를 매설했다는 첩보를 듣게 되었다. 매설된 지뢰는 소수의 사람이 지나갈 경우에는 안전하지만, 많은 사람이 지나게 될 때에는 연속으로 터지게 해놓았다. 이런 상황이라면 길뿐만 아니라 마을까지 파괴되어 무고한 사람이 다칠 수 있었다. 요새를 점령하고 독재자를 내쫓기 위해서는 총공격을 해야 하는데 많은 군인을 보낼 수도 없고, 소수의 부대만 보내자니 요새를 점령하는 것이 불가능할 것 같았다. 장군은 어떻게 하면 이 문제를 해결할 수 있을까?

이 문제도 해결하기 힘들다. 하지만 '장군의 병사로 독재자를 쫓아내야 한다'와 '방사선 기계로 종양을 쫓아내야 한다'는 식으로 문제를 정의한 순간 답이 훤히 보인다. 즉 '독재자-종양', '장군의 병사-방사선 기계'라는 유사한 구조가 확인된 순간 쉽게 유추할 수 있다. 문제 안의 구조를 분석해서 해당 구조와 가장 유사한 것을 적용하면 유추로 문제를 해결하는 것이 그렇게 어렵지 않다. 허블 망원경의 오작동을 '초점이 맞지 않아 잘 보이지 않는 상황'으로 정의해서 익숙한 방식으로 문제를 해결한 펠러린처럼 말이다.

유추의 힘은 강력하다. 불확실하여 어떻게 접근해야 할지 몰랐던 문제도 조그만 단서를 찾기만 하면 순식간에 모든 문제해결 과정과 답이 훤히 보이는 잘 정의된 문제로 바뀐다. 놀라운 것은 홀리오크의 실험 재료로 쓰였던 예제가 현실에서 실제 치료법으로 쓰였다는 것이다. 홀리오크가 1980년에 썼던 방사선 문제는 또 다른 심리학자인 칼 던커(Karl Duncker)가 1945년 사용한 문제였다. 그리고 아래와 같은 기사가 《샌디에이고 유니온 트리분》지에 실린 것은 1998년 10월 2일의 일이었다.

건강한 조직은 손상시키지 않고 종양만을 파괴시킬 수 있는 방사선 치료법이 UCLA 대학병원에서 개발되었다고 병원 관계자가 말했다. UCLA의 존슨 암 연구소는 미국 내 유일하게 방사선 치료기 '노발리스(Novalis)'를 가진 기관이다. 노발리스란 독일에서 개발된 것으로, 성한 조직을 통과하는 약한 방사선들이 뇌 속 종양에 집중되도록 하는 장치이다.

유추는 정말 놀랍다. 구조만 맞는다면 실험실 문제에서 현실 속 장치로 구현될 정도이다. 이렇듯 유추는 정보가 부족하지만 어떻게든 빨리 문제를 해결해야 할 때 꼭 의지해야 할 문제해결 방식임에 틀림없다.

인텔의 명예회장인 앤드류 그로브는 한 인터뷰에서 "우리 사업이 패션산업의 일부 특성을 지니고 있음을 확신한다. 정상에 머무르기 위해서는 항상 자극적이고 새로운 것을 찾아야 한다"라고 했다. 자신의 사업을 효과적으로 표현하기 위해서 패션산업이라는 유추를 사용한 것은 아니다. 실제 앤드류 그로브는 패션업체와 같은 브랜드 전략으로 인텔의 성공 발판을 만들었다.

1980년대까지만 해도 사람들은 인텔이 뭐하는 회사인지도 몰랐다. 하지만 1990년대에 들어오면서 사정이 바뀌었다. 1980년대에도 컴퓨터 칩에 관해서라면 독점적 위치를 누려온 인텔이었지만 기술력이 아닌 인지도에서 시장을 더 확실하게 지배하기 시작한 것이다. 그 비결은 단순했다. 인텔의 칩을 내장한 컴퓨터 외형에 '인텔 인사이드(Intel inside)' 마크를 붙인다는 전제조건을 달고 마케팅을 한 것이다. 인텔 인사이드 로고를 자사의 컴퓨터 광고에 써줄 경우 칩의 가격을 3퍼센트씩 할인해 주고, 컴퓨터의 외부 포장이나 카탈로그 등에 쓰면 추가적으로 2퍼센트를 할인해 준다는 조건을 내세웠다. 뿐만 아니라 1,500여 개의 컴퓨터 제조업체들 모두의 광고비를 10퍼센트씩 전담하겠다는 파격 조건까지 내걸었다. 덕분에 1991년 이후 3년 동안 인텔이 홍보 하나에 쏟아 부은 금액만 2억 달러가 넘었다.

컴퓨터를 직접 판매하는 것도 아니고 본체 안에 부품을 넣는 업체가 이런 막대한 광고비를 지불하는 것은 미친 짓 같아 보였다. 하지만 앤드류 그로브는 확신이 있었다. 제조회사들이 가격 경쟁력을 핑계로 인텔의 우수한 칩 대신에 다른 제품을 쓸 상황을 막을 수 있는 방법은 이 방법밖에 없다는 것을 말이다. 후발 경쟁업체들의 기술개발 속도도 가속화되는 위기 상황에서는 현재 최고의 위치를 이용해서 명품 브랜드로 제조사와 고객에게 각인되는 것이 가장 확실한 문제해결법이었다.

차별화 전략은 성공했다. 1994년 IBM과 COMPAQ이 인텔 인사이드 캠페인에서 탈퇴했다가 고객이 갖고 있는 '인텔 = 우수한 성능'이라는 인식 때문에 다시 캠페인에 동참할 수밖에 없을 정도였다. 브랜드 차별화가 갖는 효과를 체험한 인텔은 더욱 혁신적인 마케팅 전략을 내놓았다.

1995년 인텔 로고가 나올 때 '딩동댕동' 하는 음향을 섞어 광고를 하기 시작했다. 고객들은 이제 소리만 들어도 '최고의 컴퓨터 성능을 가능하게 해주는 인텔'이라는 문구를 떠올리게 되었다. 품질의 우수성이 로고로, 로고가 음악으로 유추가 된 것이다. 그 이후 계속 브랜드 마케팅에 쏟아 부은 돈이 약 8조 4천억 원에 달한다는 비공식 집계가 있을 정도로 인텔은 브랜드 전략에 집중했다. 덕분에 286, 386 같은 번호가 아닌 '펜티엄' '셀러론' '센트리노'와 같은 근사한 이름을 소비자가 접하게 되었다.

고객의 머릿속에서 인텔은 로고와 광고에 신경을 쓰는 컴퓨터 부품 회사가 아니다. 그로브가 인터뷰에서 말했듯이 최고의 패션 브랜드가 그런 것처럼 계속 새로운 것을 만들어내는 이미지를 주고 있다. 전체

산업을 선도하는 디자인 경영의 선두주자쯤으로 인식되어 다른 경쟁사와는 비교도 되지 않을 신뢰를 얻고 있다. 컴퓨터에 대해서 아주 잘 알고 있는 고객이 아니고서는 단지 인텔의 로고가 박혔다는 이유로 경쟁사 제품보다 10퍼센트 정도 비싼 컴퓨터를 기꺼이 구매한다. 이것이 인텔이 오래 성공을 누릴 수밖에 없는 이유이다.

우리는 일상에서도 유추를 자주 사용한다. 얼굴이 크거나 못생긴 사람에게 "그 애 얼굴이 호박 같지 않니?"라며 농산물과 얼굴을 연결시키거나 인기 많은 스타에게 '아이돌계의 대통령'이라며 정치 구조를 연예계에 적용하기도 한다. 회사에서 승진 명단에 누락된 경우 '사다리에서 미끄러졌다'라는 식으로 표면적 특징에서의 유사성에 바탕을 두고 표현하기도 한다. 이 외에도 다양한 배경지식을 갖고 있다면 보다 창의적인 표현으로 유추를 활용할 수 있다.

그러므로 유추를 잘하기 위해서는 일단 자신의 역량을 개발해야 하는 전문 분야에서 지식을 쌓아야 한다. 하지만 지식을 쌓았다고 해서 모두 창의적 업적을 이룰 수 있는 것은 아니다. 평소에 자신의 지식을 활용해서 유추하는 습관을 들여야 한다.

먼저 비유법을 적극 활용하라. 장소에 비유하고, 사물에 비유하고, 동물에 비유하고, 사람에 비유하라. 다양하게 비유할수록 더 멋진 분석과 통찰을 얻을 수 있다. 정답은 없다. 당신의 지식을 가지고 새로운 것의 어떤 특성에 대입시킬 수만 있으면 된다. 평소에 다음과 같은 질문을 해보자. "이것을 사물에 비유하면 무엇일까?" "이것은 내가 알고 있는 어떤 것과 가장 닮아 있는가?" "이것을 어떻게 바꾸면 다른 것과 비슷해질까?" 등등 유사점을 찾는 질문을 하는 것이다.

유추 능력을 향상시키는 좀 센 방법으로는 '강제 결합법'이 있다. 특정 단어 두 개를 쌍으로 놓고 억지로 둘의 관계를 연결시키는 것이다. 주로 창의성 관련 도서에서 권장하는 방법이다. 하지만 실제로 이런 방법으로 유추 능력이 높아질 가능성은 낮다. 왜냐하면 문제해결에서는 '맥락(context)'이 중요한데, 강제 결합법으로는 적절한 맥락 없이 억지로 페어 맞추게 되기 때문이다. 허블 망원경의 안경 유추에서는 비슷한 맥락을 생각하는 것이 관건이었음을 잊지 말자. 엉뚱한 생각을 만드는 것이 아니라, 맥락에 맞는 유사점을 찾는 것이 핵심이다.

▶ 정보가 많고 문제해결 기한도 여유로운 경우 (WFIA)
···자료에 함몰되지 말고, 분석의 목적을 잊지 말라

정확히 분석하기 위해서는 분석력만이 아니라 풍부한 자료를 올바르게 볼 수 있는 통찰력이 있어야 한다. 그렇기 때문에 지배적 성향인 분석력을 발휘하기 전에 의도적으로 직관을 사용하기 위해 노력해야 한다. 일부러라도 반대의 경우는 무엇인지, 다른 가능성은 없는지를 살피고, 해당 정보를 검색하고 나서 분석을 계속하는 것도 하나의 방법이다.

또한 분석을 한다고 해서 구체적 자료 분석에만 매달려서는 안 된다. 자료에는 상황을 왜곡시킬 요소가 많기 때문이다. 좀 더 큰 틀로 생각하며 분석의 목적을 잊지 말아야 한다. 문제해결의 시간이 여유 있다고 해서 다양한 분석 기법을 써 자신의 능력이나 성향을 과시하려 해서는 안 될 것이다. 오히려 자신이 너무 분석 방법에만 매달리는 것은 아닌지 여유를 갖고 검토하는 것이 필요하다. 그런 다음에 자료에 포함되지 않을 수 있는 다양한 가능성을 생각하는 것이 좋다.

▶ 자료가 많고 긴급하게 문제를 해결해야 하는 경우 (WUIA)
···자료를 시각화하라

문제해결 시간이 긴박하다면 직관적인 통찰을 해야 할 것이다. 그런데 통찰력이 없던 사람이 갑자기 그와 같은 역량을 발휘하기는 쉽지 않다. 분석력을 쓰면서도 통찰력을 얻을 수 있는 방법은 바로 자료 시각화이다. 자료 시각화에서 가장 중요한 것은 문제해결을 위한 핵심이 드러날 수 있게 시각화해야 한다는 것이다. 먼저 MECE, LISS, 7S, SCAMPER 기법 등을 활용하여 핵심 요소를 찾고, 그것을 일관되게 시각화하는 습관을 들이는 것이 관건이다.

앞으로는 자료를 보고 통찰력 있는 판단을 할 수 있느냐에 의해 경쟁력이 달라질 것이다. 특히 긴급한 순간에는 한눈에 패턴을 발견해서 의미를 찾는 분석을 한 뒤 바로 판단을 해야만 성공할 수 있다.

▶심층 정보를 구하기 힘들지만 상황이 급박하지는 않은 경우(LFIA)
┉진정한 다층적 인과관계에 집중하라

잘 정의되지 않은 문제는 그 요소를 잘 알 수 없는 문제이다. 어느 하나가 인상적이라고 해서 그것에만 집중한다면 나머지 요소를 놓치게 될 수 있다. 상관관계와 인과관계는 다르다. 열린 마음으로 관찰하고 다양한 요소를 고려하려는 노력을 하지 않으면 현실을 왜곡하는 분석을 하기 쉽다.

현실에 딱 들어맞는 다층적 인과관계를 분석하고 싶다면 어느 한 요소에만 집중하지 마라. 설령 그 요소가 매력적이라고 하더라도 다른 여러 요소를 살펴라. 정보를 모을 때는 객관적이어야 한다. 그래서 당신의 주장을 공격할 수 있는 여러 반대되는 사례도 일부러 모으려 노력해야 한다. 자신과 반대되는 주장의 논리도 들어보려 노력해야 한다. 그리고 분석 결론이 나온 다음에도 계속 다른 층위에서 제기될 수 있는 비판을 생각하며 분석을 업데이트해야 할 것이다.

▶새로운 돌발 상황에서 긴급하게 문제를 해결해야 하는 경우(LUIA)
┉유추를 적극적으로 활용하라

불확실하여 어떻게 접근해야 할지 몰랐던 문제도 조그만 단서를 찾기만 하면 순식간에 모든 문제해결 과정과 답이 훤히 보이는 잘 정의된 문제로 바뀐다.

유추를 잘하기 위해서는 일단 자신의 역량을 개발해야 하는 전문 분야에서 지식을 쌓아야 한다. 하지만 지식을 쌓았다고 해서 모두 창의적 업적을 다룰 수 있는 것은 아니다. 평소에 자신의 지식을 많이 활용해서 유추하려는 습관을 들여야 한다. 비유법을 적극 활용하라. 장소에 비유하고, 사물에 비유하고, 동물에 비유하고, 사람에 비유하라. 다양하게 비유할수록 더 멋진 분석과 통찰을 얻을 수 있다. 정답은 없다. 당신의 지식을 가지고 새로운 것의 어떤 특성에 대입시킬 수만 있으면 된다.

내향적이면서 직관적인 당신,
새로운 가능성을 끊임없이 생각하라

나는 다른 사람들의 생각에 구애받지 않고 독자적인 사고를 하면서
늘 생소한 아이디어를 전파했다. 그래서 나는 성공했다.
– 앨버트 엘리스(Albert Ellis, 심리학자, 1913~2007)

문제조건 \ 성향	외향/분석	외향/직관	내향/분석	내향/직관
충분/자유	WFEA	WFEN	WFIA	WFIN
충분/긴급	WUEA	WUEN	WUIA	WUIN
희박/자유	LFEA	LFEN	LFIA	LFIN
희박/긴급	LUEA	LUEN	LUIA	LUIN

특별한 답을 찾으려면 다른 질문으로부터 시작하라

정보가 많고 문제해결을 자유롭게 할 수 있는 경우(WFIN)

다국적 기업인 네슬레 그룹의 헬무트 마우허(Helmut Maucher) 회장은 "직관이란 정보를 창조적으로 이용하는 것이다"라고 말했다. 직관적인 사람은 주어진 정보가 많아도 창조적으로 이용할 수 있는 새로운 가능성을 찾는 특성을 갖고 있다. 그렇기 때문에 자기 식대로 정보를 검색해서 경쟁력 있는 답을 찾아가는 문제해결법이 효과적이다. 그렇다고 기존에 있는 관련 정보를 일부러 무시할 필요는 없다. 정보를 적극적으로 활용하면서 자신의 직관도 활용할 수 있는 방향으로 문제를 해결한다면 원샷원킬의 구조적 어울림을 이룰 수 있다.

구체적으로 어떻게 하면 될까?

정보를 창조적으로 찾을 수 있는 출발점. 바로 질문을 다르게 하는 것이다. 직관적인 사람은 기존의 틀에 얽매이지 않는 성향이기에 질문도 창의적이다. 창의적인 질문을 시작으로 정보를 찾는다면 정보를 재조합할 수 있어 큰 성과를 볼 수 있다.

1925년생인 유진 가필드(Eugine Garfield)는 미국 컬럼비아대학교 화학과를 졸업할 때만 해도 앞길이 막막했다. 전공이 적성에 맞지 않아 대학 생활 내내 고생했기에 화학 분야로 진출할 생각은 눈곱만큼도 없었다. 그렇다고 다른 뚜렷한 뜻이 있는 것도 아니었다. 단지 자신이 도전하면 안 될 분야를 확실히 알았을 뿐, 자신의 열정을 다할 수 있는 분야를 찾지 못했다.

유진 가필드는 진로를 정하지 못하고 갈팡질팡하다 보니 어영부영 26세가 되었다. 그러던 어느 날 가필드는 미국 존스홉킨스대학교 의학도서관에서 발주한 '의료 논문 최신 리스트'를 만드는 프로젝트에 우연히 참여하게 되었다. 직관적 성향의 사람답게 일단 저지른 것이지만 결과는 대성공이었다. 이 일을 통해 그는 자신의 적성을 발견한 것이다.

문헌을 정리해서 사용자가 쉽게 정보를 찾도록 하는 데 흥미를 느낀 가필드는 자동화된 정보처리 시스템을 연구하기 시작했다. 아르바이트생 입장에서 큰 자리를 욕심내서 시작한 일이 아니었다. 순전히 자신이 몰입할 대상을 찾은 기쁨에 열정을 다해 문헌정보학 공부에 빠져들었다. 그러다가 한 심포지엄에서 '법률정보인용집(Shepard's Citations)'을 접한다.

1873년부터 만들어진 법률정보인용집은 판례 인용 색인으로 미국에서 이뤄진 모든 재판과 그 재판에서 인용된 판례에 관한 정보를 담고 있었다. 당시 가필드는 학술문헌을 언어학적으로 분석하면서 일련의 색인 정보를 찾고 있었다. 그런데 색인 정보를 제대로 이용하려면 그것을 체계화해서 정리할 구조가 필요했다. 법률정보인용집은 바로 가필드가 찾고 있던 체계적 구조로 돼 있었다.

"왜 이런 구조를 과학문헌집에는 쓰지 않는 것일까?"

가필드는 자신에게 질문했다. 다른 사람들은 미처 하지 못했던 질문이었다. 그리고 정보를 모았다. 당시에는 자연과학과 인문사회과학의 교류가 잘 되지 않고 있어서 완전히 다른 체계로 모든 것이 운용되고 있었다. C. P. 스노우(C. P. Snow)의 저서 《두 문화(Two Cultures)》에 나와 있는 것처럼, 인문학과 자연과학은 완전히 다른 문화였다. 그리고 그것이 너무도 당연하게 받아들여졌다.

정보를 탐색하면 할수록 가필드는 법률정보인용집처럼 과학문헌도 색인으로 만들면 될 것이라는 확신을 갖게 되었다. 그리고 과학문헌의 특징에 맞게 좀 더 창의적인 방법에 집중하면서 아이디어를 늘려나갔다. 그 통찰을 바탕으로 컬럼비아대학교 도서관학과 석사학위 논문을 작성했다.

석사 논문을 바탕으로 1955년 '과학문헌에 대한 색인 목록 작업과정을 통한 문헌의 새로운 차원'이란 제목으로 《사이언스》 지에 요약해 발표했다. 그 논문에서 가필드는 과학 분야도 단순히 서지 인용에 의지하는 방식에서 벗어나, 전문가가 설정한 핵심어를 포함해 논문의 인용 정보를 함께 이용하는 것이 필요하다고 주장했다. 그리고 예전에 발간된 다른 문헌들에 있을 수 있는 오류나 잘못된 정보를 쉽게 파악할 수 있는 시스템을 만들어 무비판적으로 과거의 문헌을 인용하는 단점을 극복해야 한다고 강조했다.

가필드는 문헌을 정리하는 과정에서 한 가지 중요한 사실에 주목했다. 학계에서는 논문의 질에 따라 다른 연구자들에게 자주 인용되거나 혹은 무시를 받았다. 그는 좀 더 명확히 알아보기 위해 자주 등장하는 주제어 3만 개를 선정해 통계를 내보기로 했다. 그러던 중 '인용 순위(citation rank)'라는 방법론을 고안해냈다. 이 방법은 특정 논문이나 책이 얼마나 많이 인용이 되었는지 그 빈도를 추적함으로써 학계에 미친 영향력을 평가하는 방식이다. 상대적인 인용 빈도에 따라 논문은 더 높은 영향력 순위를 얻고, 그 논문에 인용된 자료 또한 더 높은 가중치가 부여된다. 참고로 이것은 현재 구글의 검색 페이지 순위 산출 방식의 기본 모태가 되었다.

가필드는 1955년 전문적인 학술 문헌의 인용 색인을 발행하는 '과학정보연구소(ISI)'를 설립했다. 이 회사는 이후 1992년 '톰슨 사이언티픽'이란 이름으로 바뀌었다가 2008년 통신회사인 로이터스와 합병하여 '톰슨 로이터스'란 이름으로 현재에 이르고 있다.

'SCI(Science Citation Index, 과학인용색인)'급이라고 칭하는 양질의 논문들은 학계나 특정 공공 기관에서 인증하는 것이 아니다. 단지 톰슨 로이터스에서 구축하는 데이터베이스에 등재되어 그 인용 빈도가 탁월한 것으로 나타난 논문을 가리키는 것이다. 이와 관련해서 가필드는 2009년 9월 중국을 방문해서 SCI만으로 논문의 질을 속단하는 것은 위험하다는 요지의 강연을 하기도 했다. 이러한 약점은 가필드의 방식에 바탕을 둔 구글에도 똑같이 적용된다. 검색 결과 최우선순위에 있다는 것은 그만큼 많은 사람들이 해당 검색어와 관련해서 언급하고 있음을 보여주는 귀중한 자료가 될 수 있지만, 그것이 정말 내가 원하는 최고의 결과임을 보장하는 것은 아니다. 구글은 일반적인 트렌드를 고려해서 최선의 결과물을 제공하는 것이며, 대부분의 경우 타인과 비슷한 수요를 갖고 있기 때문에 별 탈 없이 받아들일 수 있는 것뿐이다. 이런 약점을 뒤집어보면 짧은 시간에 대다수의 고객을 확보할 수 있었던 비법도 되는 것이다. 완벽하지는 않지만 원샷원킬로 성공의 급소를 공략할 수 있었기 때문이다.

가필드의 성공은 구글의 성공과 이어진다. 두 경우 모두 맨 처음 해당 분야를 창시한 것은 아니다. 상대적으로 약자였다. 하지만 이미 자리를 잡고 있던 경쟁자와는 다른 질문을 하고, 다른 방법으로 정보를 다루는 문제해결법을 내놓아 그 분야의 흐름을 바꿔버렸다. 가필드와 구글은 문제해결 기한이 따로 있는 것이 아니었기에 시간이 갈수록 더 똑똑한 결과를 얻을 수 있는 대안을 만들 수 있었다. 그런 덕분에 SCI와 구글 검색 모두 시간이 갈수록 성공을 거둘 수 있는 토대를 만들어 경쟁자가 쉽게 넘보지 못하는 경쟁력을 갖추었다.

이처럼 16개의 문제해결 유형 중 WFIN 상황에서는 질문을 어떻게 하느냐가 아주 중요하다. 세계적인 광고기업인 BBDO의 CEO였던 필 듀센베리(Phil Dusenbarry)는 저서 《천만 불짜리 아이디어(One Great Insight Is Worth a Thousand Good Ideas)》에서 질문의 힘을 이렇게 강조했다.

"구체적인 사업 아이디어와 실용적인 조언을 얻고 싶어서 경영학의 영원한 스승인 피터 드러커의 책을 샅샅이 읽은 사람은 크게 실망할 것이다. 드러커는 아이디어를 교환하지 않는다. 드러커가 전달하고자 하는 것은 통찰력이고, 그의 책은 그가 통찰력의 대가라는 것을 증명하고 있다. 그는 버릇없는 직원을 해고하는 방법보다는 계속 고용할 만한 직원과 해고해야 할 직원을 구분하는 기준에 대해 고찰하게 한다. 그의 통찰력은 날카로운 렌즈로 세상을 보게 하는 소크라테스의 문답법적 성격을 띤다. 드러커는 거대한 다국적 기업의 CEO에게 이렇게 자문하라고 한다. '당신이 이 기업의 주인이 아니라고 가정해 보지요. 이 기업을 살 수 있다면 사겠습니까?' 피터 드러커는 사업을 계속할지 접을지를 구분하는 이유를 나열하는 것보다 훨씬 중요한 작업을 하고 있다."

피터 드러커의 중요한 작업은 답을 주기보다는 질문을 하는 것이었다. 그리고 그가 선택한 질문법은 듀센베리가 지적했던 것처럼 '소크라테스의 문답법(Socrates method)'이다. 이 문답법은 추억의 미국 드라마 〈하버드대의 공부벌레들〉에서 많이 봤던 문제해결법이다. 드라마에 나오는 강의 장면은 교수와 학생 간의 끊임없는 문답으로 채워져 있다. 이것은 극의 갈등을 위해 일부러 연출된 상황이 아니다. 실제로 미국 로스쿨의 경우 가장 기본적인 교육법이 소크라테스 문답법이다. 제한된 시간에 다양한 지식과 비판적 관점을 형성시키는 데 가장 효과적인 교육법이 바로 질문법이기 때문이다.

소크라테스 문답법의 기원은 지금으로부터 2,400년 전 고대 그리스로 거슬러 올라간다. 소크라테스는 상대방에게 답을 주기보다는 끊임없는 질문으로 가르쳤다. 그것도 질문을 통해 특정한 답을 깨닫게 한 것이 아니다. 소크라테스의 문답은 항상 '아직도 그것은 모른다'라고 질문자나 응답자가 털어놓는 것으로 끝났다. 문답법을 통해 무지를 고백한 사람 중에는 소크라테스에게 분노한 사람도 있었다. 하지만 플라톤처럼 지혜를 사랑하는 마음을 다시 확인해서 더욱 열심히 공부한 사람도 있었다.

소크라테스는 무지에 대한 고백이야말로 무언가를 알고, 그 지식을 사랑하는 바른 마음가짐이라고 믿었다. 그래서 소크라테스는 자신이 알고 있던 것이라고 해도 짐짓 모르는 척 상대방에게 계속 질문을 해서 결국 상대방이 알고 있지 못했던 새로운 생각을 이끌어냈다고 한다.

만약 자신의 생각을 명확하게 하고 싶거나 다른 사람과는 다른 통찰을 얻고 싶다면 자신에게 연달아 질문하라.

"너는 왜 그렇다고 생각하니?"

"네 생각의 핵심이 무엇이니?"

"이 문제의 가장 중요한 측면은 무엇이니?"

"이 문제에 대한 구체적인 예로는 무엇이 있을까?"

"이것과 비슷한 것으로는 무엇이 있을까?"

"무엇이 이런 문제를 일어나게 만들었다고 생각하니?"

"이 문제를 해결하기 전에 꼭 살펴봐야 하는 다른 문제는 없니?"

그리고 각 질문마다 "이것과 관련되어 더 찾아볼 정보로는 무엇이 있을까?"라고 질문하라.

그리고 질문에 답을 구하기 위해서는 감각에만 의존하지 말고 적극적으로 정보를 찾아야 한다. 그리고 더 생각한다. 그런 다음에 결정타를 날리자.

소크라테스의 문답법은 확고하다고 생각했던 지식의 허점을 공략하는 것이 특징이다. 예를 들어 "네가 주장할 때 기본적으로 가정하고 있는 것이 무엇이니?" "가정을 다르게 할 수는 없을까?" "네 의견이 가장 좋다고 생각하는 이유는 무엇이니?" "혹시 네 의견에 대해서 누가 반박을 한다면, 어떻게 할까?" 등과 같이 말이다.

혹은 자신의 생각을 결과와 연결시키는 질문도 있다. "네 의견과 관련되어 일어날 가능성이 큰 사건은 무엇이고, 반대로 가능성이 희박한 사건은 무엇이니?" "만약 네가 말한 것 중 한 요소가 빠졌다면 문제가 어떻게 바뀌었을까?"와 같이 말이다.

질문의 형태와 내용은 얼마든지 달라질 수 있다. 하지만 질문법의 핵심을 잊지 말자. 특별한 문제해결을 하고 싶다면 기존의 확실한 정보를 뒤흔드는 질문을 많이 하자. 황당해도 좋다. 아니 오히려 황당할수록 더 좋다. 독일 철학자인 프리드리히 니체가 말했다. "춤추는 별을 태어나게 하려면 자기 안에 무질서를 갖고 있어야 한다." 확실한 정보가 많이 있다고 생각하는 그 지점부터 다른 관점으로 출발하는 것이 좋다.

희미한 신호 속에 문제해결의 실마리가 있다
정보가 많고 문제해결을 빨리 해야 하는 경우(WUIN)

문제해결을 빨리 할수록 경쟁자보다 더 빨리 시장을 선점할 수 있다. 그러나 모두 성공을 향해 눈에 불을 켜고 덤비는 세상에서 경쟁자보다 더 빨리 문제를 해결한다는 것은 말처럼 쉽지 않다. 정보가 많다고 해도 전체를 다 보고 판단을 내리면 이미 늦다. 몇 개의 정보만 갖고서도 단번에 정확한 판단을 내려야 한다. 그런데 이런 판단은 평소 모든 정보를 분석해야 직성이 풀리는 사람보다는 애매모호한 상황에서도 불편함을 못 느끼는 직관적인 사람에게 더 유리하다.

케네디 대통령의 아버지 조셉 케네디는 구두닦이가 주식을 샀다는 얘기를 듣고 보유 주식 모두를 팔아치운 결과 대공황에서 살아남았다. 이병철 삼성그룹 선대회장도 공장에 들어설 때 공장 앞 나무는 싱싱한지, 화장실은 깨끗한지 등을 보고 전체 회사 상황을 파악했다고 한다. 워싱턴대학교의 심리학과 존 고트만(John Gottman) 교수는 부부의 대화 내용을 찍은 15분짜리 비디오만 보고 그 부부가 15년 뒤에 여전히 부부로 살고 있을지를 95퍼센트의 확률로 맞추었다. 서로를 바라보는 눈빛에 나타난 미세한 경멸의 신호를 단서로 판단한 것이다.

무언가 중요한 판단을 내리기 위해서 꼭 모든 정보가 필요한 것은 아니다. 적은 정보로도 전체를 읽어낼 수 있어야 한다. 그러자면 희미한 신호에서도 의미를 추출할 수 있어야 한다.

예일대학교 4학년생이었던 프레드 스미스(Fred Smith)는 어느 날 경제학 리포트와 씨름을 하고 있었다. 리포트 주제는 '새롭게 부상하는 비즈니스 트렌드를 밝히고, 그것에 함축된 의미를 분석하라'였는데, 스미스에게는 여간 힘든 것이 아니었다. 스미스는 결국 그 과제에서 C를 받았다. 당시 스미스는 학업에 집중할 수 없었다. 뉴헤이번의 트위드 항공사와 뉴욕 퍼체이스의 웨스트체스터 카운티 항공사의 계약 조종사로 야간 아르바이트를 하느라 바빴기 때문이다. 그곳에서 스미스는 제트기 조종사들과 친해졌는데 그들은 대화 중에 "우리의 승객은 사람이 아니야."라는 말을 하곤 했다. 조종사들은 자신들의 고객이 소포, 큰 박스, 중요한 기술 장비가 담긴 작은 상자라고 농담을 했다. 스미스는 그때만 해도 이 말을 심각하게 받아들이지 않았다. 하지만 대학을 졸업하고 해군 조종사로 베트남에서 복무한 뒤 1969년 제대를 하고 난 후 상황은 달라졌다. 스미스는 자신의 미래를 고민하면서 C학점을 받았던 대학 리포트를 다시 한 번 떠올렸다.

'지금에라도 새롭게 떠오르는 비즈니스가 무엇인지를 안다면 성공할 수 있을 텐데…….'

이런저런 생각을 하던 스미스는 조종사들과 나눈 이야기가 생각났다. 조종사들이 말했던 승객, 즉 '중요한 기술 장비가 담긴 작은 상자에는 무엇이 들어 있었을까' 하는 생각이 들자 눈이 번쩍 떠졌다. 스미스가 아르바이트를 했던 항공사는 당시 IBM 본사와 수 킬로미터밖에 떨어지지 않았다. 그렇게 많은 상자들이 오갔다면 십중팔구 컴퓨터와 관련된 것이 담겨 있었으리라 스미스는 추측했다.

스미스는 당시 각광을 받고 있던 자동화 사업으로 생각을 확장시켰다. 자동화가 되면 인력은 감축되는 대신 기계가 인간의 노동력을 대신할 것이다. 그런데 일단 자동화 설비가 완성된 다음에 기계가 고장이 나면 급하다고 사람을 대신 투입할 수 없을 것이라는 생각이 들었다. 전체 공장을 세워놓는 것은 손실이 너무 클 것이기에 기계의 교체 부품이 필요할 때는 무슨 수를 써서라도 그 부품을 얻을 것이 뻔했다. 그리고 새로운 컴퓨터와 기계가 넘쳐날수록 이런 문제는 더 많아질 것이라 생각했다. 작은 부품 하나를 뉴욕에서 오하이오까지 운송하는 데 드는 비용이 얼마나 큰지 예전 항공사 근무 경험으로 알고 있었지만 기업은 충분히 그보다 더한 돈도 지불할 것이라는 확신이 생겼다.

그래서 프레드 스미스는 수많은 사업체가 공장과 병원, 사무실을 중단 없이 운영하는 데 필요한 물건들을 최대한 빨리 배달해 주는 회사를 차렸다. 프레드 스미스의 나이 27세 때였다. 그 회사는 나중에 세계적인 항공화물 회사가 된 FedEx였다.

판단과 결정 분야의 권위자 로빈 호가스(Robin M. Hogarth)는 저서 《직관 교육(Educating Intuition)》에서 전문적 검사 이전에 환자의 오른쪽 눈 아래에 있는 부기만 보고 진단을 하는 피부과 의사 조지의 사례를 소개하고 있다. 조지는 그저 눈 아래의 부기를 보고 즉시 진단을 내린다. 부기의 정도가 미세하게 다른 것에 따라, 조지의 진단 내용도 달라진다. 현대 의학 관점에서 보면 이것은 의사라기보다는 원시 문명의 무당에 더 가까운 행동이다. 하지만 조지의 입장에서는 오른쪽 눈 아래의 부기와 피부병과의 상관관계가 명확하다는 것을 경험적으로 알고 있기 때문에 바로 직관적인 판단을 내릴 수 있는 것이다. 그런데 경험이 많다고 해서 모든 의사가 조지처럼 진단을 내릴 수 있는 것은 아니다. 조지는 희미한 신호를 관찰할 수 있는 예리한 눈을 가지고 있었다. 그저 반복해서 보는 것으로는 통찰력을 얻을 수 없다. 뒤집어 말해 주의 깊게 사태를 관찰하는 습관을 들여야만 문제해결의 실마리를 찾는, 즉 올바르게 문제를 해석하는 기술을 얻을 수 있다.

1910년 베게너는 온종일 침대에 누워 있는 자신의 신세가 한스러웠다. 그래도 너무 아파 몸을 제대로 움직일 수 없었기에 할 수 있는 일이라고는 벽에 걸린 세계지도를 쳐다보는 것뿐이었다. 그러던 어느 날 세계지도가 갑자기 다르게 보였다. 남미대륙의 동부 아마존 강 유역과 아프리카 서부의 콩고, 기니의 해안선의 형태 등이 상당히 유사하다는 생각이 들었다.

"어랏, 이것 봐라. 꼭 퍼즐 맞추기 짝 같잖아."

지도를 잘라 6개의 대륙을 대보았더니 서로 맞아떨어졌다. 마치 하나의 대륙이었던 것처럼.

베게너는 그날부터 지질학, 고생물학 등 호기심을 채워줄 책을 닥치는 대로 읽기 시작했다. 몸이 아픈 것도 잊을 정도로 몰입해서 자료를 읽고 정리하다 보니 단번에 '대륙이동설'의 초안이 만들어졌다. 그는 하나의 대륙이었던 지구가 왜 이렇게 여러 대륙으로 나뉘게 되었는지 고민했다. 그리고 지구에 작용하는 달의 인력과 지구 자전에 의한 원심력에 의해 대륙이 여러 방향으로 이동한 것이라는 가설을 추가했다. 지금 과학 교과서에서 배우는 내용 그대로 말이다.

관찰은 아이디어의 출발점이다. 아이디어의 어원은 고대 그리스어 'idein(본다)'에서 유래했다. 그리고 많은 학자와 경영자들이 사물과 현상을 차분히 관찰하는 것에서부터 창의성을 시작했다. 단, 그들에게 관찰은 눈에 들어오는 것을 수동적으로 처리하는 것이 아니라, 숨어 있는 패턴을 발견하는 능동적인 과정이었다.

벨크로(찍찍이)는 옷에 달라붙은 작은 도꼬마리 열매를 관찰한 것을 바탕으로 개발되었다. 스테이플러는 개미가 음식물을 무는 모습을 관찰한 것을 바탕으로 만들어졌다. 러시아 작곡가 이고르 스트라빈스키(Igor Stravinsky)는 "진정한 창조자는 가장 평범한 것에서도 주목할 만한 가치를 찾아낸다"고 말했다. 열매가 옷에 달라붙는 모습이나 개미의 음식 섭취 행동을 본 사람은 역사상 셀 수 없을 정도로 많았다. 하지만 그것에서 창조적 패턴을 발견한 사람은 비교적 근래의 일이었다.

어떻게 관찰하느냐에 따라 성과가 달라지지만 참다운 관찰법을 배우는 것은 쉽지 않다. 하지만 완전히 불가능한 것은 아니다. 적절한 인지 훈련을 하면 된다.

직접 실험을 해보자. 아래 그림에서 가장 눈에 띄는 것이 무엇인가?

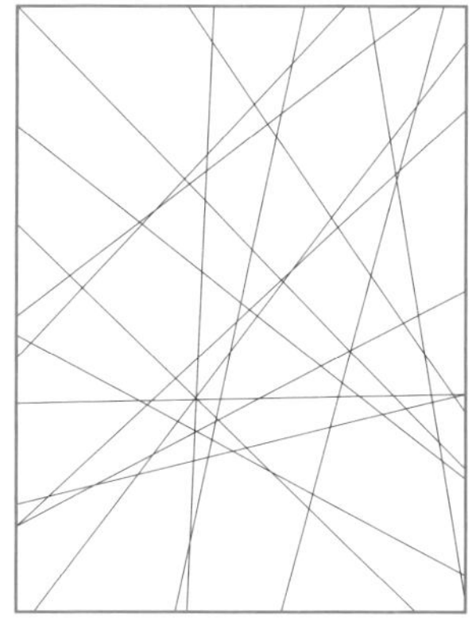

무질서한 선이 보일 수도 있다. 눈에 보이는 사물의 모습이 그렇기 때문이다. 하지만 앞서 이야기했듯이 탁월한 성과를 만들려면 능동적으로 관찰을 해야 한다. 탁월한 업적을 만드는 사람은 남들이 우습게 여기는 것을 '입력(input)' 받아도 놀라운 성과를 '출력(output)'한다. 그 것도 아주 쉽게, 단번에 말이다. 이와 관련해서 19세기에 활동한 미국 정치가 루이스 윌튼(Lewis H. Wilton)은 다음과 같은 명언을 남기기도 했다.

"진정한 천재란 비범한 일을 수행하는 능력이 아니라, 평범한 일을 비범하게 수행하는 능력을 가진 자를 말한다."

천재를 천재답게 만드는 비법은 사실 입력과 출력 사이에 있는 '처리과정(process)'에 있다. 사람들은 똑같은 것을 봐도 생각하는 바가 제각각 다르다. 즉 입력이 똑같아도 처리과정이 다양하다. 잡동사니를 갖고서도 명작을 만들어내는 사람이 있는 것도 처리과정의 미묘한 역할 때문이다.

실제로 미국 코넬대학교의 존 데세이(John Dacey) 박사의 1989년 연구에 따르면 창의적인 사람은 폭넓은 시각으로 세상을 바라보고, 직관적으로 전체와 부분의 관계를 파악한다고 한다. 예를 들어 앞에서 제시한 그림을 보여주면 창의적인 사람은 다음과 같이 의미 있는 형태를 '발견'한다.

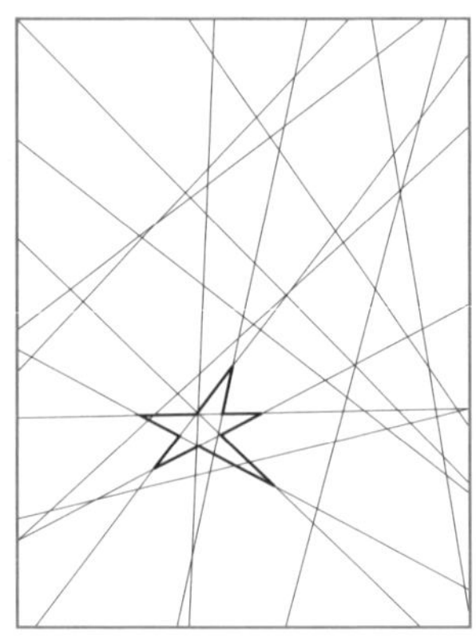

이렇듯 진정한 관찰은 그저 눈에 들어오는 사물을 있는 그대로 바라보는 것이 아니다. 빠르게 새롭고 의미 있는 형태로 자료를 재구성하는 능동적인 과정이다. 작가이자 예술평론가인 수잔 손택(Susan Sontag)은 "이해라는 것은 세계를 보이는 대로 보지 않을 때 비로소 시작된다"며 새로운 관찰의 중요성을 강조했다.

그렇다면 다음 계산 문제를 풀어보도록 하자.

$$1 + 2 + 3 + 4 + 5 + 6 + \cdots + 94 + 95 + 96 + 97 + 98 + 99 + 100 = \,?$$

문제에 주어진 대로 무작정 차례대로 덧셈을 하는 방법은 어떨까? 1 더하기 2는 3, 거기에 3을 더하면 6, 거기에 4를 더하면 10······. 이런 식으로 100까지 더하면 된다. 그렇게 해도 문제를 풀 수 있다. 하지만 단번에 성공으로 이어지는 원샷원킬의 문제해결법과는 거리가 멀다.

가우스는 1부터 100까지 순차적으로 더해야 한다는 고정관념을 버렸다. 그리고 문제의 구조를 관찰했다. 그러자 나열된 숫자의 처음과 맨 마지막을 더하면 101이 된다는 것을 발견했다. 두 번째 숫자인 2와 마지막에서 두 번째 숫자인 99를 더해도 마찬가지로 101이 되었다. 그렇다면 이제 문제에서 합이 101이 되는 개수를 세면 원하는 답을 구하면 되는 일이다. 가우스는 자신이 발견한 패턴을 일반화시켜 '등차수열 공식'을 만들었다. 이렇듯 의미 있는 패턴을 인식하려고 노력하자. 그래야 탁월한 문제해결을 할 수 있다.

인지심리학에서는 의미 있는 패턴을 인식할 수 있는 비결을 크게 두 가지로 나눠서 설명한다.

하나는 '형판 맞추기 모델(Template Matching Model)'이다. 이 이론은 어떤 물체를 눈으로 본 이후 해당 시각 정보가 뇌에 전달되면, 뇌 속에 저장되었던 정보 중 그것과 연결된 정보가 무엇인지 직접 비교하는 과정을 통해 패턴 인식이 일어난다고 주장한다. 뇌에는 셀 수 없을 정도로 많은 현실 사물의 복사품(template)이 장기기억으로 저장되어 있다. 마치 검색어를 입력하여 컴퓨터 하드디스크에 저장된 파일을 찾아내듯, 특정 정보가 입력되면 뇌 속에 저장된 정보를 쉽게 찾을 수 있을 것이라고 가정한다. 하지만 이 이론은 두 가지 치명적 문제를 갖고 있다.

첫째, 낮은 현실 타당성이다. 세상에는 수많은 사물이 있다. 그러니 패턴 인식을 잘하려면 그 수많은 사물을 미리 학습해야 한다. 뇌에 저장된 것이 있어야 외부 정보와 비교해서 인식할 수 있기 때문이다. 그래서 어떤 자기계발서에서는 많은 패턴을 줄기차게 익히라고 말한다. 그러나 세상의 문제를 잘 해결하기 위해서 모든 문제를 미리 익힌다는 것은 현실적으로 불가능하다. 사람들은 어떤 순간에 통찰을 통해서 패턴을 인식한다. 즉 기억력이 아니라 관찰력으로 문제를 해결하는 것이다.

둘째, 형판 맞추기 모델은 사람들이 왜 실수를 하는지 제대로 설명하지 못한다. 왜 사람들은 예전에 봤던 패턴을 인식하지 못하거나, 다른 패턴으로 잘못 인식하는 것일까? 입력과 출력이 똑같은 일 대 일 관계로만 문제를 해결하려고 학습한다는 것은 비효율적이지 않을까? 하나를 공부했어도 더 많은 것을 인식할 수 있어야 효율적이지 않을까?

이렇게 형판 맞추기 모델 이론의 문제점이 비판을 받으며 부각된 이론으로는 '특징 요소 분석 이론(Feature Analysis Model)'이 있다. 특징 요소 분석 이론은 패턴 속에는 특정한 기초 요소가 있으며, 그 요소만 잘 알면 다양한 패턴을 인식할 수 있다고 주장한다. 예를 들어 알파벳은 수직선, 가로선, 대각선, 곡선과 같은 기초 요소로 이뤄져 있다. A의 경우 두 개의 대각선과 한 개의 가로선으로 이뤄져 있고, B의 경우 한 개의 수직선과 세 개의 수평선과 두 개의 곡선으로 이뤄져 있다. 따라서 기초 요소를 인식할 수 있다면 그것의 조합으로 나오는 여러 글자들이 서로 다르다는 사실을 알게 되어 정확히 패턴을 인식할 수 있다는 것이다.

이 이론은 특정 각도의 선에 반응하는 뇌세포, 즉 뉴런이 있음을 밝힌 연구를 통해서 타당성이 증명되었다. 또한 이 이론 덕분에 실제로 다양한 인쇄 문자와 필기체 인식이 가능한 소프트웨어가 개발되었다. 그러나 이 이론 역시 문제가 있다.

정지해 있는 사물에 대해서는 특정 기초 요소를 파악해서 사물을 인식하는 것이 쉽다. 하지만 움직이는 물체는 그 형태가 달라 보인다. 직선도 날아오는 궤적에 따라 곡선으로 보일 수 있다. 그럼에도 불구하고 사람들은 그 물체를 잘 인식한다. 야구선수의 경우 날아오는 공의 실밥의 움직임으로 변화구의 종류를 맞추기도 한다. 정지 상태에서 본 것과는 전혀 다른 요소, 더구나 그때그때 투수의 힘과 바람의 방향에 따라 달라지는 요소를 바탕으로 인식하는 것이다. 그러므로 미리 정의된 특정 요소에 대한 분석을 바탕으로 패턴을 인식한다는 이이론에는 한계가 있을 수밖에 없다. 그럼에도 정지한 상태에서 주어진 정보를 바탕으로 분석해야 하는 경우에는 아직 가장 강력한 설명력을 갖고 있는 이론이다.

이 책에 소개된 16개의 문제해결 유형의 경우에도 각 유형별로 어떤 요소가 결합되어 만들어졌는지 그 기본 요소를 먼저 살펴야 한다. 그 다음에 기본속성은 어떻게 다른지, 문제해결 전략은 어떻게 다른지 등을 분석해야 한다. 글로 된 정보에도 서론과 본론, 결론이 있다. 서론에서 전제한 내용과 본론의 핵심, 결론에서의 시사점이 무엇인지 파악하려 노력해야 올바르게 자료를 분석해서 유의미한 패턴을 인식할 수 있다. 경우에 따라서는 자료에 포함되지 않은 사항 혹은 예외사항을 별도로 주석으로 정리하거나 글의 말미에 밝히기도 한다. 그러니 정보 분석을 마치기 전에 해당 사항이 있는지 없는지 살피는 것을 잊지 말아야 한다.

열정을 가지고 끝까지 밀어붙여라
불확실성이 크지만 내 속도로 문제를 해결할 수 있는 경우(LFIN)

토미 힐피거는 1952년에 미국에서 태어났다. 그는 어릴 때부터 독특한 취향으로 동네에서 유명했다. 18세 때 이미 '피플즈 플레이스'라는 상점을 열어 주로 뉴욕대학교 학생들을 상대로 당시 유행하던 옷이나 신발, 액세서리 등을 팔았다. 뉴욕 일대에서는 큰 인기를 끈 덕분에 처음에 하나였던 상점은 26세 무렵에는 10개로 늘어났다. 토미 힐피거는 디자이너와 사업가로서의 실력을 인정받으며 의류업체 조다쉬 진과 계약을 맺기도 했다. 하지만 거기서 만족하지 않았다. 32세에 토미 힐피거는 결심을 했다. 돈도 돈이지만, 자신의 이름을 건 디자인으로 당당히 인정받고 싶었다.

토미 힐피거는 우선 최신 유행을 살폈다. 그리고 자신이 가장 잘할 수 있는 요소를 뽑았다. 결혼한 중년, 그 가운데 중산층 백인 남성을 공략하기 위해 '스타일이 있는 클래식'이라는 모순되는 요소를 결합 해서 디자인 콘셉트로 삼았다. 한마디로 랄프 로렌(ralphlauren)의 젊은 고객층을 공략하기로 결심했다. 이때 토미 힐피거는 창의성을 폭발시 키는 중요 요소인 '도움 구하기(help-seeking behavior)'로 사업을 헤쳐 나갔다. 당시 독창적인 광고로 유명했던 조지 루이스(George Lois)라 는 아트 디렉터의 도움을 받아 다음과 같은 광고를 기획했다.

가장 위대한 남성복 디자이너는 RL, PE, CK, TH

RL(랄프 로렌), PE(페리 엘리스), CK(캘빈 클라인)과 같이 약자만 넣 어도 대번에 누군지 아는 패션 디자이너들과 함께 토미 힐피거 자신 의 이름을 넣은 것은 큰 모험이었다. 이름도 들어보지 못한 애송이 디 자이너가 감히 대가들과 동등한 실력을 가졌음을 스스로 선언한 셈이 었으니 말이다. 몇 백만 달러를 들여서 뉴욕의 공중전화 박스를 도배 하고, 뉴욕의 가장 비싼 옥외 광고탑에 선전 문구를 내걸었지만, 정작 TH가 누구인지 아는 사람은 거의 없었다.

하지만 그럴수록 사람들은 TH가 누구인지 궁금해 했다. 한편으로 선배 디자이너를 모욕해서 성공하려 한다는 등의 비판을 받기도 했지만 무명이었던 토미 힐피거는 원했던 것처럼 자신의 이름을 알리는데 성공했다. 일단 이름이 알려지자 그의 옷도 관심을 끌게 되었다. 실력에 자신이 있었던 토미 힐피거는 물 만난 고기처럼 스타일을 선도하기 시작했다. 급기야 그의 성공 노하우는 2006년 리얼리티 쇼 〈컷(the cut)〉을 통해 공개되기도 했다.

토미 힐피거를 성공시킨 힘은 어디에서 온 것일까?

첫째, 그의 디자인 실력이다. 그러나 실력이 좋은 디자이너는 많다. 실력이 좋다고 바로 토미 힐피거처럼 되지는 않는다. 월트 디즈니가 그랬던 것처럼 적절한 사람에게 도움을 받은 '도움 구하기'도 큰 도움이 되었을 것이다. 그러나 조지 루이스가 광고 기획안을 가져왔다고 해도, 선배들과 어깨를 나란히 할 수 있다는 자신감과 그것을 선언할 용기와 패션에 대한 열정이 없었다면 성공하지 못했을 것이다. 즉 성공의 기본 바탕은 실력이지만, 성공의 촉진제가 된 것은 그의 열정과 용기였다.

새로운 것이면 일단 예측할 수 없고, 통제할 수 없는 것으로 인식해서 심리적으로 부담이 된다. 사람들은 부담되는 것을 접하면 빨리 벗어나고 싶어한다. 그래서 새로운 변화를 향해 열정적으로 계속 나아가는 것이 쉽지 않다. 하지만 반대로 열정을 가지고 끝까지 나아간다면 큰 성공을 거둘 수 있다.

수없이 많은 실패를 경험한 끝에 비행기를 만든 라이트 형제의 경우도 마찬가지였다. 롤스로이스 자동차 회사의 공동 창업자인 C. S. 롤스(C. S. Rolls)는 윌버 라이트(Wilbur Wright)와 오빌 라이트(Orville Wright)에 관하여 다음과 같이 말했다.

"라이트 형제는 불신과 비웃음, 계속되는 비난 속에서 살아왔지만 결코 그것에 영향을 받지 않았지요. 이제 대중들의 견해가 갑자기 돌아서서 그들이 일약 유명해졌지만, 그들은 역시 거기에도 영향을 받지 않고, 그들 자신의 조용한 방식대로 매일의 작업을 지속했습니다."

라이트 형제는 내향적인 사람들이었다. 하지만 내면의 가치를 더 중시하고 직관에 바탕을 둔 열정으로 최초의 동력 비행기를 만드는 큰 성공을 거둘 수 있었다. 라이트 형제의 시도는 처음부터 성공을 점치기 힘든 불확실한 덩어리였다. 아니 실패 쪽이 더 확실한 도전이었다. 1680년 이탈리아의 수학자 조반니 보렐리(Giovanni Alfonso Borelli)가 인간의 근육은 너무 약해서 인간의 무게가 공중에 뜰 만큼 큰 날개를 움직일 수 없다는 사실을 증명했다. 이런 사실을 알고 있었음에도 라이트 형제는 그 옛날 레오나르도 다 빈치가 그랬던 것처럼 새를 관찰했다. 하지만 목적은 달랐다. 레오나르도 다 빈치는 직접 퍼덕거리는 날개 장치를 고안하려고 새를 관찰했지만, 라이트 형제는 새의 비행 원리를 새로운 개념의 기계에 적용하기 위해서였다.

윌버 라이트는 새가 신이 창조한 '나는 기계'라는 사실에 주목했다. 그리고 자신이 창조해야 하는 비행기와 연결될 수 있는 요소를 찾기 위해 꾸준히 관찰했다. 그 결과 새의 움직임이 어떤 기구나 글라이더로도 흉내 내기 힘들 정도로 유연하다는 사실을 깨달았다. 윌버 라이트는 새가 자유롭게 나는 비결을 풀고자 고향 데이튼 근처의 황야에서 여러 시간 동안 새를 연구했다. 그 결과 윌버는 새가 날개 모양을 변화시키면 움직임이 변한다는 것을 발견했다. 원리를 발견한 라이트 형제는 글라이더 날개의 모양을 새처럼 변화시켜주는 도르래와 케이블 시스템을 설계했고, 원하던 결과를 얻었다.

1903년 12월 17일, 라이트 형제와는 비교가 되지 않을 정도로 유명했던 스미소니언 협회의 회장인 새뮤얼 랭글리(Samuel P. Langley)가 동력 비행에 실패한 지 9일이 지난 날이었다. 그 누구도 라이트 형제에게 기대를 걸지 않았다. 언론사에서 나와 시험 비행을 지켜본 사람도 없었다. 라이트 형제가 비행한 사실을 증명하는 것이라고는 그날 경비를 섰던 한 병사가 우연히 찍은 영상이 전부였다.

라이트 형제는 묵묵히 언덕에 올랐다. 심호흡을 한 번 하고 오빌 라이트가 먼저 바람이 부는 키티호크의 킬데빌 모래 언덕을 박차고 올랐다. 그렇게 오빌이 조종한 플라이어 1호는 3미터의 고도로 12초 동안에 36미터를 비행하는 데 성공했다. 혹시나 사고가 날까봐 오른쪽 날개 쪽에서 열심히 쫓아 달렸던 윌버 라이트는 무사히 땅에 내려온 오빌을 보자마자 감격에 가득 찬 눈으로 말없이 꼭 껴안았다. 그 다음에는 윌버 라이트가 비행기를 조정해서 152.5미터를 비행했다. 세 번째는 다시 오빌이 조종하여 60미터, 마지막에는 윌버가 다시 조정해서 최고 기록인 260미터를 비행했다.

인류사의 전환점이 될 수 있는 놀라운 업적이었지만 사람들은 교육도 제대로 받지 못한 라이트 형제가 성공했을 것이라 생각하지 않았다. 오히려 사기꾼인 양 무시했다. 그래도 라이트 형제는 열정을 다해 연구를 계속했다. 처녀 비행에 성공한 지 2년이 지난 1905년에 38분 동안에 339미터를 비행한 플라이어 3호를 만들었다.

라이트 형제는 형편상 대학을 가지 못했다. 하지만 그 덕분에 기존의 틀에 갇히지 않고 독창적으로 항공학에 대한 지식을 공부할 수 있었다. 그들은 처음에는 항공학 책에 나온 이론에 따라 비행기를 제작했지만 실패를 거듭하면서 기존 이론은 뭔가가 잘못되었다는 것을 직관적으로 깨달았다. 그후 2년간의 실험을 통해 비행기와 관련된 기술은 하나부터 열까지 스스로 만들었다. 연구는 성과를 보이기 시작했고, 일사천리로 동력 비행기 기술을 개발할 수 있었다.

다른 사람들은 불가능하다고 해도 자신의 직관이 옳다고 믿는다면 열정을 갖고 부딪혀 보자. 〈해리 포터 시리즈〉의 조앤 K. 롤링(Joanne K. Rowling)도 무명작가 시절 싱글맘으로 생활보조금을 받아가며 살아야 했지만 글에 대한 열정을 버리지는 않았다. 3년 동안 글에만 매달려 처녀작인《해리 포터》이야기를 완성한 뒤에도 일이 술술 풀린 것은 아니지만 꿈을 버리지 않았다. 그리고 현재는 세계적으로 책을 가장 많이 판 작가로서 1조 원 이상의 재산을 갖고 있는 부자이기도 하다.

라이트 형제와 조앤 롤링 모두 '1만 시간의 법칙'이 아닌 자신의 직관이 지시한 대로, 자신에게 맞는 문제를 찾아 열정을 바쳐 성공했다. 불확실성을 열정으로 환하게 밝히는 원샷원킬의 방법으로 말이다. 성공에 대한 조바심을 내지 않고 자신의 문제해결 속도에 맞게 갈 수 있다면 오히려 더 큰 선물을 받을 수 있음을 이들은 보여주고 있다.

지금까지의 이야기는 별로 새로운 것은 아니다. 우리는 열정이 성공에 중요하다는 것을 알고 있다. 하지만 순간의 유혹에 넘어가 중도에 포기하거나, 자신이 그 일에 왜 열정을 바쳐야 하는지를 잊어 실패를 하기도 한다. 그리고 나중에 열정을 다하지 못한 것을 후회한다.

성공의 필수 사항 중 하나인 열정, 어떻게 하면 이 열정을 지켜 나갈 수 있을까?

새해 첫날 '어떤 일이 있더라도 이것만은 꼭 지킬 거야'라고 다짐하는 것이 적어도 하나쯤은 있다. 그런데 별 일이 없는데도 '꼭' 계획이 어긋난다. 심리학자는 '작심삼일'은 마음의 작동방식 때문에 생기는 어쩔 수 없는 현상이라고 설명한다. 작심삼일이라는 말 뒤에는 약한 의지력이 따라붙는다. 어느 정도 맞는 말이다. 하지만 그게 전부는 아니다. 특수 부대의 군인은 인내력과 의지가 강하다. 그들이라고 해서 계획대로 모든 것이 착착 진행되지는 않는다. 인내심이 넘치는 운동선수의 경우에는 생활 습관까지 규칙적이어서 작심삼일의 유혹에서 벗어나기 딱 좋다. 하지만 그들도 계획을 실행하는 데 힘들어 한다. 체중 감량 계획, 체력 보강 계획을 그냥 담담히 받아들였다는 경우보다는 포기하고 싶은 유혹이 많아 지옥 같았다고 말하는 선수가 더 많다.

인지심리학자가 내놓은 답은 간단하다. 작심삼일인 이유는 인간이 불완전한 합리성을 갖고 있기 때문이다. 일부러 삐뚤어지겠다고 작정해서가 아니다. 인간은 현재와 미래의 가치를 객관적이고도 합리적으로 계산하지 못한다. 그래서 경제학에서 말하는 합리적인 선택을 하지 않고, 그때그때 상황에 의해 바뀌는 마음에 따라 선택을 한다.

심리학과 경제학이 통합된 행동경제학에서 연구하는 바도 바로 이것이다. 경제학에서는 시간에 따라 행동 패턴이 달라지는 것을 '시간 선호(time preference)'라고 한다. 시간 선호는 우리 생활에서 쉽게 찾을 수 있다. 물건을 좀 더 빨리 배달시키려고 택배보다 더 비싼 퀵서비스를 이용하는 것도 시간 선호의 예이다. 노후 대비를 위한 연금보험에 가입하는 것도 시간 선호이다. 그런데 이 예들을 자세히 살펴보면 시간 선호의 양상이 다르다는 것을 알 수 있다. 퀵서비스처럼 현재를 중시하는 시간 선호가 있는 반면, 연금과 같은 미래를 더 중시하는 시간 선호도 있다. 그리고 현실적으로 그 사례가 드물기는 하지만 미래의 대안과 현재의 대안을 똑같이 처리하는 중립 선호도 있다. 실제로 이슬람 율법에서는 신이 만들어낸 '시간'을 가지고 인간이 이익을 취하는 것은 신성을 더럽히는 것이라 여겨 엄격히 금하고 있다. 다만 이슬람 채권으로 알려진 '수쿠크(Sukuk)'라고 하는 '지불각서'가 있기는 하다. 덕분에 이슬람 사람들은 (적어도 은행 업무에 대해서만큼은) 중립적 시간 선호의 행동을 보인다.

그러나 지구 전체를 놓고 보면 사람들은 현재를 중시하는 시간 선호를 보인다. 이유는 무엇일까? 실마리는 미래의 불확실성에서 찾을 수 있다. 당장 1분 뒤의 상황도 어떤 변화가 있을지 모르는 것이 우리의 삶이 아닌가. 현실은 그냥 눈으로 확인하는 것을 갖고 고민하면 된다. 하지만, 미래는 어떤 것이 닥쳐올지 모르기 때문에 고려해야 하는 것부터가 확실하지 않다. 그리고 앞으로 어떤 요소가 개입해서 어떻게 일이 진행될지 모르기 때문에 다양한 시나리오를 생각해야 한다. 정말 피곤한 일이다. 그래서 불확실한 미래보다는 현실의 가치를 더 선호한다. 이것을 '현실 중시의 시간 선호'라고 한다. 제한된 용량을 갖고 있는 인간에게 불확실한 정보까지 열심히 꿰어 맞춰 추리해야 하는 미래의 일은 별로 매력적이지 않다. 그래서 미래의 가치를 깎아내리는 생각 패턴이 자동화되었다.

작심삼일이 벌어지는 것도 계획을 수행하지 않을 경우 벌어지게 되는 미래의 손해를 깎아내려 하기 때문이다. 만약 계획을 세웠을 때처럼 진지하게 계속 고민한다면 실행 의지가 수그러들지 않는다. 운동

선수들이 우상이 되는 사람의 사진을 놓고 매일 자신과 동일시하며 운동하는 것은, 계속 자신의 목표를 생각하고 싶어서이다.

우리 또한 자신의 가슴을 뛰게 하는 구체적인 목표를 눈에 보이게 붙여놓는 등의 방법을 통해 작심삼일을 극복하고자 한다. 또 주변 사람들에게 말해서 언제든 자신에게 그 이야기가 돌아와 다시 상기할 수 있도록 하는 것도 방법이다. 금연 사실을 적극적으로 소문내서 자신의 행동에 제약을 거는 것처럼 말이다. 아예 목표를 정할 때 자신이 아까워할 만한 돈을 미리 걸어놓고 여러 사람들이 감독하게 하거나 해당 돈을 다른 사람에게 주도록 설정하는 사이트도 있다. 대표적인 사이트가 세계 유명 언론에 소개된 스틱(http://www.stickk.com) 서비스이다. 이 사이트를 이용할 경우 감독관을 친한 친구로 놓기보다는 목표를 완수하지 못했을 때 실망할 사람으로 정해 보자. 그러면 프로이트가 지적한 초자아처럼 그 사람의 눈으로 자신의 행동을 살펴보는 모니터링 효과가 더 커질 것이다.

당신의 미래는 그런 수고를 할 만한 충분한 가치가 있다. 불확실하다고 해서 절대로 부정적으로 볼 필요가 없다. 열정을 투입하면 안개가 걷히고 눈부신 가치를 보여줄 보물창고임을 항상 기억하라.

새로운 변화를 향해 과감하게 도전하라

불확실성이 크고 긴급하게 문제를 해결해야 하는 경우(LUIN)

다윗은 불확실성이 크고 긴급하게 문제를 해결해야 하는 상황에서 새로운 변화를 향해 과감하게 도전해 큰 성공을 거두었다. 이런 사례는 역사상 많이 있다.

해리 트루먼(Harry Truman)은 정치가치고는 내향적 성격이었다. 그런데 그의 성격은 활달하고 외향적인 성품을 지닌 프랭클린 루스벨트(Franklin Roosevelt)와 궁합이 잘 맞았다. 그래서 프랭클린은 트루먼을 부통령으로 임명했다. 그런데 제2차 세계대전으로 혼란스럽던 1945년 4월 12일, 루스벨트 대통령이 뇌출혈로 쓰러졌고 트루먼은 대통령직을 승계하게 되었다. 트루먼은 부통령에 임명된 지 불과 83일 만에 제33대 미국 대통령이 된 것이다.

용기를 내어 대통령직을 수행하기 시작했지만 12일 만에 트루먼은 더 큰 용기가 필요한 일에 맞닥뜨린다. 원자폭탄의 개발이 거의 완료되었다는 보고를 받은 것이다. 전쟁을 한 번에 끝낼 수 있는 필살기. 그러나 그 폭탄이 떨어질 곳의 사람들이 겪을 무시무시한 고통을 생각하면 너무 가혹한 결정이었다. 내향적인 성품 탓에 생각은 꼬리를 물었다. 하지만 고민을 하느라 시간을 끌수록 아군의 소중한 생명도 계속 잃어나갈 것이 뻔했다. 여러 방향으로 실리적 계산을 하려고 했지만 한 번도 원자폭탄이 투하된 사례가 없었으므로 불확실성은 여전히 컸다. 시간의 압박이 들어오자 결정은 더 힘들었다. 1945년 8월, 미국 뉴멕시코 사막에서 마지막 폭발 실험을 끝내자 고민을 끝낸 트루먼은 이렇게 말했다.

"공은 여기서 멈춘다!"

결정의 모든 책임을 지겠다는 리더로서의 의지를 보여주는 그의 말은 곧 역사가 되었다. 미국은 일본의 나가사키와 히로시마에 원자폭탄을 투하했고, 일본이 항복하면서 제2차 세계대전은 끝이 났다.

해리 트루먼은 부통령이 되기 전에는 뚜렷한 정치 업적을 갖고 있지 못했다. 그런 그가 역대 미국 대통령 평가에서 종합 7위를 차지할 수 있었던 것은 바로 새로운 변화를 향해 과감하게 승부수를 던질 수 있는 용기와 결단력이었다.

해리 트루먼의 대통령 승계는 규모의 차이는 다르지만 언뜻 보면 래플리가 NEX를 맡게 된 상황과 유사하다. 그러나 해리 트루먼은 래플리와 같은 외향적인 사람이 아니었다. 그렇기 때문에 래플리와는 다른 원샷원킬의 문제해결 전략이 필요했다. 그것은 용기와 결단력이었다. 덕분에 트루먼은 비록 준비되지 않은 상황이었지만 대통령으로서 큰 성공을 거둘 수 있었다.

해리 트루먼의 원샷원킬 문제해결 전략은 북대서양조약기구(NATO)의 초석을 마련한 결정에서도 빛을 발했다. 1948년 6월 24일 소련이 서베를린을 봉쇄했다. 그러자 트루먼은 바로 이틀 뒤에 서베를린 지역에 생필품 공수를 전격 개시했다. 전쟁 이후 세계 각 지역의 패권을 놓고 소련과 한참 힘겨루기를 하던 상황에서 자칫 전면전으로 확산될 수 있는 순간에 트루먼은 신속하면서 적절하게 비책을 내놓은 것이다. 만약 무장 차량을 딸려 보내 육로로 생필품을 수송했다면 소련이 꼬투리를 잡아 전투를 벌일 수도 있었지만 항공 수송은 어쩔 수 없었다. 당시 전략적 요충지인 서베를린을 보호하면서 소련과의 전면전도 피하는 전략은 생필품 공수 작전으로 성공했다. 결국 소련은 1949년 5월 12일 봉쇄를 풀었고, 그 결과 서베를린을 포함한 서독이 탄생할 수 있었다.

새로운 변화를 향해 과감하게 도전해서 성공한 예는 또 있다. 1980년대 초반의 일본, 24세 청년은 2층 목조 건물의 작은 사무실에서 은행 지점장을 설득하기 위해서 고군분투하고 있었다. 컴퓨터를 직접 만져본 사람도 많지 않았던 시절에 소프트웨어 회사를 만들 테니 1억 엔을 빌려달라는 것이었다. 청년이 설명하는 내용을 들어보면 사업설명회라기보다는 투자금을 따내기 위해서 아무 말이나 지어내는 서툰 사기극에 더 가까웠다.

"우리 회사는 5년 뒤에 100억 엔의 매출을 올리게 될 것이고, 10년 후에는 또 그 두 배에 이를 것입니다. 앞으로는 누구나 컴퓨터 하나를 놓는 시대가 될 텐데 그 컴퓨터는 수십 개의 소프트웨어가 필요하거든요. 저희 회사가 할 일이 바로 그때 필요한 소프트웨어를 공급하는 것입니다."

말을 마친 청년은 열정에 가득 찬 눈으로 지점장을 바라보았다. 하지만 같은 사무실에 있던 다른 직원과 아르바이트생 두 명은 그런 청년 사장을 미친 놈 보듯 했다. 여러 객관적인 사항은 대출을 고려할 상황이 아니었다. 기술력을 증명할 증서도 담보도 하나 없었다. 거기에 그는 일본인이 아니었다. 그는 자기 입으로 한국인이라고 당당히 말했다. 일본인 지점장은 대체 이 재일 한국인 3세 청년이 무슨 생각으로 이런 무리수를 두는지 기가 찰 노릇이었다. 하지만 마법에 빠진 듯 결국 최우대금리로 대출을 해주었다. 그리고 그 회사는 소프트웨어 유통회사로 시작해서 세계적 인터넷 기업으로 성장했다. 소프트뱅크의 손정의이다.

손정의 인생의 전환점은 고등학교 1학년 때 떠난 미국 어학연수였다. 일본인 친구들과 달리 외국인 게이트에 줄을 서면서 친구들의 따가운 눈초리를 받아야 했던 그지만 막상 미국에 도착하자 사정이 달라졌다. 민족이나 국적의 구분 없이 자유와 개성을 인정해 주는 미국 문화는 충격이었다. 연수 프로그램 중에 버클리대학을 방문한 그날 손정의는 유학을 결심했다. 한 달간의 연수가 끝나고 일본에 돌아오자마자 고등학교를 자퇴하고 1974년 17세에 미국 유학을 떠났다. 적응을 위해 4년제 고등학교에 입학했지만 자신의 포부와 맞지 않자 6개월 만에 학교를 중퇴하고 검정고시를 보았다.

그후 홀리네임즈 칼리지에 2년간 다닌 후에는 캘리포니아대학교 버클리캠퍼스 경제학부 3학년에 편입했다. 1980년에는 대학을 졸업하고 일본으로 돌아와 창업을 하기 위해 사무실을 얻었다. 수많은 은행으로부터 거절을 받고 난 후 제일권업은행 고치마치 지점장에게 겨우 대출을 받을 수 있었다. 1981년 일본 소프트뱅크를 만들고, 1994년에 주식 공개로 갑부가 되었다. 1996년에는 미국 야후와 함께 일본 야후 주식회사를 설립하기도 했다. 1999년에는 《뉴스위크》와 《타임》 지가 선정한 올해의 아시아 인물이 되었고, 2000년에는 《포브스》가 선정하는 부자 순위에서 760억 달러의 재산으로 IT 인사 중에서 2위를 기록했다. 2004년에는 일본 텔레콤(현재 소프트뱅크 텔레콤)을 매입해서 회장에 취임하고, 2006년에는 일본 3위의 이동통신 업체였던 재팬보더폰(현재 소프트뱅크 모바일)을 154억 달러에 매입해서 CEO에 취임하는 등 쉼 없이 과감한 도전을 계속 하고 있다.

만약 손정의가 자신의 꿈에 대한 지속적인 집중력을 유지하지 않고 도전을 멈췄다면 인생의 어느 한 지점에서 성공에 만족하며 주저앉았을 것이다. 미래가 불확실하지만 더 이상 물러날 곳이 없는 절박한 상황이라면 어쩔 수 없다. 도전을 해야 성공한다. 설령 중간에 넘어지더라도 잘 넘어지는 요령을 익힐 수 있기 때문이다. 손정의의 성공 사례는 그러한 점을 잘 보여준다.

미국 샌디에이고주립대학교 심리학과 진 트웬지(Jean M. Twenge) 교수와 조지아대학교의 키스 캠벨(W. Keith Campbell) 교수는《왜 나는 나를 사랑할까(Narcissism Epidemic)》를 공통 집필했다. 그들은 이 책을 통해 현재 전 세계에서 벌어지는 여러 사회적 병리 현상의 배후에 나르시시즘이 있음을 조목조목 따졌다. 특히 어릴 적부터 물질적 가치를 숭배하는 할리우드 문화에 노출된 전 세계 청춘 세대에게서 병리 현상이 더 커지고 있음을 지적했다. 도전 의식이 없는 것도 병리 현상 중 하나이다.

그들은 청년들이 공통적으로 왜곡된 천부권(天賦權) 사상을 갖고 있음에서 원인을 찾았다. 왜곡된 천부권은 '나는 특별한 대접을 받아야 할 권리가 있다'는 완고한 신념을 말한다. 대학 교수들은 저마다 특별 대접을 요구하는 학생과 학부모들 때문에 골머리를 썩고 있다. 직장에서도 마찬가지다. 상사가 부하직원의 작업 결과물을 놓고 꾸짖으면, 부하직원은 자기의 잘못을 성찰하기보다는 자기가 노력한 것도 몰라준다며 억울해 한다. 오죽하면 미국 노동부 장관인 엘라인 차오(Elaine Chao)가 "대다수의 미국 젊은이들은 상사가 무언가를 요청하면 화부터 낸다"고 푸념할 정도였다.

청년들의 천부권 사상은 성공 스토리를 동화처럼 너무 쉽게 혹은 길어야 다큐멘터리 몇 편으로 압축해서 단편적으로 보여주는 대중 매체 때문에 형성되기도 한다. 대중매체는 눈에 보이지 않는 정신적 성공보다는 금액으로 평가할 수 있고, 눈에 보이는 부동산으로 평가할 수 있는 물질적 성공을 보여주는 것이 편하다. 그렇다 보니 장기적으로 가치를 성취하는 도전보다는 지금 당장 다른 사람에게 보여줄 수 있거나, 당장 확보할 수 있는 것부터 움켜쥐려 하는 성향이 더 강해진다. 이러한 대중매체의 속성을 깨닫고 정신적 멘토를 구한다면 진정한 도전의식을 깨우칠 수 있다. 정신적 멘토가 될 만한 이들의 대중 강연을 듣거나 그들의 책을 보는 것도 도움이 된다.

당신은 특별하지 않기 때문에 더 많이, 열심히 노력해야 한다. 자신을 특별하지 않게 여기라는 것이 아니다. 자신을 하찮게 평가하거나 부정적으로 생각하라는 것도 아니다. 자신을 사랑해서 긍정적 에너지를 얻기 위해 자신이 특별하다고 여기는 것과, 내가 다른 사람보다 더 특별해서 더 나은 것을 가질 권리가 있다고 생각하는 것은 다르다. 70억 명의 세계 인구가 모두 자신을 사랑하기 위해서 스스로 특별하다고 여겨야 마땅하다면 나 자신은 그러한 70억 명 중의 하나일 뿐이니 특별할 수가 없다. 70억 개의 특별함 중의 하나일 뿐이다.

슬프게 들리겠지만 우리는 모두 성공을 보장받지 못하는 세상에서 살고 있다. 그래서 도전하고 노력해야만 한다. 이러한 현실을 받아들이지 않는다면 헛된 꿈만 꾸는 것이다. 세상은 공평하지 않다. 그래서 실컷 욕할 구석이 많이 있다. 하지만 바로 그것이 현실이다. 절대 공평하지 않기 때문에 내가 뒤처졌다고 해서 저울의 수평을 맞추려고 나를 위로 끌어올려주지 않는다. 내가 노력해야 상황을 변화시킬 수 있다. 내가 움직여야 다른 사람의 손도 잡을 수 있다. 그리고 앞으로 나아갈 수 있다. 내 인생에서 나를 어떻게 구출해 줄 것이냐고 소리치는 사람에게는 일시적인 구조의 손길이 닿을 수 있다. 하지만 내 인생을 성공시키기 위해 이렇게 행동하고 있다고 소리치는 사람에게는 지속적인 관심의 눈길이 닿을 것이다.

자신의 노력을 통해 앞으로 가질 수 있는 것을 더 많이 생각하자. 눈에 보이는 것이 아니라, 눈에 보이지 않는 다른 가능성을 생각하자. 직관적인 사람은 다양한 가능성을 끊임없이 생각하기를 좋아한다. 그 성향을 누르면 오히려 스트레스를 받는다. 열정을 다해 그 가능성을 현실로 만들자. 안주하지 말고 질주하라.

▶정보가 많고 문제해결을 자유롭게 할 수 있는 경우(WFIN)
···특별한 답을 찾으려면 다른 질문으로부터 시작하라

WFIN 상황에서는 질문을 어떻게 하느냐가 아주 중요하다. 자신의 생각을 명확하게 하고 싶거나 다른 사람과는 다른 통찰을 얻고 싶다면 자신에게 연달아 질문하라. "너는 왜 그렇다고 생각하니?" "네 생각의 핵심이 무엇이니?" "이 문제의 가장 중요한 측면은 무엇이니?" "이 문제에 대한 구체적인 예로는 무엇이 있을까?" "이것과 비슷한 것으로는 무엇이 있을까?" "무엇이 이런 문제를 일어나게 만들었다고 생각하니?" "이 문제를 해결하기 전에 꼭 살펴봐야 하는 다른 문제는 없니?" 그리고 각 질문마다 "이것과 관련되어 더 찾아볼 정보로는 무엇이 있을까?"라고 질문하라.

질문의 형태와 내용은 얼마든지 다를 수 있다. 하지만 질문법의 핵심을 잊지 말자. 기존의 확실한 정보를 뒤흔드는 질문을 많이 하자. 황당해도 좋다. 확실한 정보가 많이 있다고 생각하는 그 지점부터 다른 관점으로 출발하는 것이 좋다.

▶정보가 많고 문제해결을 빨리 해야 하는 경우(WUIN)
···희미한 신호 속에 문제해결의 실마리가 있다

모두 성공을 향해 눈에 불을 켜고 덤비는 세상에서 경쟁자보다 더 빨리 문제를 해결한다는 것은 말처럼 쉽지 않다. 정보가 많다고 해도 전체를 다 보고 판단을 내리면 이미 늦다. 또 무언가 중요한 판단을 내리기 위해서 꼭 모든 정보가 필요한 것은 아니다. 적은 정보로도 전체를 읽어낼 수 있어야 한다. 그러자면 희미한 신호에서도 의미를 추출할 수 있어야 한다. 하지만 그저 반복해서 보는 것으로는 통찰력을 얻을 수 없다. 뒤집어 말해 주의 깊게 사태를 관찰하는 습관을 들여야만 문제해결의 실마리를 찾는, 즉 올바르게 문제를 해석하는 기술을 얻을 수 있다.

관찰하는 것에서부터 창의성은 시작된다. 눈에 들어오는 것을 수동적으로 처리하는 것이 아니라, 숨어 있는 패턴을 발견하는 능동적인 과정을 익혀 나가야 할 것이다. 의미 있는 패턴을 인식하려고 노력하자. 그래야 탁월한 문제해결을 할 수 있다.

▶ **불확실성이 크지만 내 속도로 문제를 해결할 수 있는 경우**(LFIN)
… **열정을 가지고 끝까지 밀어붙여라**

새로운 것이면 일단 '예측할 수 없고', '통제할 수 없는 것'으로 인식해서 심리적으로 부담이 된다. 그래서 새로운 변화를 향해 열정적으로 계속 나아가는 것이 쉽지 않다. 하지만 반대로 열정을 가지고 끝까지 자신의 스타일로 나아간다면 큰 성공을 거둘 수 있다.

비행기를 발명한 라이트 형제와 〈해리 포터 시리즈〉의 조앤 롤링 모두 '1만 시간의 법칙'이 아닌 자신의 직관이 지시한 대로, 자신에게 맞는 문제를 찾아 열정을 바쳐 성공했다. 불확실성을 열정으로 환하게 밝히는 원샷원킬의 방법으로 말이다. 성공에 대한 조바심을 내지 않고 자기의 문제해결 속도에 맞게 갈 수 있다면 오히려 더 큰 선물을 받게 될 수 있음을 이들은 보여주고 있다. 우리의 미래는 그런 수고를 할 만한 충분한 가치가 있기 때문이다.

▶ **불확실성이 크고 긴급하게 문제를 해결해야 하는 경우**(LUIN)
… **새로운 변화를 향해 과감하게 도전하라**

미래가 불확실하지만 더 이상 물러날 곳이 없는 절박한 상황이라면 어쩔 수 없다. 도전을 해야 성공한다. 설령 중간에 넘어지더라도 잘 넘어지는 요령만큼은 익힐 수 있기 때문이다. 우리는 모두 성공을 보장받지 못하는 세상 속에서 살고 있다. 그래서 도전하고 노력해야만 한다. 이러한 현실을 받아들이지 않는다면 헛된 꿈만 꾸는 것이다. 세상은 공평하지 않다. 그래서 실컷 욕할 구석이 많이 있다. 하지만 그렇다고 해서 변하지 않는 것도 현실이다. 절대 공평하지 않기 때문에 내가 뒤처졌다고 해서 저울의 수평을 맞추려고 나를 위로 끌어올려주지 않는다. 내가 노력해야 상황을 변화시킬 수 있다. 내가 움직여야 다른 사람의 손도 잡을 수 있다. 그리고 앞으로 나아갈 수 있다. 카네기가 말한 것처럼 "바람이 불지 않을 때 바람개비를 돌릴 수 있는 방법은 앞으로 달려나가는 것"이다.

다가오는 기회에 마음을 열어라

우리 모두 리얼리스트가 되자.
그러나 가슴속에 실현 불가능한 꿈을 가지자.
— 체 게바라(Che Guevara, 정치인, 1928~1967)

이성과 감성을 조화시켜라

어느 여름날, 15세 척 존스는 핸들을 잡은 손에 힘을 꽉 쥐고 심호흡을 했다. 에어컨이 없는 차 안은 이미 찜통이었다. 하지만 존스의 가슴은 더 뜨거웠다. 8세때부터 시작한 자동차 경주의 추억이 스냅 사진처럼 머릿속을 지나갔다. 준비 깃발이 올랐고, 존스는 액셀러레이터를 힘껏 밟았다. 그렇게 자동차 경주 프로 선수로서의 데뷔 경기를 시작했다.

존스는 대학에서 산업디자인과 인간공학을 전공했고, 졸업 후에는 제록스(Xerox Corporation)에 입사했다. 제록스 재직 시절에는 경영관리부와 시스템 개발부, 사업 전략 기획부 등을 두루 거쳐 산업디자인부를 관리하기도 했다. 그는 월풀(Whirlpool)로 자리를 옮겨 디자인과 소비자 이해 프로그램을 총괄하며 경영에 참여하고 있다. 또한 그는 켄모어(Kenmore)와 이케아(IKEA)의 가전제품 디자인도 맡고 있다. 그가 주도한 듀엣(Duet) 세탁기 건조기는 북미와 유럽 가정의 세탁실 모습마저도 바꿔놓았다. 현재 듀엣 제품의 경우 90퍼센트가 세탁기-건조기 세트로 판매되고 있으며, 듀엣은 경쟁 제품보다 세 배 정도 더 많이 팔리고 있다. 15세에 열광적으로 핸들을 잡았던 손은 이제 전 세계 디자인의 방향을 좌지우지하는 손이 되었다.

존스는 디자인과 자동차 경주를 즐길 정도로 감성과 열정이 뛰어나면서도, 어릴 적부터 기계 수리를 재미있어 하고 공학적 계산을 즐길 정도로 논리적인 면도 뛰어났다. 그리고 이미 10세가 되기 전에 엔진의 세세한 부분의 설계를 고려해서 어떻게 분해하고 조립해야 하는지 알고 있었다. 감성과 논리적 측면을 모두 갖고 있었기에 제록스 재직 시절 단순한 복사기가 아닌, 소비자가 좀 더 편리하게 사용할 수 있는 디지털 복합기를 개발할 수 있었다.

존스는 우연히 성공한 것이 아니다. 그는 자신의 특성이 어떻게 성공을 만들었는지를 잘 알고 있었다. 그래서 그는 조직 혁신을 위한 주요 목표 중 하나로 인사 관리 지침을 이렇게 정했다.

"이론에 정통한 동시에 실무에 강한 사람이 될 수 있는 이, 즉 이성과 감성을 모두 적절하게 사용할 수 있는 사람을 고용한다."

2005년 퓰리처상을 받은 미국 계관시인 테드 쿠저(Ted Kooser)는 생명보험 사업을 했다. 물론 존스나 쿠저처럼 이성과 감성을 조화시켜 탁월한 성공을 거두는 것은 쉬운 일이 아니다. 제1부에서 살펴봤던 것처럼, 대부분의 사람들은 어느 한쪽이 우세한 성향을 갖고 있기 때문이다. MBTI도 바로 감성과 이성 중 한 부분이 지배적 성향으로 나온다는 가정에서부터 출발하고 있다. 하지만 존스의 사례에서 볼 수 있듯이 두 성향을 고루 갖고 있다면 창의적인 성공을 이루는 데 큰 도움이 된다.

괴테 또한 감성과 이성의 조화로 역사적 위인의 반열에 오르는 큰 성공을 거두었다. 괴테는 1749년 8월, 황실 고문관인 아버지와 프랑크푸르트 시장의 딸인 어머니 사이에서 태어났다. 당대 명망 있는 귀족 가문의 울타리에서 다양한 교육을 받으며 각 분야에 재능이 뛰어난 천재로 키워졌다. 대학에서 법률 학위를 받은 괴테는 고향 프랑크푸르트로 돌아와 변호사 활동을 시작했다. 그러면서 희곡을 써서 주목받는 작가로서의 명성을 떨쳤다. 나중에는 바이마르에서 행정가로서 활동하기도 했다. 그리고 틈틈이 지리학, 식물학, 광물학 등 자연과학 연구에도 몰입했다. 그렇게 한참 이성적인 성향이 강한 시기를 보내다가 37세에 홀연 이탈리아 여행길에 올랐다. 그리고 그 여행을 통해 예술가로서의 감성을 다시 확인했다.

괴테는 저서 《이탈리아 기행》에서 로마에 도착한 날을 "제2의 탄생일"이자 "진정한 삶이 다시 시작된 날"이라고 쓸 정도였다. 독일로 돌아온 이후에는 사상가와 문학가, 음악가, 학자 등 다양한 사람들과 교류하며 문학가로서의 길을 걸었다. 그리고 자신의 삶을 인간의 본질에 투영해서, 이성과 감성 사이에서 고뇌하는 인물인 파우스트를 주인공으로 한 평생의 대작 《파우스트》를 완성했다.

괴테는 그의 저서 《시와 진실》 제3부 제14권에서 이성과 감성에 대해서 다음과 같이 썼다.

본래 가장 긴밀한 결합은 서로 대립되는 것에서 생긴다. 일체를 조화시키는 스피노자의 평온은, 일체를 동요시키는 나의 노력과 대립했다. 그리고 그의 수학적인 방법은, 나의 시적인 사고나 표현 방식과는 정반대였다. 그의 논리 정연한 사고방식이 도덕적인 문제에는 부적절하다고 생각하는 자도 있었지만, 나는 이런 방식 때문에 그의 열렬한 제자이자 절대적인 숭배자가 되었다. 정신과 감정, 이성과 감성은 필연적인 친화력으로 서로를 끌어당기며, 이 친화력에 의해서만 전혀 다른 것들이 결합될 수 있다.

이성과 감성은 '대립'의 관계라 할 만큼 본질적으로 성격이 다르다. 그러나 꼭 괴테의 경지에 이르러야만 할 정도로 완전히 불가능한 것은 아니다. 이성과 감성적인 요소를 충분히 고려할 수 있는 여유를 확보한다면 그만큼 조화를 이룰 확률이 높다. 이성적 논리로만 사태를 파악하거나, 감성적 느낌으로만 사태를 파악하는 두 경우 모두 올바른 판단을 가로막는다. 모두 다 살피고 경계에서 공정하게 바라볼 줄 알아야 올바른 결과를 얻을 수 있다. 이런 경지를 보여주는 김광규 시인의 시가 있다.

생각과 사이

시인은 오로지 시만을 생각하고
정치가는 오로지 정치만을 생각하고
경제인은 오로지 경제만을 생각하고
근로자는 오로지 노동만을 생각하고
법관은 오로지 법만을 생각하고

군인은 오로지 전쟁만을 생각하고

기사는 오로지 공장만을 생각하고

농민은 오로지 농사만을 생각하고

관리는 오로지 관청만을 생각하고

학자는 오로지 학문만을 생각한다면

이 세상이 낙원이 될 것 같지만 사실은

시와 정치의 사이

정치와 경제의 사이

경제와 노동의 사이

노동과 법의 사이

법과 전쟁의 사이

전쟁과 공장의 사이

공장과 농사의 사이

농사와 관청의 사이

관청과 학문의 사이를

생각하는 사람이 없으면 다만

휴지와

권력과

돈과

착취와

형무소와

폐허와

공해와

농약과

억압과

통계가

남을 뿐이다

김광규 시인은 생각 그 자체의 완결성보다도 생각과 생각의 '사이'
에 더 주목한다. '사이'를 보려면 그만큼 다른 것을 볼 수 있는 여유가
있어야 한다. 어느 한편에 치우치지 않고 다른 것을 보는 여유에서 유
연한 사고가 나온다. 유연한 사고에서 창의성이 나오고, 창의성에서
탁월한 성과가 나온다. 탁월한 성과를 얻는 것, 그것이 바로 성공이다.

우연을 기다리지 말고 만들어라

삼성그룹 이병철 선대회장은 운(運), 둔(鈍), 근(根)을 이야기했다. 성
공을 하려면 무엇보다 운이 따라야 하고, 당장 운이 닿지 않으면 우직
하게 기다릴 줄 알아야 하며, 용케 운이 닿아도 근기가 있어야 내 것으
로 만들 수 있다는 말이다. 그런데, 성공학 전문가인 클로드 브리스톨
(Claude M. Bristol)은 이런 말을 남겼다.

"우연처럼 보여도 우연이 아니다. 그것은 당신이 손수 엮은 패턴들
이 움직인 결과이다."

《오즈의 마법사》에는 캔자스 외딴 시골집에서 잠을 자다가 갑자기
몰아친 폭풍 때문에 우연히 이상한 나라에 가게 된 도로시의 이야기

가 나온다. 도로시는 우여곡절 끝에 겁쟁이 사자와 양철 나무꾼, 허수아비와 함께 아름다운 에메랄드 시에 도착한다. 도로시와 그 친구들은 위대한 마법사 오즈에게 소원을 이루어 달라고 부탁한다. 그러나 오즈는 서쪽 나라의 나쁜 마녀를 없애기 전에는 소원을 들어줄 수 없다고 대답한다. 도로시 일행은 다시 서쪽 나라로 길을 떠난다. 그리고 그곳에서 갖가지 위험을 이겨내고 나쁜 마녀를 없앤다. 그러나 약속의 땅인 줄 알았던 에메랄드 시는 배신의 땅이었다.

소원을 이룰 수 있게 되었다는 기쁨에 가득 차서 에메랄드 시로 돌아온 도로시 일행은 오즈에게 뜻밖의 말을 듣는다. 위대한 마법사 오즈는 가짜이며, 사실은 평범한 사람이라고. 결국 오즈가 도로시 일행의 소원을 들어줄 수 없다는 사실에 실망한다. 그 모습을 본 오즈는 그래도 양심이 살아 있어 뭔가 느낀 바 있었다. 그래서 문제를 해결할 수 있는 나름의 꾀를 낸다. 허수아비에게는 왕겨로 만든 뇌를, 양철 나무꾼에게는 비단으로 만든 심장을 주고, 겁쟁이 사자에게는 용기를 주는 약을 마시게 한다. 오즈는 관찰력으로 허수아비와 양철 나무꾼과 사자가 이미 소원을 이룬 상태임을 발견하고, 그 소원의 징표만이 필요하다는 사실을 직관적으로 깨달아 그에 맞는 창의적 해결책을 내놓은 것이다. 허수아비와 양철 나무꾼과 사자는 각각 자신들의 소원이 이루어졌다고 몹시 기뻐한다.

문제는 고향에 가고 싶어하는 도로시였다. 오즈는 도로시의 고향으로 갈 방법을 찾아야 했다. 오즈는 고민 끝에 커다란 풍선 기구를 만들어서 도로시와 함께 고향으로 돌아가기로 한다. 도로시는 오즈의 계획을 듣고 깡충깡충 뛰며 좋아했다. 그러나 오즈는 실수로 풍선 기구를 타고 혼자 날아가 버린다. 덕분에 허수아비는 오즈 대신 에메랄드 시의 왕이 된다. 그리고 양철 나무꾼은 서쪽 나라의 나쁜 마녀 대신 나라를 다스리게 되고, 겁쟁이 사자는 동물의 왕이 되어 숲 속을 다스리게 된다.

친구들이 저마다 떵떵거릴 만한 한자리를 제대로 차지할 동안, 도로시는 그 자리에 주저앉아 며칠 밤 울어도 시원치 않을 처지가 되었다. 그러나 답은 의외의 곳에서 나왔다. 도로시는 착한 마녀 글린다의 도움으로 마침내 헨리 아저씨와 엠 아주머니가 기다리고 있는 캔자스로 돌아갈 수 있었다.

지금까지 살펴본 《오즈의 마법사》 이야기를 다시 머릿속에 정리해 보자. 도로시는 최초의 문제해결책이라고 생각한 오즈의 도움이 아니라, 착한 마녀 글린다의 도움으로 집에 돌아오게 된 셈이다. 상황이 이렇게 될 거라면 도로시는 아예 오즈가 아니라 글린다에게 매달리는 편이 원샷원킬의 문제해결법에 더 가까운 것이었다. 그러나 다시 한 번 잘 생각해 보자. 틀린 방법들 투성이었는데도 도로시의 문제는 성공적으로 해결되었다. 다른 일행의 소원도 해결되었다. 왜 그럴까? 그것은 '우연'이 스며들 시간적 틈이 있었기 때문이다. 그리고 그 우연은 클로드 브리스톨이 말했듯이 도로시가 "손수 엮은 패턴들이 움직인 결과"였다.

아르키메데스가 왕의 금관이 순금인지 알아내라는 과제를 해결하기 위해서 갖은 수를 쓰다가, 휴식을 취하러 들어간 목욕탕에서 우연히 답을 찾은 것을 봐도 그렇다. 아르키메데스가 곧장 목욕탕에 들어가 줄창 목욕만 했다면 해결책을 찾았을까? 아니다. 그 전에 문제해결과 관련된 행동이 있었기에 성공할 수 있었던 것이다.

수동적으로 남의 도움이나 우연을 기다리는 것으로는 성공할 수 없다. 원샷원킬 문제해결법은 수동적이지 않다. 능동적으로 문제의 구조를 관찰하고, 문제를 해결하기 위해 자신의 성향을 적극적으로 활용해야 한다. 때로는 우연마저도 철저히 활용할 수 있는 것이 바로 원샷원킬 문제해결법이다.

이쯤에서 강조하고 싶은 단어가 'Serendipity'이다. 흔히 '우연히 발견하는 능력' '뜻밖의 발견' '우연' 정도로 번역되지만, 모두 조금씩 모자란 번역어이다. 다음과 같은 대표적 사례를 살펴보면 그 이유를 알 수 있을 것이다.

독일의 이론물리학자인 베르너 하이젠베르크(Werner Heisenberg)는 근대과학의 기초 개념을 바꾼 '불확정성의 원리'로 유명하다. 어떤 관측 가능량을 정확하게 측정하려고 하면 그 행위 자체에 의해서 다른 관측 가능량의 값에 필연적으로 불확정성이 생긴다는 생각이었다. 이는 뉴턴의 고전 물리학에 바탕을 둔 결정론적 과학관과 기계론적 세계관을 뒤엎고, 어떤 현상에 대해서 단지 확률적인 예측만 가능하다는 것을 의미하는 실로 놀라운 통찰이었다. 덕분에 고전 물리학으로서는 설명할 수 없었던 현상들에 대해서 새롭게 접근하는 양자역학이 탄생하게 되었다.

그런데 이렇게 과학 역사상 중요한 변화가, 사실은 1925년 그가 화분병(花粉病)에 걸려 헬골란트 섬에서 요양하면서 얻은 우연한 단서에 의한 것이었다. 마치 아르키메데스가 목욕탕에 들어가서 우연히 결정적인 단서를 얻은 것처럼 말이다.

심리학과 연관된 유명한 실험으로 알려진 '파블로프의 개 실험'도 원래는 생리실험이었다. 생리학자였던 파블로프(Ivan Petrovich Pavlov) 박사는 개의 소화과정을 연구하던 중 우연히 종과 음식물과 개가 흘리는 침의 상관관계를 발견하고는 '조건-반응의 원리'를 생각해냈다. 합성고무를 발견한 미국의 화학자 찰스 굳이어(Charles Goodyear) 박사도 우연에 의해서 창의적 업적을 만들었다. 19세기 중엽까지 생고무의 결점을 보완하려는 사람이 많았으나, 그 성과는 미비했다. 찰스 굳이어 박사도 마찬가지였다. 그렇게 별 소득 없이 10년을 매달린 어느 날, 굳이어 박사는 냄비에 유황을 녹이다가 실수로 그것을 생고무 위에 엎지르고 말았다. 그래서 가열된 유황과 고무가 섞였는데, 덕분에 생고무가 탄력성이 뛰어난 물질로 변화되어 있음을 발견했다. 굳이어 박사는 반복 실험 결과 자신이 원했던 제대로 된 합성고무를 이미 (우연히) 만들었음을 뒤늦게 깨달았다.

지금까지 사례를 놓고 보면 단순한 '우연' 이상의 무엇이 있음을 알 수 있을 것이다. 일단 대단한 노력이 있었다. 비록 결과적으로 보면 문제를 해결한 올바른 방법이 아니었더라도 말이다. '우연'이 일어나기 전에는 다들 자신의 한계에 치열하게 부딪히고 있었다. 그러나 그게 다가 아니었다. 그 한계에 부딪혀 정점에 이르렀을 때 '뜻밖의 발견'과 '뜻밖의 성과'가 '우연'처럼 다가왔다. 이것은 그냥 복권에 '운 좋게' 당첨되는 것과는 분명히 다른 것이다. 그래서 Serendipity를 단순히 '뜻밖의 횡재'에 가깝게 번역하는 것은 원래 의미를 잘 살리지 못하는 것이 된다.

Serendipity는 영국의 작가 호레이스 월폴(Horace Walpole)이 《세렌

디프의 세 왕자(The Three Princes of Serendip)》라는 동화에서 영감을
얻어 만들어낸 말이다. 세렌디프는 지금의 스리랑카에 해당하는 지역
을 가리킨다.

세렌디프 왕국의 국왕 자이아에게는 세 명의 왕자가 있었다. 자이아 왕은
훌륭한 선생님들을 모아서 왕자들을 가르치게 했다. 왕자들 또한 열심히 공
부했다. 그러던 어느 날 선생님들이 왕에게 말하기를, 왕자 중에는 국왕의
자리를 물려줄 만한 인재가 없다며 교육의 마지막 과정으로 여행을 추천했
다. 이에 자이아 왕은 실망하여 세 왕자들을 곧장 여행길에 오르게 한다.
여행길에 올라 페르시아 땅에 도착하자마자 대상(隊商)의 낙타 도난 문제
에 휘말린 세 왕자는 사형 선고까지 받게 된다. 그러나 세 왕자가 처형되
기로 한 날 누명이 벗겨지면서 페르시아 황제의 극진한 대접까지 받고 다
시 여행길에 오른다. 중간에 일어난 다른 문제들도 현명하게 해결한 세 왕
자는 귀국길에 다시 페르시아 황제를 찾아 그의 병까지 고쳐주었다. 이 소
식을 들은 세렌디프의 자이아 왕은 크게 기뻐했다. 그리고 세상에 나아가
지혜를 펼치고 돌아온 세 왕자를 반갑게 맞았다. 세 왕자는 각각 훌륭한
왕이 되어 행복하게 잘 살았다.

너무도 간단하게 요약했지만, 세렌디프 왕국의 세 왕자 이야기에는
의도하지도 않았던 순간에 문제해결의 핵심이 되는 요소를 우연히 발
견하는 장면이 많이 나온다. 예를 들어 도난당한 낙타의 모습을 한 번
도 보지 않고, 단지 길 양 옆에 난 풀의 모양이 서로 똑같지 않은 것을
보고 낙타가 눈이 먼 것과 이빨이 빠지고 다리를 저는 것을 추측하는

식으로 말이다. 세 왕자 이야기의 핵심은 Serendipity, 즉 '준비된 우연'이 삶을 좌우한다는 것이다.

어떤 이는 아무리 노력해도 증명할 수 없는 것이 세상에 있다는 신비주의에 기댄다고 오해할 수도 있다. 하지만 Serendipity는 아주 드문 기적 같은 것은 아니다. 역사적으로 수없이 반복해 온 창의성과 관련된 원리이다. '뜻 있는 자'들만이 '뜻밖의 결과'를 얻었음을 페니실린의 발견이나 사카린 발견 등 수많은 사례들로 입증할 수 있다. 이런 Serendipity 과정을 미국 물리학자 조세프 헨리(Joseph Henry)는 다음과 같이 표현했다.

"위대한 발견의 씨앗은 항상 우리 주변에 있다. 그러나 그것을 받으려고 준비하고 있는 마음에만 뿌리를 내린다."

진정한 Serendipity에 도전하라

페르시아의 발람 황제는 어느 날 델리란마라는 여인을 보고 첫눈에 반하고 말았다. 그녀의 춤사위나 몸매는 매혹적이었다. 특히 악기 류트를 연주하는 모습이 아름다웠다. 델리란마에게 푹 빠진 황제는 나랏일은 젖혀둔 채 하루가 멀다 하고 연회와 사냥으로 세월을 보냈다. 어느 날 사냥을 나간 황제는 짐짓 자신의 사냥 실력을 자랑하려고 델리란마에게 이렇게 물었다.

"내가 저기 보이는 사슴의 어느 부분을 맞추기를 바라느냐? 말해 보거라."

델리란마는 뒷발과 한쪽 귀를 한 번에 맞춰보라고 말했다. 황제는 잠시 생각하는 듯싶더니 사슴이 풀을 먹으려고 목을 숙인 순간 활을 쏘아 사슴의 뒷발과 귀를 정확히 관통시켰다. 그러나 델리란마는 무덤덤하게 그 정도는 누구나 할 수 있다고 말했다. 황제를 모욕한 것이다. 원래 법도대로라면 큰 벌을 내려야 했지만, 자신이 사랑하는 여인에게 벌을 내릴 수는 없는 일이었다. 황제는 큰 고민에 빠졌다.

그러나 황제는 결단을 내렸다.

"델리란마를 당장 붙잡아 맹수들이 잡아먹도록 숲 한가운데에 매달아라!"

그리고 뒤도 돌아보지 않고 궁전으로 돌아왔다. 하지만 황제는 곧바로 자신의 행동을 후회했다. 숲에 남겨진 델리란마 생각에 안절부절 못했다. 황제는 더 이상 참을 수 없어 신하들에게 델리란마의 시체만이라도 거둬오라고 명령했다. 그런데 숲에 갔다 온 신하는 뜻밖의 소식을 전했다.

"숲에는 시체는커녕 옷가지 하나 남아 있지 않았나이다."

필경 맹수들이 델리란마를 뼛조각까지 먹어 치운 것이라 생각한 황제는 크게 슬퍼했다. 그리고 자신의 잘못을 탓하며 델리란마를 더욱 그리워하게 되었다. 결국 황제는 병이 들고 말았다. 마침 여행을 마친 세렌디프의 세 왕자는 고향으로 돌아가던 중에 페르시아의 황제의 궁전에 들렀다. 황제는 침대에서 일어나지 못한 채 세 왕자를 맞으며 간곡히 부탁했다.

"현명한 왕자들이여, 그대들의 지혜로 내 병을 고칠 치료법을 찾아주게."

자, 당신이 세 왕자라면 어떤 치료법을 내놓겠는가?

우선 숲으로 가서 철저한 현장 검증부터 할 수 있다. 남다른 관찰을 통해 문제를 해결할 수 있다. 자신의 성향에 따라 16개의 문제해결 유형에 맞는 전략으로 해도 좋다. 세 왕자 역시 황제의 이야기를 듣자마자 각각의 성향에 맞게 원샷원킬로 그 자리에서 처방을 내렸다. 세 왕자는 황제의 병은 슬픔 때문에 생긴 것이니 행복한 일을 만들면 마음이 풀릴 것이라 생각했다. 그래서 첫째 왕자는 황제에게 이렇게 말했다.

"일곱 채의 궁전을 지으십시오. 그리고 저마다 다른 색으로 칠하십시오. 그런 다음 일주일씩 돌아가면서 각 궁전에 머무르셔야 합니다."

왜 이런 처방을 내렸을까? 그저 우울할 때 기분 전환용으로 인테리어를 바꿔보라는 정도의 평범한 조언 같아 보인다. 그런데 그 처방은 둘째 왕자의 처방에서 더 구체화된다.

"큰 세력을 가진 일곱 나라 왕의 딸들을 불러들이십시오. 그 딸들을 일곱 채의 궁전에 한 명씩 살게 하고, 매일 다른 궁전을 찾아 지내십시오."

두 번째 처방을 보면 결국 여자에 의한 상처는 여자로 달래라는 단순한 처방 같아 보인다. 그러나 셋째 왕자의 처방은 실로 절묘하다.

"일곱 도시에서 으뜸가는 이야기꾼을 불러들이십시오. 그들을 한 사람씩 일곱 채의 궁전에 살게 하고, 매일 그들에게 돌아가면서 이야기를 하라고 하십시오."

이미 세 왕자의 처방은 다 나왔다. 그 다음은 어떻게 되었을까? 앞으로 어떻게 이야기가 전개될지 눈치를 챘다면 여러분은 Serendipity에 대한 감각이 있는 것이다. 황제가 왕자들의 제안을 받아들이고 얼마 지나지 않아 놀라운 일이 벌어졌다. '류트를 타는 여인의 이야기'가 황제에 전해졌다. 그 이야기는 바로 길을 잃고 숲 속을 헤매던 한 여인이 류트로 마음을 달래며 살고 있다는 내용이었다. 혹시나 하는 마음에 황제는 그 이야기를 단서로 주인공을 찾으라 명령했다. 그 주인공은 바로 델리란마였다. 황제는 델리란만를 다시 궁전으로 불러들였고, 곧 병도 말끔히 나았다.

왕자들이 내놓은 처방에 감탄한 황제는 왕자들에게 어떻게 치료법을 생각해냈느냐고 물었다.

첫째 왕자는 병이 장소 때문이라고 생각했다며 이렇게 대답했다.

"병이 나으려면 지금껏 해온 생활과 반대로 생활하면 됩니다. 황제께서는 지금 계신 궁전에서 병에 걸리셨습니다. 그렇다면 다른 궁전으로 옮기시면 된다고 생각했습니다."

둘째 왕자는 병의 원인을 헤어진 여인 때문이라고 생각했다며 이렇게 말했다.

"황제께서 새로 맞아들인 일곱 명의 여인과 즐거운 시간을 보내시다 보면 어느새 옛 여인을 잊고 병이 나으실 거라고 생각했습니다."

그런데 마지막으로 셋째 왕자는 이렇게 말했다.

"숲 속에 시체가 남아 있지 않았다면 분명 그 여인은 누군가의 도움을 받아 목숨을 건졌다는 게 아니겠습니까? 이야기꾼들은 여기저기서 일어나는 일을 많이 알고 있을 터이니 그들 중 누군가는 그 여인의 소식을 알 만한 단서를 가지고 있을 것이라 생각했습니다."

세 왕자 모두 황제의 병은 슬픔 때문에 생긴 것이니 행복한 일을 만들면 마음이 풀릴 것이라 생각한 것은 똑같았다. 그런데 처방은 제각각이었다. 그리고 모두 다 적절했다. 모두 다 성공했다.

마찬가지로 이 책에서 나온 16개 유형의 문제해결 전략 중 어느 것이 더 낫고 못한 것이 아니다. 모두 다 각자 다른 의미에서 멋지게 문제를 해결할 수 있다. 당신의 상황에 맞게 적절한 방법을 택해 최고의 성공을 거둘 수 있다.

다만 각자의 문제해결 전략을 실행하기 전에 세 번째 왕자의 답을 더 눈여겨보기를 마지막으로 부탁하고 싶다. 필자로서 세 번째 왕자의 답을 권하는 이유는, 황제의 능력으로 지을 수 있는 궁전이나 황제의 능력으로 모을 수 있는 여인이 아니라, 황제의 능력 밖에 있는 우연에 더 많이 기대고 있기 때문이다. 즉 Serendipity에 더 열려 있는 답이다. 이야기꾼의 이야기 수집 능력과 델리란마의 상황이 세상에 떠돌아다닐 수도 있다는 가능성 등 정확히 계산할 수 없는 불확실한 여러 요소가 맞아떨어지기를 기대하고 내놓은 답이다.

분석적 성향의 사람은 첫째 왕자와 둘째 왕자가 내놓은 답이 더 명확해 보이고 인정하기도 쉽지만, 셋째 왕자의 답이야말로 정말 생각하기 힘든 답이다. 우연히 맞아떨어질 확률이 낮기 때문에 위험이 있지만, 그만큼 낮은 확률이기에 성공하면 성과가 큰 문제해결법이다.

무엇보다 셋째 왕자의 답이 멋진 것은 앞의 두 왕자의 답을 밀쳐내지 않았다는 것이다. 여러 궁전을 짓지 말라고 하거나, 여러 여인을 들이지 말고 오직 자신의 문제해결법만 쓰라고 하지 않았다. 자신의 생각과 다른 여러 답이 결합해서 낼 수 있는 Serendipity까지 열어놓은 것이다.

세상을 한 번에 품는 성공을 꿈꾸며 원샷원킬을 익히는 사람이 다른 것을 배격한다면 앞뒤가 맞지 않는다. Serendipity는 복잡하다. 첫째 왕자의 답을 듣고 둘째 왕자가 자신의 생각을 적당히 끼워 넣고, 거기에 셋째 왕자가 자신의 답을 끼워 넣은 것처럼. 그리고 세 가지 처방을 다 듣고 황제가 세 가지 중 어느 하나만 택하지 않고 모두 실행한 것처럼 여러 가지가 맞아떨어져야 한다. 그래야 놀라운 성과를 얻을 수 있다. 그러므로 우리는 세상에 대해서 완전히 열려 있어야 한다.

그런데 우리는 Serendipity로 성공한 사람의 드라마틱한 이야기를 들어도 직접 Serendipity를 향해 도전하지 못한다. 커다란 행복을 찾기보다 일단은 불행을 줄이려고 더 애쓰는 인지적 특성이 있기 때문이다. 다니엘 카네만 교수의 "조망이론(prospect theory)" 관련 연구에 따르면 인간은 이득보다 손실에 더 민감하다.

다음과 같은 문제 상황이 있다고 하자. 당신은 어떤 판단을 내릴 것인가?

"아프리카에 전염병이 퍼졌다. 새로운 치료제를 사용하면 600명 중 200명을 살릴 수 있다. 새로운 치료제를 사용하겠는가?"

'예' 혹은 '아니오' 중 하나를 정해 보자. 또 다음과 같은 문제 상황에서는 어떻게 하겠는가?

"아프리카에 전염병이 퍼졌다. 새로운 치료제를 사용한다고 해도 약효가 제대로 발휘되지 않아 전체의 2/3는 그대로 사망에 이르게 될 것이다. 새로운 치료제를 사용하겠는가?"

자, 두 번째 해결책에 대해서 여러분의 답은 '예' 혹은 '아니오' 중 무엇인가? 눈치 빠른 이들은 두 상황 모두 생존율이 3분의 1로 똑같다는 것을 알아챘을 것이다. 하지만 600명 중 200명을 살린다고 하는 첫 번째 해결책이, 600명 중 400명이 죽을 것이라는 두 번째 해결책보다 더 좋아 보인다. 실제로 1981년 카네만과 트버스키 교수의 실험 참가자들 중 72퍼센트의 사람들이 첫 번째 해결책을 선택했다. 수학적으로는 똑같은 결론이지만 이득으로 문제 내용이 구성되어 있는 것이 좋고, 손실로 표현되어 있는 것은 싫기 때문이었다. 혹시 이런 결과가 나온 것이 첫 번째 해결책은 숫자로, 다른 해결책은 분수로 제시되어 있는 것이 영향을 주었다고 의심할 수도 있다. 이에 카네만과 트버스키 교수는 다른 실험 참가자에게 다음과 같이 문제를 바꿔서 제시했다.

"아프리카에 전염병이 퍼졌다. 새로운 치료제를 사용하면 600명 중 400명이 죽는다. 새로운 치료제를 사용하겠는가?"

그리고 실험 참가자에게 답을 하도록 했다. 또 다른 실험 참가자에게 다음과 같은 문제 상황에서는 어떻게 하겠는지 물었다.

"아프리카에 전염병이 퍼졌다. 새로운 치료제를 사용할 경우 전체 사람이 하나도 죽지 않고 살 수 있는 확률이 1/3이다. 그러나 600명이 전부 죽을 확률도 2/3이다. 새로운 치료제를 사용하겠는가?"

세 번째 해결책과 네 번째 해결책은 첫 번째 해결책과 두 번째 해결책의 문제 제시 틀을 반대로 바꾼 것이다. 그런데 이번에는 네 번째 문항의 제시 틀에는 78퍼센트의 실험 참가자가 동의한 데 반해, 세 번째 문항에는 22퍼센트만 동의했다. 앞서 생존의 틀로 제시한 경우 가장 높은 응답률을 기록했던 문항이 결과는 똑같지만 사망의 틀로 제시하니 낮은 응답률을 기록한 것이다. 600명 중 400명이 죽는다는 것은 200명이 산다는 것과 동일한 계산이다. 실험에 참가한 미국 프린스턴대학교 학생들이 문제를 숫자로 계산할 능력이 없어서 이런 결과가 나온 것은 아니다. 인간에게는 보편적으로 이익을 선호하고 손해는 피하고 싶은 '손실 혐오' 성향이 있으며, 두 번째 문제 제시 틀과 세 번째 문제 제시 틀이 손실을 더 강조하도록 구성되어 있기에 선택을 기피한 것이다. 즉 수학적으로는 4가지 해결책 모두 200명은 살고 400명은 죽는다. 손해에 민감한 인간의 인지 특성상 조금이라도 손해가 줄어드는 듯한 방향을 선택한 것이다.

대형 마트에서 물건을 팔 때 판매원이 천 원짜리 쿠폰을 덤으로 준다고 소리 지르는 경우와 반짝 세일로 잠깐 천 원을 할인했다가 곧 원상태로 돌아간다고 소리 지를 때를 비교하면 반짝 세일에 고객들의 반응 속도가 훨씬 빠르다. 반짝 세일을 놓치면 손해라고 생각하기 때문이다. 누군가 천 원을 주어 받게 될 때와 내 지갑에서 천 원이 나갈 때의 무게가 다르다. '피 같은 돈'이나 '생돈 나가는 듯'이라는 표현이 괜히 생겼겠는가.

손해에 민감한 특성은 불확실한 미래의 성공보다는 현재 상태가 더 나빠지는 것을 두렵게 한다. 그래서 확실히 내게 온 불행을 줄이는 데 더 신경을 쓰게 한다. 일단 현재의 문제점을 겨우 틀어막고 나서 숨을 돌리는 쪽을 택한다. 우연이 비집고 들어올 능동적 패턴으로 행동하기보다는 계속 같은 수동적 패턴을 반복하려고 한다. 그래서 성공하기 힘든 것이다.

파블로 피카소(Pablo Picasso)가 말했다. "행동은 모든 성공의 기본 핵심사항이다." 원샷원킬의 문제해결법을 실행하자. 그리고 Serendipity에 의해 자신에게 온 기회를 열린 마음으로 받아들이자. 바로 그 순간에 자신의 모든 것을 집중시키자. 손자(孫子)는 "한 마리의 매가 먹이를 향해 정확한 공격을 할 수 있는 것은 바로 순간 포착 능력 때문"이라고 말했다. 당신에게 원샷원킬의 기회가 왔을 때 놓치지 말기를 바란다. 아니, 원샷원킬의 기회를 만드는 도전의 끈을 놓치지 말기를 간곡하게 청해 본다.

기회의 비밀

“누구에게나 평생 세 번의 기회가 있다”는 말이 있다. 그러나 그 세 번의 기회를 다 살리는 사람은 많지 않다. 첫 번째 기회는 그것이 기회인지조차 모르고 흘려 보내고, 두 번째는 나름대로 도전했으나 자신이 준비되지 않아 역시 놓쳐버리고, 남은 마지막 기회에 매달리는 경우가 대부분이다. 세 번의 기회가 결국 한 번의 기회가 되고 만 상황. 그 기회마저 날려버린다면 성공의 희망을 갖기 힘들다. 이런 상황에서야말로 단번에 성공할 수 있는 원샷원킬의 문제해결력이 필요하다.

　원샷원킬은 개인적 특성과 문제 조건이 맞는다면 첫 번째 기회에서도 한 번에 성공할 수 있는 문제해결법이다. 그런데 이 성공은 단 한 번으로 그치지 않는다. 전쟁 영웅에서 훌륭한 통치자로 변신한 다윗이나 군대 매점 관리자에서 P&G 회장으로 승승장구한 래플리처럼 계속 이어진다. 영국의 근대 철학자 프랜시스 베이컨(Francis Bacon)은

"현명한 사람은 주어진 기회보다 더 많은 기회를 스스로 만들어낸다"
고 말했는데, 그 말을 조금 바꿔보면 '현명한 사람은 원샷원킬의 문제
해결력으로 주어진 기회보다 더 많은 기회를 스스로 만들어내어 성공
한다'고 할 수 있다.

원샷원킬 문제해결의 가장 큰 장점은 위기마저도 기회로 만들어버
린다는 것이다. 시행착오를 통해서 원샷원킬의 문제해결법을 얻은 케
네디 대통령은 다음과 같은 말을 남겼다. "위기(危機)라는 단어를 한자
로 적으면 두 가지 뜻으로 이뤄져 있다. 하나는 위험(危險)하다는 뜻이
고, 또 하나는 기회(機會)라는 뜻이다." 사람들은 자신의 해결 능력에
자신이 없다 보니 앞 글자 '위(危)'를 보며 소극적으로 상황에 대처한
다. 하지만 필살기가 있는 사람은 같은 상황에서도 기(機)를 보며 능동
적으로 대처해 전혀 다른 성과를 만들어낸다. 현명한 사람은 주어진
기회보다 더 많은 기회를 스스로 만들어낸다는 프랜시스 베이컨의 말
을 잊지 말자. 헬렌 켈러가 지적했듯이 "닫혀진 문을 오랫동안 보기 때
문에 우리를 위해 열려 있는 문을 보지 못하는 것"일 수 있다.

이 책에는 다양한 인물, 다양한 문제해결 사례, 다양한 이론, 다양한
전략이 나왔다. 하지만 그것은 모두 원샷원킬의 원리와 타당성을 설
명하기 위한 것이었을 뿐, 당신이 기억해야 하는 것은 간단하다. 자신
의 특성을 정확히 알고 문제의 조건에 맞는 전략 한 가지를 정확히 구
사하면 된다. 공식을 많이 알고 있다고 수학 문제가 저절로 풀리지는
않는다. 문제의 구조를 올바로 관찰해서 적절한 공식을 적용하고, 마
지막 답이 나올 때까지 부지런히 문제를 풀어야만 한다. 그래도 풀리

지 않는다면 당신이 생각한 공식은 잘못된 것이니 다른 공식을 빨리 적용해 보는 순발력이 필요하다. 원샷원킬 문제해결법 또한 마찬가지다. 오직 자신의 성향과 관련된 내용에만 집중하기보다는, 자신의 성향을 중심으로 다른 문제유형 조건의 내용을 숙지하고 있어야 세상의 다양한 문제에 빠르게 적용할 수 있다.

지금까지 소개한 원샷원킬의 문제해결법은 오래된 옛날 이야기에서부터 시작해 성경과 여러 역사적 사례와 경영 사례, 학문적 근거를 바탕으로 만들어졌다. 따라서 원샷원킬은 이 책에서 처음으로 소개하는 문제해결법이기는 하나 그 전략 자체가 새로운 것은 아니다. "매번 보던 것이라도 새로운 눈으로 보는 것이 진정한 발견"이듯이, 기존에 있던 성공적 문제해결 전략을 원샷원킬의 구조적 어울림이라는 하나의 줄기로 새롭게 조명한 것이다.

보편적인 인간의 특성과 보편적인 문제 조건을 결합시킨다는 것이 새롭다면 새로운 것이지만, 이 책에 소개된 여러 위인들은 이미 원샷원킬 원리의 타당성을 오래전부터 보여주고 있었음을 본문에 나오는 여러 사례와 연구를 통해 확인할 수 있을 것이다.

인생에는 예상하지 못할 일이 많이 일어난다. 발을 걸려 넘어질 수 있는 돌부리가 도처에 숨어 있다. 아무리 좋은 차를 갖고 있어도 도로에 있는 돌 자체를 없애지는 못한다. 다만 충격을 최소화하며 현명하게 돌을 타고 넘을 수 있을 뿐이다. 그러나 그것만으로도 삶은 엄청나게 달라진다. 그때 당신이 해야 할 것은 성공을 누리는 것만이 아니다.

이 책에 나온 성공한 사람들처럼 당신의 능력으로 다른 사람을 이끌고 도와야 할 것이다. 진정으로 성공한 사람은 '성공만 한 사람'이 아니라 '존경을 받는 사람'이기 때문이다. 그런 행복한 날이 하루빨리 당신에게 찾아오기를 기도하며 글을 마친다.

국립중앙도서관 출판시도서목록(CIP)

원샷원킬 = One shot one kill : 신의 한 수를 둬라 / 이남석 지음.
— 고양 : 위즈덤하우스, 2012
p. ;   cm

ISBN 978-89-6086-524-2 13320 : ₩13000

성공법[成功法]

325.211-KDC5
650.1-DDC21   CIP2012001199

원샷 원킬

초판 1쇄 인쇄 2012년 3월 12일
초판 1쇄 발행 2012년 3월 19일

기획 설완식
지은이 이남석
펴낸이 연준혁

출판 1분사_ 분사장 최혜진
1부서_ 편집장 가정실
책임편집 김세희 **디자인** 김준영
제작 이재승

펴낸곳 (주)위즈덤하우스
출판등록 2000년 5월 23일 제13-1071호
주소 경기도 고양시 일산동구 장항동 846 센트럴프라자 609호
전화 031)936-4000 **팩스** 031)903-3891
홈페이지 www.wisdomhouse.co.kr
종이 월드페이퍼 **인쇄 · 제본** 현문인쇄

값 13,000원   ⓒ이남석, 2012   ISBN 978-89-6086-524-2 [13320]

*잘못된 책은 바꿔드립니다.
*이 책의 전부 또는 일부 내용을 재사용하려면 사전에 저작권자와
(주)위즈덤하우스의 동의를 받아야 합니다.